Communication and Negotiation

高等院校经济管理类新形态系列教材

国际组织视角下跨文化沟通与谈判类课程实践教学研究
（编号：A202106）研究成果

商务沟通与谈判
（第4版）

□ 张守刚 主编
□ 段兴民 审定

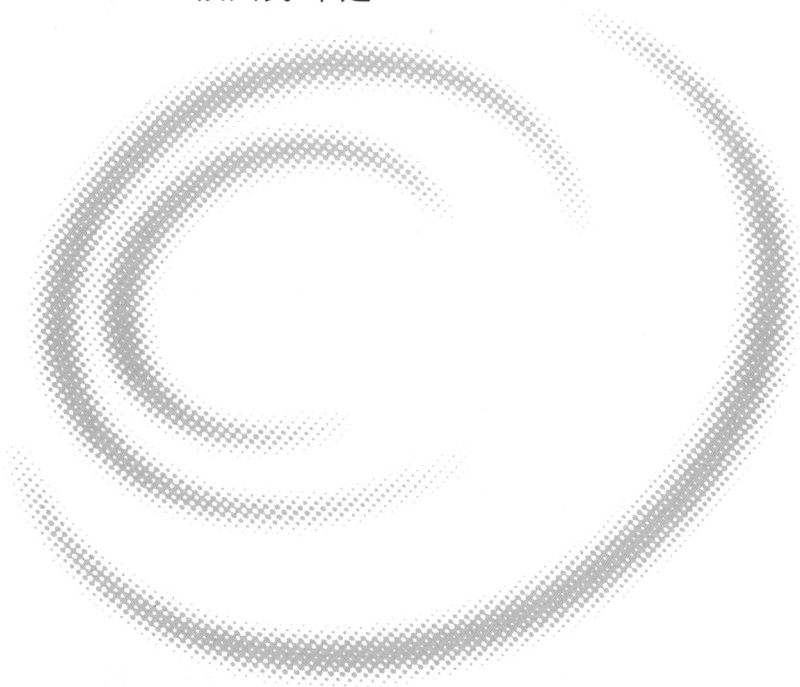

人民邮电出版社

北京

图书在版编目（CIP）数据

商务沟通与谈判 / 张守刚主编. -- 4版. -- 北京：
人民邮电出版社，2023.9
高等院校经济管理类新形态系列教材
ISBN 978-7-115-62390-4

Ⅰ. ①商… Ⅱ. ①张… Ⅲ. ①商务谈判－高等学校－
教材 Ⅳ. ①F715.4

中国国家版本馆CIP数据核字(2023)第136468号

内 容 提 要

本书分为两篇，共九章。上篇为沟通篇，从沟通的概念讲起，介绍了沟通原理、沟通方式、沟通策略、沟通技能和跨文化沟通；下篇为谈判篇，包括商务谈判概述、商务谈判原理、商务谈判过程与策略。附录还提供了商务谈判综合演练、商务谈判环境分析模板、商务谈判比赛案例等内容。

本书力求回归教育的本质，重点关注学生学习和教师教学的适用性。每章章末附有"综合练习"和"进一步学习"版块，前者方便学生巩固所学知识，后者指明了学生应深入学习的方向。

本书配套教学资料包括教学大纲、电子教案、电子课件、课程思政指引、知识图谱、文本案例、视频案例、习题答案、模拟试卷及答案、模拟商务谈判素材等（部分资料仅限用书教师下载），索取方式参见"更新勘误表和配套资料索取示意图"，或通过编辑QQ（602983359）咨询。

本书可作为本科院校学生的教材，也可作为企业管理人员及商务从业人员的培训用书与自学用书。

◆ 主　　编　张守刚
　 审　　定　段兴民
　 责任编辑　万国清
　 责任印制　李　东　胡　南
◆ 人民邮电出版社出版发行　　北京市丰台区成寿寺路 11 号
　 邮编　100164　　电子邮件　315@ptpress.com.cn
　 网址　https://www.ptpress.com.cn
　 三河市兴达印务有限公司印刷
◆ 开本：787×1092　1/16
　 印张：13.5　　　　　　　　　2023 年 9 月第 4 版
　 字数：328 千字　　　　　　　2024 年 12 月河北第 4 次印刷

定价：54.00 元
读者服务热线：(010) 81055256　印装质量热线：(010) 81055316
反盗版热线：(010) 81055315
广告经营许可证：京东市监广字 20170147 号

第4版前言

近年来，商务沟通的形式和内容都发生了一些变化，众多读者朋友也提供了一些新的意见与建议，为更好地适应时代变化和读者需求，编者特对上一版进行了仔细的修订。

本版基本沿用第3版的结构，较重要的调整有以下几项。

第一，评判本课程的学习效果是一大难题，本版在沟通篇的结尾（即第六章）增加了"沟通与谈判胜任力模型"的内容，学生（教师）在展开商务谈判的学习（教学）前可参考该模型建立起自己的评判标准，在后续商务谈判的学习、实践（教学）中全面、持续地评估自己（学生）的学习效果。

第二，本版在"商务谈判概述"中增加了"自我谈判"的内容。我们认同威廉·尤里先生提出的"促使谈判走向成功的最关键一步是自我谈判"的观点。在充满挑战的情况下，我们如何与他人达成一致？阻碍我们取得成功的最大障碍恰恰是我们自己。如果我们在试图影响他人之前，能先学着做好自己、更好地满足自己的需求，就能更好满足他人的愿望。我们不要成为自己最糟糕的对手，而要成为自己最好的盟友，这样在谈判中才能取得双赢的效果。

第三，本版将第3版"商务谈判综合演练"一章并入附录，合并后的附录包括商务谈判综合演练、商务谈判环境分析模板和四个商务谈判比赛案例。

第四，本版全面更新、完善了配套教学资料。正如党的二十大报告中指出的"育人的根本在于立德"，本版正文内融入了更多的立德树人方面的素材，在配套教学资料中增加了课程思政指引。另外，配套教学资料中还新增了商务沟通与商务谈判核心知识图谱。这样，本版的配套教学资料包括教学大纲、电子教案、电子课件、课程思政指引、知识图谱、文本案例、视频案例、习题答案、模拟试卷及答案、模拟商务谈判素材等（部分资料仅限用书教师下载），索取方式参见"更新勘误表和配套资料索取示意图"，或通过编辑QQ（602983359）咨询。

读者也可通过微信公众号"沟通与谈判交流"以及配套课程网站（见本书官网链接）学习更多知识。

在本版的修订过程中，编者参考了大量的国内外相关文献，在此向这些文献的作者表示衷心的感谢！

本书是中国教育发展战略学会国际胜任力培养专业委员会课题"国际组织视角下跨文化沟通与谈判类课程实践教学研究"（编号：A202106）研究成果之一，得到了国家留学基金（GSC NO.202309800027）"高校国际组织师资出国留学项目"资助，还得到了江西财经大学工商管理学院的资助。

本书及配套资料中若存在任何问题，望各位读者朋友发现后给予指正，本书编辑的联系方式参见"更新勘误表和配套资料索取示意图"，我们会利用重印、更新配套资料、更新二维码后台文档、修订再版等机会对本书及配套资料进行及时更新。

希望能通过本书与热爱沟通与谈判的各界朋友持续保持对话与交流。

张守刚

目　　录

上篇　沟　通　篇

下篇　谈　判　篇

上 篇

沟 通 篇

本篇主要内容

Communication and Negotiation

第一章　沟通、商务沟通与商务谈判

【学习要点及目标】

1. 理解商务沟通的概念。
2. 理解并掌握沟通的类型。
3. 明确商务沟通与商务谈判的关系。

【核心概念】

商务沟通　　正式沟通　　非正式沟通　　谈判三角

引导案例

阿里巴巴的沟通渠道

任何一家企业的成功都离不开畅通的内部沟通渠道。阿里巴巴的员工沟通渠道可分成邮箱类、圆桌会及其他沟通渠道类等两大类。

"OPEN信箱"是所有阿里巴巴员工与集团核心管理团队直接交流的平台，阿里巴巴部分业务板块也开通了自己的"OPEN信箱"，包括天猫淘宝、B类事业群、本地生活、云智能、菜鸟、高德……方便员工与核心管理团队直接交流。

圆桌会及其他沟通渠道类的形式可以说是五花八门，具体如下。

阿里巴巴集团的"帕特纳有约"——阿里巴巴合伙人定期与员工面对面交流的场合。

淘宝天猫的"管理者面对面系列"——"TT小饭桌""去明天""TT聊聊吧"……

云智能——行癫直播间（线上+线下）、"90后"下午茶、"我要我觉得"杯吐槽大会、午餐会……

案例导学

沟通对于企业而言是一套机制，但很多企业没有认真对待沟通，也没有重视日常沟通，误认为员工关系融洽就是沟通顺畅。我们可以从以下三个方面来判断目前所在的部门（单位）沟通是否顺畅：①当出现问题的时候，员工是不是马上知道该找谁？②员工是不是能快速解决出现的问题？③是不是绝大部分员工遇到同样的问题时都能正确应对？

沟通是企业执行力和员工归属感的保障，也是职业经理人应具备的基础技能，沟通制度更是优秀企业的必备制度。

第一节 沟 通 概 述

一、沟通与商务沟通

1. 沟通与商务沟通的概念

沟通是指人们为了实现设定的目的，借助共同的符号（包括语言符号和非语言符号）系统交流信息的个人和社会互动活动。

商务也称商事，即商业上的事务，是指以提供商品、劳务、资金或技术等为内容的营利性经济活动，俗称"做生意"。商务行为通常可分为以下四种：①直接的商品交易活动，如批发、零售，俗称"买卖商"；②直接为商品交易服务的活动，如运输、仓储、加工等，俗称"辅助商"；③间接为商品交易服务的活动，如金融、保险、信托、租赁等，俗称"第三商"；④其他具有服务性质的活动，如市场调查、咨询、广告等，俗称"第四商"。

商务沟通①是关于商业事务的沟通，具体是指两个或两个以上从事商务活动的组织或个人，为了满足自身经济利益的需要而进行的沟通。商务沟通有以下含义。

（1）商务沟通行为有明确的目的。如果没有目的地进行所谓的"商务沟通"，此行为就成为普通聊天。商务沟通一定要有一个明确的目的，这是商务沟通最重要的前提。

（2）根据沟通行为所借助的符号工具不同，商务沟通有语言商务沟通和非语言商务沟通之分。语言商务沟通是指借助语言符号进行信息交流的活动，非语言商务沟通是指借助语言以外的其他商务沟通手段进行信息交流的活动。

（3）商务沟通的内容是知识（事实）、思想和情感等信息。在这些内容中，最容易沟通的是知识（事实）信息。例如，这件衣服的价格是多少，是否有货，货是否已经装运？这类信息是非常容易沟通的。商务沟通的过程并不限于交流知识（事实）、思想和情感信息的某一方面，可能同时涉及这三个方面。在商务谈判中，买方可能会说卖方的报价"太高了"，但他表达出的内容可能不止这三个字，他的语调、手势、姿势和表情可能包含更丰富的信息。

（4）商务沟通中的个人活动主要是指个人在社会感受、社会认识和所掌握的母语基础之上，产生自我思考、自我发问和自我心态调整的现实存在及其行为状态，它指向人的心灵世界和精神世界。

（5）商务沟通中的社会互动主要是指人与人之间或者群体之间的交流活动。商务沟通不仅会在个人之间进行，还可能在群体之间进行。

2. 沟通与商务沟通的目的

沟通的目的丰富又复杂，不同的学者对此有不同的认识，表1.1列出了沟通的不同目的。

表 1.1　沟通的不同目的

沟 通 目 的	举　　例
信息交换	明天下午两点半，在图书馆 204 会议室召开期中教学检查动员大会
提出请求	你能否帮我一个忙，尽快把这件事处理好？
回答问题	你对未来的职业生涯是怎样考虑的？ 我想先……然后……最终实现……

---

① 如无特别说明，后文的沟通、谈判均指商务沟通、商务谈判。

沟通目的	举 例
鼓励/激励	你以前的工作都干得非常出色，每次都能拿出好的解决方案。别着急，慢慢来，我相信你这次也能解决好这些问题
支持	下级对上级：我在完成您交代的工作时遇到一个困难 上级对下级：我能理解你，这项工作的确很难，更何况你没有这方面的经验，剩下的工作你这样处理……
发起行动	我有个主意，去找小江，他有这方面的经验，肯定能帮到你
作决定/决策/指导	我们现在应该从提高产品质量入手
解释	如果我没有理解错的话，你是要我帮你完成这项工作，是吗？
评论	你的计划我觉得还不够完善
辩解	你为什么没有按时完成工作？ 我的计算机昨晚坏了，没有办法工作
自夸	我这件大衣可是知名品牌，全国限量两件，另一件被某知名艺人买走了
释义	我宿舍的那个同学经常在背后说我的坏话，这实在令我无法忍受。 你说你的同学经常在背后搬弄是非
释情	我宿舍的那个同学经常在背后说我的坏话，这实在令我无法忍受。 你似乎很生他的气
总结	你刚才从国家和企业两个方面阐述了加入该组织的好处
了解/寻求/询问信息	你是如何综合处理你所收集的资料的？
表达情感	他看到一个小朋友，面带笑容地说："小朋友真可爱呀！"同时用手抚摸孩子的额头

工作中沟通最主要的目的是信息交流、鼓励/激励和表达情感。

（1）信息交流。一个组织的成员之间的交流包括在物质上的互相帮助、支持和在感情上的交流、沟通。信息交流可以看作维系组织总体目标和组织中需要进行协作的成员之间的桥梁。如果没有信息交流，组织的总体目标就不能被所有成员了解，也不能使协作的愿望变成协作的行动。

（2）鼓励/激励。沟通的另一个主要目的是鼓励/激励员工，也就是改善工作绩效。管理者应该多倾听员工的想法，并让员工共同参与工作决策。

例1.1

艾森豪威尔是第二次世界大战时的盟军统帅。有一次，他看见一个士兵从早到晚一直在挖壕沟，就走过去跟他说："大兵，现在日子过得还好吧？"士兵一看是将军，敬了个礼，说："这哪是人过的日子！我在这边没日没夜地挖。"艾森豪威尔说："我想也是，你上来，我们走一走。"艾森豪威尔就带他在营区里面绕了一圈，告诉他当一名将军的痛苦，被参谋长骂后的难受，打仗前一晚睡不着觉的压力，以及对前途的迷惘。最后，艾森豪威尔对士兵说："我们两个一样，别看你在坑里面，我在帐篷里面，其实谁的痛苦大还不知道呢！也许你还没死，我就先被压力给'压死'了。"他们绕了一圈以后，又绕到那条壕沟附近，士兵说："将军，我看我还是继续挖我的壕沟吧！"

【解析】 这个故事说明沟通可以鼓励/激励人。在公司中，下属一般不太清楚管理者在忙什么，管理者也不知道下属在想什么；管理者的痛苦下属未必了解，下属在做什么，管理者也不见得知道。这就是因为沟通缺失，彼此缺乏了解。

（3）表达情感。在工作上，情感多指满足感或者挫败感等。在工作沟通中，双方①只有抛开职务上的不平等，才能顺畅地表达情感。职务高者应该放下架子，因为只有放下架子，对方才会说真话。若职务高者端着架子和对方说话，对方就不会说真话，那样一来，与其说是在沟通，不如说是在向对方训话，对方很可能对职务高者唯唯诺诺，或沉默不言。

~~~ 例 1.2 ~~~

华为心声社区

华为心声社区是华为2008年创建的内部员工社区平台（现在外部人员也可访问），是华为自我批判和自我纠偏的制度化产物。华为员工可在社区匿名发帖，社区里各种言论都有，自然也少不了片面的、不符合实际的帖子或留言。对此，华为高层的态度是"让人说话，天不会塌下来！真理会越辩越明……"

多年后，华为心声社区这一具有"透明门"性质的员工自由交流平台不仅让全体员工成为华为文化、核心价值观的守门人，更成了华为的"人才发现池"。

【解析】沟通是事业成功的金钥匙，人的本质是社会关系的总和。一般而言，个人事业成败受两大因素的制约：其一为自身因素，其二为社会环境因素。就个人才能发挥来讲，人际沟通状况是一个尤为重要的社会环境因素。事实证明，人际沟通状况的好坏直接或间接地影响着个人的事业成败。因而，企业为员工营造好的工作环境和氛围是十分重要的。

商务沟通的目的相对来说较为单纯，主要是了解各方信息，做到知己知彼，找到切入点，与客户良性互动，并与客户建立业务合作伙伴关系。

二、沟通的作用

众多学者指出，在未来社会中，沟通的能力更加重要，与他人沟通的能力始终是一项至关重要的管理能力。美国著名未来学家约翰·奈斯比特（John Naisbitt）在预测未来趋势时指出，管理者通过加强交流，进行商务谈判、磋商，签订合同，而不是自上而下地对员工加以控制，是未来新型公司的 11 个特征之一。

1. 对企业的作用

一般而言，有效的沟通对企业主要有以下几个作用。

（1）有效的沟通有助于企业及时、准确地获得市场、竞争对手等各方面的信息，从而为企业决策提供依据。

（2）有效的沟通可以保持企业内信息通畅，使企业员工及时了解企业的发展情况（如面临的困难和机遇）。通过有效的沟通，企业还可以使员工积极参与企业活动，增强员工的执行力和企业的凝聚力。一家企业的执行力强弱关乎企业的成败，企业执行力不强，最大的原因在于缺乏沟通。也就是说，执行者没有搞清楚整件事情的来龙去脉，就开始执行操作，结果造成偏差。

（3）有效的沟通可以增进员工、管理者之间的相互了解，减少矛盾，增强工作的协调性。

---

① 沟通、谈判的参与者可以是两方也可以是多方，无特殊情况时本书以双方为例进行说明。

松下幸之助的沟通名言

松下电器公司创始人松下幸之助有句名言："伟大的事业需要你带着一颗真诚的心与人进行商务沟通。"松下幸之助正是凭借其高超的商务沟通艺术，与各种职业、身份、地位的客户沟通自如，赢得了他人的信赖、尊重与敬仰，带领松下电器成为全球电器行业的巨头。

2. 对个人的作用

在生活和工作中，沟通对个人可起到以下作用。

（1）沟通像润滑剂。有效、良好的沟通可以消除误解，化解矛盾，可以使许多棘手的问题得到解决，会赢得更多人的理解和支持。

（2）沟通是快乐的源泉。人的情绪释放过程是快乐产生的过程。沟通可以释放人的情绪，因此沟通是快乐的源泉。沟通让快乐加倍、烦恼减半，善于沟通的人往往都是快乐的人。

（3）沟通是提升自我的捷径。人生的许多经验都不是通过亲身经历获得的，沟通可以帮助人们从他人身上获得人生经验。沟通是提升自我的捷径，能使人的思想更完善，成功的人大多是善于沟通的人。

（4）沟通使人具有亲和力。沟通能增强人的可信任感和亲和力。善于沟通的人总是平易近人的人，善于沟通的人总是虚怀若谷的人。

（5）沟通像流动的水。每个人的思想都如同池中的水一样，只有不断地流动和交换，才能始终保持活力。沟通使人不断接收新的思想和理念，从而给人带来前进的动力。

三、沟通的分类

分类的标准不同，看待问题的角度各异，因此沟通的分类方式很多，从不同的角度可以对沟通进行不同的分类。

（一）按组织结构特征分类

沟通按组织结构特征可分为正式沟通和非正式沟通。

（1）正式沟通。正式沟通是指通过组织明文规定的渠道进行信息的传递和交流。例如，组织内部的文件传达，上下级之间例行的汇报、总结，工作任务分配以及组织之间的信函往来等都属于正式沟通。正式沟通具有严肃性、程序性、稳定性、可靠性及信息不易失真的特点。它是组织内沟通的主要方式。

（2）非正式沟通。非正式沟通是指正式沟通之外自由进行的信息传递和交流，它是对正式沟通的补充。例如，员工私下交换意见，交流思想感情等。其特点是具有自发性、灵活性、不可靠性。非正式沟通作为正式沟通的补充有其积极的作用，管理者可以通过非正式沟通了解组织内员工的心理状况，并在一定程度上为组织的决策提供依据。但因为非正式沟通中的信息较易失真，所以管理者既不能完全依赖它获得必要的信息，又不能完全忽视它而不予理会。

～～～ 例 1.3 ～～～～～～～～～～～～～～～～～～～～～～～～～～～～～～～～～～～～～

非正式沟通

迪士尼公司，从董事长到一般员工都统一佩戴没有头衔的工牌，为的是大家交谈时可直呼其名，更随意一些，以减小心理压力。另一家公司的总裁也批准了一项改动措施：把公司餐厅里只能坐4个人的小圆桌搬走，换上矩形的长条桌。改动的目的是增加不熟悉的员工之间接触的机会，因为有小圆桌的时候总是几个熟人坐在一起。这就是利用小小的措施为员工创造更多非正式沟通的机会的例子。

【解析】管理者可以通过非正式沟通，如在基层走动，与员工在非正式场合交流，到员工公寓和他们沟通等，得到许多从正式沟通中无法得到的信息，有时候这些信息的作用比从正式沟通中获得的信息的作用还要大。非正式沟通是把双刃剑，利用得好，可以"载舟"，利用得不好，则可能"覆舟"。管理者应根据企业自身的实际状况，采取适当的手段使非正式沟通有效地发挥其作用。

～～

（二）按沟通的方向分类

沟通按其方向可分为上行沟通、下行沟通和平行沟通（参见图1.1）。

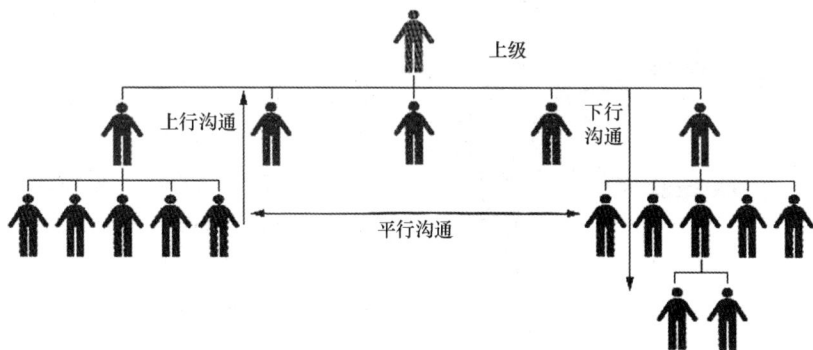

图 1.1　上行沟通、下行沟通和平行沟通

（1）上行沟通。上行沟通是指在组织或群体中从较低层次向较高层次的沟通。它是群体成员为上级提供信息、发表意见或反映情况的表现形式。上行沟通是上级了解和掌握组织全面情况，以做出正确决策的重要渠道，而且在这一过程中，下级能获得某种心理上的满足。因此，组织应大力鼓励下级向上级反映情况，确保上行沟通渠道的畅通。

> **小贴士**
>
> **哈啰单车的沟通文化**
>
> 哈啰单车是一家致力于为用户提供轻便、灵活、自由出行工具的共享单车公司。"哈"和"啰"两字都是口字旁，寓意公司愿意采取更多的沟通方式与用户交流。该公司的文化墙上写着"向上沟通要有胆量　平行沟通要有肺腑　向下沟通要有心肝"的标语。

（2）下行沟通。下行沟通是指在组织或群体中从较高层次向较低层次传递信息的过程。

它是上级把组织的目标、规章制度、工作程序传达给下级的沟通方式。下行沟通可以使下级明确工作任务、目标，增强其责任感和组织归属感，而且可以协调组织各层级之间的工作，加强各层级间的有效协作。

（3）平行沟通。平行沟通是指在组织或群体中各平行机构之间的交流及员工之间在工作中的交流和交谈等。平行沟通能够促进部门间的交流、配合和支持，从而减少矛盾和冲突，有利于组织内各种关系的平衡和稳定。跨部门的平行沟通通常采取的形式有会议、备忘录、报告等。其中会议是最常采用的沟通形式，包括决策性会议、咨询性会议和通知性会议等。部门内部员工间的平行沟通多采用面谈、备忘录的沟通形式；一个部门的员工与其他部门的管理者和员工沟通，常采用的沟通形式有面谈、信函和备忘录。

（三）按信息发送者与接收者的位置是否发生变化分类

沟通按信息发送者与接收者的位置是否发生变化可分为单向沟通和双向沟通。

（1）单向沟通。单向沟通是指信息发送者与接收者的相对位置不发生变化的沟通，即信息是单向流动的。例如，演讲、报告、广播等多属于单向沟通。单向沟通的优点是信息传递速度快；缺点是缺少信息反馈，信息准确性差，信息接收者不愿接受意见或任务时，会出现不满与抗拒。

（2）双向沟通。双向沟通是指信息发送者与接收者位置会发生变化的沟通，即信息交流是双向的。例如，组织间的协商、讨论或两个人之间的谈心等都属于双向沟通。双向沟通的优点是能及时获得反馈信息，信息准确性较高，有助于联络和巩固沟通双方的感情；缺点是信息传递速度较慢，信息接收者可以对信息发送者发送的信息提出意见，这在某些条件下会给信息发送者造成心理上的压力。

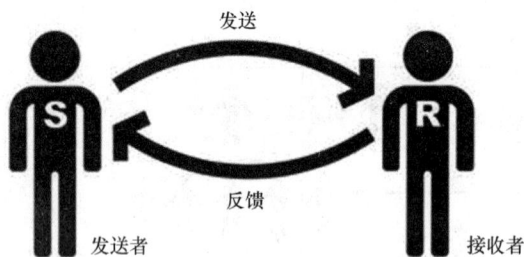

（四）按过程是否需要第三者介入分类

沟通按过程是否需要第三者介入可划分为直接沟通和间接沟通。

（1）直接沟通。直接沟通是指信息发送者与接收者直接进行信息交流，无须第三者介入的沟通。例如，面对面交谈、电话交谈等都是直接沟通。直接沟通的优点是沟通迅速，双方可以充分交换意见、交流信息，迅速实现相互了解；缺点是信息的有效传递需要在时间上达成一致，有时直接沟通存在一定困难。

（2）间接沟通。间接沟通是指信息发送者必须经过第三者的中转才能把信息传递给接收者的沟通。间接沟通的优点是不受时间和空间条件的限制；缺点是较浪费人力和时间，可能使信息失真。

（五）按信息载体和渠道的不同分类

按信息载体和渠道的不同，沟通可划分为语言沟通和非语言沟通。

1. 语言沟通

语言沟通建立在语言文字的基础上，以语言文字为载体。语言沟通又可分为口头沟通、书面沟通。

（1）口头沟通是人们最常用的一种沟通形式。口头沟通的优点是信息的发送和反馈快捷、及时；缺点是信息传递经过的中间环节越多，信息被曲解的可能性就越大。

（2）书面沟通又可细分为备忘录、信件、公告、留言、内部期刊、规章制度、任命书等多种具体形式。书面沟通的优点是沟通的内容具体、直观，沟通的信息能够被长久保存，便于查询；缺点是花费时间长，缺乏及时反馈，而且不能保证信息接收者完全正确地理解书面信息。

2. 非语言沟通

非语言沟通是指通过非语言、文字的媒介来传递信息的沟通形式（见图1.2）。非语言沟通主要分为身体语言沟通、副语言沟通和物体设置沟通（即道具沟通）三种，它可以使人际交往更加深刻、含蓄、丰富多彩。身体语言沟通是指人们通过动态无声的眼部活动、面部表情、手势等身体运动，或者静态无声的身体姿势、空间距离、衣着打扮等来传递信息的沟通形式。副语言沟通是指人们通过如重音、声调、哭、笑、停顿、语速等来传递信息的沟通形式。物体设置沟通是指人们通过对物体的运用、环境的布置等方式来传递信息的沟通形式。

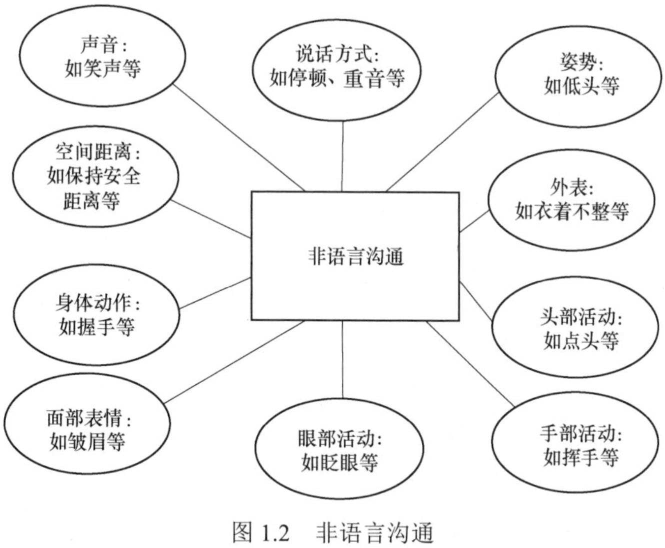

图1.2　非语言沟通

（六）按参与人数的多少分类

沟通按参与人数（沟通对象数量）的多少可分为自我沟通、与他人沟通和公共沟通。

（1）自我沟通。自我沟通的沟通对象是自身，主要是指人对自身进行比较全面的认识，包括自身的形象、智力和心理承受力等方面，了解自己的身体健康状况和情绪状态，使身心实现高度和谐统一。要想跟别人实现很好的沟通，必须先学会如何跟自己沟通。良好的自我沟通能力有助于我们掌控自己的情绪和心态，积极的心态能够影响行动，有效的行动有助于我们取得成功。

（2）与他人沟通。个人与他人之间的信息交流过程。其过程就是采用语言沟通、非语言沟通等方式与他人进行的事实、思想、意见、情感等方面的交流，以达到与他人之间对信息的共同理解和认识，取得相互之间的了解、信任，形成良好的人际关系，从而实现对行为的调节。

（3）公共沟通。公共沟通是指个人利用公共关系权利，说服、影响公众的过程。在公共沟通中，信息的发送者向公众发送某种信息（如演说者进行演讲、个人或机构借其微博公布信息等）。公共沟通中信息的发送者一般发送的是高度结构化的信息，公众数量众多且具有不可控性。一般来说，在演说型公共沟通中，公众可以做出非语言的反馈，而做出语言反馈的机会较少。

（七）按覆盖范围大小分类

按覆盖范围大小，沟通可以分为人际沟通、群体沟通、组织沟通、跨组织沟通、跨文化沟通等多种形式，后面的一些沟通形式其实包含了前面的沟通形式。

（1）人际沟通。人际沟通是指为了达到某种目的而进行的人和人之间的信息传递与交流的过程。它是群体沟通、组织沟通、跨组织沟通、跨文化沟通的基础。

（2）群体沟通。群体沟通也可以叫作小组或者团队沟通，是指在为数不多的有限人群内部进行的沟通。它是企业或其他组织内部沟通的重要形式。

（3）组织沟通。组织沟通是指发生在整个组织内部和相关外部之间的沟通，可分为组织内部沟通和组织对外沟通两部分。

（4）跨组织沟通。跨组织沟通是指两个及以上组织之间的信息沟通，一般涉及数据共享、商务沟通与谈判、供应链管理等内容。

（5）跨文化沟通。跨文化沟通是指处于不同社会文化背景下的组织内部或外部人员之间进行的沟通。

（八）按紧急程度的不同分类

按紧急程度的不同，沟通分为日常沟通和危机沟通。

（1）日常沟通。日常沟通是指人们在日常工作中的沟通，主要包括内部沟通和外部沟通。对企业而言，内部沟通主要是指企业内部员工之间或部门之间的沟通，外部沟通主要是指企业和客户之间的沟通。

（2）危机沟通。危机沟通是指人们以沟通为手段、以解决危机为目的所进行的一连串化解危机与避免危机的活动。危机沟通可以减小危机对组织的冲击，并存在化危为机的可能。如果不进行危机沟通，则小危机可能变成大危机，对组织造成重创，甚至使组织就此消亡。

~~~ 例 1.4 ~~~

奔驰车漏油事件

2019年4月，西安奔驰女车主维权事件成为国内各大媒体争相报道的热点新闻。女车主花66万元在西安"利之星"奔驰4S店买了一辆奔驰车，在提车当天发动机就开始漏油。经过15天的反复交涉，4S店的解决方式从退款、换车、补偿，最后变成"只换发动机"，后来该女车主坐在发动机盖上哭诉维权，相关视频迅速在网络上流传开来。奔驰女车主维权事件发生以后，奔驰这个品牌被推上了舆论的风口浪尖，奔驰车被认为不仅砸了自己的牌子，还"漏"了自己的良心，公众要求相关部门秉公严惩，给一个交代。最后，北京梅赛德斯-奔驰销售服务有限公司就此事给公众及社会带来的不良影响做出诚挚道歉，并表示将以此为鉴，积极提高服务水准，完善客户体验。

【解析】 任何企业都不可能杜绝危机。汽车为成千上万个零部件组成的工业品，并非工艺品，谁也不敢保证100%不出问题。出了问题商家就应该认真解决，妥善处理，将问题解决在萌芽阶段，使车主对品牌、对商家的服务更有信心。在发生此类状况时，商家应及时发表恰当的声明，明确解决问题的态度，给出解决问题的方法，避免给企业带来更大的损失。

📋 **小贴士**

IBM的"沟通十诫"

第一，沟通前先澄清概念；第二，探讨沟通的真正目的；第三，检视沟通环境；第四，尽量虚心听取别人的意见；第五，语调和内容一样重要；第六，传递的资料尽可能有用；第七，应有追踪、检讨；第八，兼顾现在和未来；第九，言行一致；第十，做好听众。

第二节　商务沟通与商务谈判的关系

商务沟通和商务谈判不完全是一回事，商务沟通是商务谈判的基础，两者相互作用。在商务谈判过程中一定有商务沟通，商务谈判双方进行观点、知识、情感、态度、思想等信息的双向交流就是商务沟通，可见商务沟通是商务谈判的手段和基础。但商务沟通又与商务谈判有些差别：商务沟通是指相互交流、增进理解，就像一种水平力，强调彼此之间你来我往的双向互动；商务谈判除了双向沟通之外，还有一个重要的目标就是达成共识，这种共识的达成需要谈判说服发挥作用，使得谈判朝着彼此认可的共识方向移动，这种移动就像向上的拉力（向上的目标是达成共识）。商务沟通与商务谈判的关系可归纳为谈判三角，如图1.3所示。

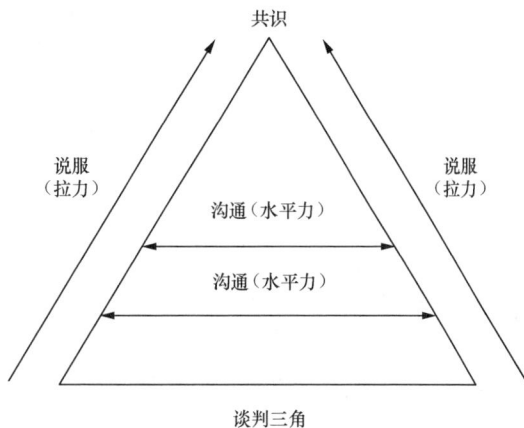

图1.3　商务沟通与商务谈判的关系

一、商务沟通是商务谈判的基础

商务沟通是商务谈判的基础。商务谈判的过程，实质上是双方就某个商务项目为达成协议而进行的有来有往的商务沟通过程。在商务谈判中，商务沟通贯穿始终。

1. 相互了解，助力商务谈判

双方只有在商务沟通的基础上，了解对方的需求，才能够做出相应的决定。也就是说，商务谈判是让对方支持我们从对方那里获得想要的东西的一个过程。商务沟通是商务谈判的前提，商务谈判的主要影响因素是商务谈判的诚意。诚意来自彼此间的了解和信赖，这其中又以了解为源。为了让对方了解你，也为了让你有效了解对方，彼此就需要进行商务沟通。

2. 排除障碍，赢得胜利

商务谈判中的障碍是客观存在的，语言障碍、心理障碍、双方利益满足的障碍等都会直接或间接地影响商务谈判的效果。商务沟通是排除这些障碍的有效手段之一。如商务谈判双方在利益上彼此互不相让时，或双方意向差距很大、可能出现僵局时，通过开展娱乐活动等商务沟通活动就可缓解商务谈判中的紧张气氛，增进彼此间的了解。

3. 长期合作，商务沟通伴行

一家企业如果打算与某些客户进行长期合作，就要与这些客户保持长期、持久的友好关系。商务沟通就起着巩固这种关系的作用。

二、商务谈判是在多次商务沟通的基础上朝共识方向努力的说服活动

所谓说服，是指好好地与对方说理，使之接受，试图使对方的态度、行为朝特定方向改变的一种行为。谈判，由"谈"和"判"两个字组成。"谈"是指双方或多方之间的商务沟通和交流，"判"是指决定一件事情。商务谈判是商务沟通的极致表现，商务谈判高手一定是一个商务沟通高手。商务沟通者要想成为商务谈判高手，就必须善于使用说服手段。

1. 说服的方向是达成共识

人们在商务谈判之初存在各种各样的差异，可能表现在地位、身份、学识、财富、价值观、信仰等多方面。说服的起点是承认差异，方向是减少并克服这种差异，达成共识。现代传播学提出了"主客合作模式"，即将说服的过程视为主客双方合作的过程，说服成果的取得是主客双方合作的结果。将商务谈判双方看成合作者而不是对手，将主方的着眼点放在对客方的充分了解和重视上，主客合作的前提是寻找双方的共同点，减少彼此间的差异；共同点是跨越差异的桥梁。

2. 说服的目的是影响对方的行为

商务谈判中，己方利益的实现要借助对方的行为，而改变对方的行为要借助说服的力量。现代说服学认为所有的说服都是某种程度的自我说服，主方的任务不过是调动起客方的自我说服机制而已。因此，在商务谈判中，主方要善于"启动"客方已经具有的信念、态度和价值观，以达到让客方进行"自我说服"的目的。

~~~ 例 1.5 ~~~

尼米兹将军珍珠港讲话

1941年12月7日，正在参加音乐会的尼米兹被紧急叫到一部电话旁，电话的另一端是罗斯福总统。总统在电话中语气沉重地对他说道："我们的珍珠港被日本人炸毁了，我们的太平洋舰队命悬一线，我已决定任命你为太平洋舰队总司令，我相信，你能挽救它。"损失报告很快交到了刚上任的尼米兹将军手中：7艘大型舰艇沉没，6艘大型舰艇遭到重创，飞机损失450架，伤亡3 800人，机库和其他建筑物起了大火……然而，最要命的是弥漫在官兵和民众心中无法驱散的悲观甚至绝望情绪：许多人甚至持有失败主义的观点，每个人的脸上都充斥着无限渺茫的神情。

在圣诞前夕的平安夜，经过精心准备，尼米兹对士气低落的官兵们发表了圣诞讲话："上

帝是如此眷顾我们美国，他让日本人在这一次精心策划的袭击中，犯下了至少三个致命错误。如果日本人少犯了其中任何一个错误，太平洋舰队都将不复存在。而现在，我、你们、太平洋舰队都还在这里！

"第一个致命错误，日本人将袭击时间定在了周日的早上。恰恰是这一天，每周也只有这一天，十有八九人都不在船舱里，而是在夏威夷的各处度周末。否则的话，我们损失的将是38 000人，而不是3 800人。

"第二个致命错误，日本人只炸了舰船而没炸船坞。如果船坞被炸毁的话，我们仅存的舰船将无处停泊，大量毁伤的舰船也无处修复，难道将它们拖运到几千千米以外的本土去修复？日本人会给我们这么漫长的时间吗？

"第三个致命错误，日本人为我们留下了自卫和复仇所必需的'血液'——油料，它就在仅仅5英里（约8千米）以外的山上，在当时的情况下，哪怕一架日军战机飞到那里，就可以将它们炸得一滴不剩。倘若如此，我们所有的舰船和飞机都将变成动弹不得的一堆废铁。"

说到这里，尼米兹提高了声音，以极富煽动性的腔调吼道："日本人为什么会犯下如此多的致命错误？只有一种合理的解释：那就是上帝在帮助我们。所以，上帝并没有抛弃我们，他仍然和我们站在一起！"雷鸣般的掌声在人群中响起，经久不息。

一个月后，在尼米兹的决策下，美国海军突袭了日军控制的马绍尔等群岛，一举击沉了日军8艘舰船，这是美国海军在第二次世界大战中第一次胜利，美军士气从此由低沉转向振奋。

【解析】面对官兵和民众的悲观甚至绝望情绪，尼米兹将军通过一场演讲鼓舞了人心。尼米兹将军影响大家的秘诀是什么呢？关键在于重新定义了事件，转换了事件的意义(参见表1.2)。

表1.2　尼米兹将军对珍珠港事件的重新定义

参照系	官兵和民众的想法	尼米兹将军演讲的观点
评价标准	失去的	留下的
引导关注点	日本突袭成功	日本突袭存在致命错误
得与失	损失惨重	有损失但还有希望
感受	悲观绝望	受鼓舞而看到希望
效果转变	消极框定	积极框定

3. 说服策略要采取"客方定向"

人们对信息的解读是受到其认知结构的支配的，而认知结构又是在人们的全部经验的基础上形成的。一方面，在不同的文化、社会、教育背景下成长起来的人具有不同的认知结构和不同的信息解读机制；另一方面，即使在同一文化背景、同一社会环境下，人们的经验也是千差万别的，解读信息的机制也会有很大的差异。

所以，说服者必须能充分预见发生误解的可能性，并尽可能在主客双方经验重合的范围内传播信息，将所传播的信息同客方类同的经验联系起来，以减少客方解读信息的障碍。因此，谈判中主方要采取"客方定向"的说服策略，树立明确的客方意识，在整个说服过程中都围绕客方这一中心。主方不可一厢情愿地采取"我说你服"的态度，而要在充分了解客方的基础上，顺应客方的态度和价值观来说服对方。

说服者只有以平等的态度充分理解客方，重视客方的反应，不断调整自己的态度、策略，才可能增强说服效果。美国前总统艾森豪威尔曾说过："说服是一门艺术，让人们做你想让他们做的事情，并且令其乐此不疲。"你必须经常思考如何让人们做你想让他们做的事情，以达到你的目的。

小贴士

中国沟通与谈判网

　　中国沟通与谈判网汇集了中国沟通与谈判领域教学与科研的权威信息，是全国经济管理院校工业技术学研究会沟通与谈判委员会的官方网站。网站包括学术会议、组织文化、专家库、沟通专题、谈判专题、案例资料、视频资料、新书推荐、课题研究、培训咨询、电子内刊等栏目，感兴趣的读者可以关注该网站。

　　沟通与谈判委员会还设立了官方微信公众号"沟通与谈判交流"，读者可以搜索并关注该公众号，获取沟通与谈判的最新资讯。

本章小结

　　本章主要讲解了商务情境下沟通的基本问题，介绍了沟通的概念、目的、作用、分类及商务沟通与商务谈判的关系。

　　商务沟通是关于商业事务的沟通，具体是指两个或两个以上从事商务活动的组织或个人，为了满足自身经济利益的需要而进行的沟通。

　　工作中沟通最主要的目的是信息交流、鼓励/激励、表达情感等。

　　对企业而言，沟通的作用主要有：及时、准确地获得各方面的信息，为企业决策提供依据；保持企业内信息畅通；增进员工、管理者之间的相互了解，减少矛盾，增强工作的协调性。

　　对个人而言，沟通有助于消除误解及化解矛盾、释放情绪、提升自我、增强亲和力、接收新的思想和理念。

　　沟通分类汇总如表 1.3 所示。

表 1.3　沟通分类汇总

分类标准	分类结果	特点、作用或说明
组织结构特征	正式沟通	具有严肃性、程序性、稳定性、可靠性且信息不易失真
	非正式沟通	具有自发性、灵活性、不可靠性
沟通的方向	上行沟通	上级能及时、准确地掌握组织会面情况，下级能获得某种心理上的满足
	下行沟通	使下级明确工作任务、目标，有利于协调组织各层级之间的工作
	平行沟通	促进部门间的交流、配合和支持
信息发送者与接收者的位置是否变化	单向沟通	优点是信息传递速度快；缺点是缺少信息反馈，信息准确性差
	双向沟通	优点是能及时获得反馈的信息，信息准确性较高，有助于联络和巩固双方的感情；缺点是信息传递速度较慢，可能会给信息发送者造成心理上的压力
过程是否需要第三者介入	直接沟通	优点是沟通迅速，双方可以充分交换意见、交流信息，迅速实现相互了解；缺点是信息的有效传递需要在时间上达成一致
	间接沟通	优点是不受时间和空间条件的限制；缺点是较浪费人力和时间，可能使信息失真
信息载体和渠道的不同	语言沟通	口头沟通的优点是信息的发送和反馈快捷、及时；缺点是信息传递经过的中间环节越多，信息被曲解的可能性就越大。 书面沟通的优点是沟通的内容具体、直观，沟通的信息能够被长久保存，便于查询；缺点是花费时间长，缺乏及时反馈，而且不能保证信息接收者完全正确地理解信息
	非语言沟通	使人际交往更加深刻、含蓄、丰富多彩

分类标准	分类结果	特点、作用或说明
参与人数（沟通对象数量）的多少	自我沟通	对自身进行比较全面的认识，使身心实现高度和谐统一
	与他人沟通	沟通的对象与目的比较明确
	公共沟通	公众数量众多且有不可控性
覆盖范围大小	人际沟通	其他沟通形式的基础
	群体沟通	为数不多的有限人群内部进行的沟通，是企业内部沟通的重要形式
	组织沟通	可分为组织内部沟通和组织对外沟通两部分
	跨组织沟通	两个及以上组织之间的信息沟通，一般涉及数据共享、商务沟通与谈判、供应链管理等内容
	跨文化沟通	通常存在文化差异、语言障碍，思维模式不同
紧急程度的不同	日常沟通	在日常工作中的沟通
	危机沟通	可以减小危机对组织的冲击，并存在化危为机的可能

商务沟通是商务谈判的基础，商务谈判是在多次商务沟通的基础上朝共识方向努力的说服活动，他们的关系可归纳为谈判三角。

综合练习①

一、单项选择题（在每小题的四个备选答案中，选出一个正确的答案，将其序号填在括号内）

1. 运输、仓储、加工等活动的主体是（　　）。
   A. 买卖商　　　　B. 第三商　　　　C. 第四商　　　　D. 辅助商

2. "我有个主意，去找小江，他有这方面的经验，他肯定能帮到你。"该沟通的目的是（　　）。
   A. 提出请求　　　B. 信息交流　　　C. 发起行动　　　D. 支持

3. "你的计划我觉得还不够完善。"该沟通的目的是（　　）。
   A. 鼓励　　　　　B. 评论　　　　　C. 解释　　　　　D. 总结

4. 说服的方向是（　　）。
   A. 影响对方　　　B. 客方定向　　　C. 沟通冲突　　　D. 达成共识

5. 说服的策略要采取（　　）。
   A. 客方定向　　　B. 长期合作　　　C. 相互了解　　　D. 排除障碍

二、多项选择题（在每小题的五个备选答案中，选出二至五个正确的答案，将其序号填在括号内）

1. 按组织结构特征，沟通可以划分为（　　）。
   A. 人际沟通　　　B. 正式沟通　　　C. 上行沟通
   D. 非正式沟通　　E. 下行沟通

2. 按沟通方向，沟通可以划分为（　　）。
   A. 上行沟通　　　B. 下行沟通　　　C. 平行沟通
   D. 直接沟通　　　E. 间接沟通

---

① 编者设置的个别超范围题目，需要进行总结、归纳、分析或查找其他资料后作答。

3. 按信息发送者与接收者的位置是否变化，沟通可以划分为（ ）。
   A. 单向沟通　　　 B. 自我沟通　　　 C. 语言沟通
   D. 公共沟通　　　 E. 双向沟通

4. 按过程是否需要第三者介入，沟通可以划分为（ ）。
   A. 直接沟通　　　 B. 语言沟通　　　 C. 间接沟通
   D. 非语言沟通　　 E. 日常沟通

5. 按信息载体和渠道的不同，沟通可以划分为（ ）。
   A. 语言沟通　　　 B. 他人沟通　　　 C. 危机沟通
   D. 间接沟通　　　 E. 非语言沟通

6. 按参与人数（沟通对象数量）的多少，沟通可以划分为（ ）。
   A. 自我沟通　　　 B. 与他人沟通　　 C. 公共沟通
   D. 人际沟通　　　 E. 跨组织沟通

7. 按覆盖范围大小，沟通可以划分为（ ）。
   A. 群体沟通　　　 B. 人际沟通　　　 C. 组织沟通
   D. 跨组织沟通　　 E. 跨文化沟通

8. 按紧急程度的不同，沟通可以划分为（ ）。
   A. 日常沟通　　　 B. 正式沟通　　　 C. 危机沟通
   D. 非正式沟通　　 E. 语言沟通

三、名词解释题

沟通　　商务沟通　　正式沟通　　自我沟通　　人际沟通　　危机沟通　　说服

四、简答题

1. 简述沟通的目的。
2. 简述沟通对企业和个人的作用。
3. 简述商务沟通与商务谈判的关系。

五、综合案例分析

杨瑞是一个典型的北方姑娘，在她身上可以明显感受到北方人的热情和直率。她很坦诚，总是愿意把自己的想法说出来，和大家一起讨论。正是这个特点，使她在上学期间很受老师和同学的欢迎。今年，杨瑞从西安某大学的人力资源管理专业毕业。她认为，经过四年的学习，自己不但掌握了扎实的人力资源管理专业知识，而且具备了较强的人际沟通技能，因此她对自己的未来期望很高。为了实现自己的梦想，她只身前往南方求职。

经过近一个月的反复投简历和面试，权衡利弊后，杨瑞最终选定了东莞市的一家研究生产食品添加剂的公司。她之所以选择这家公司，是因为该公司规模适中，发展速度很快，最重要的是，该公司的人力资源管理工作还处于尝试阶段，如果杨瑞加入该公司，她将是该公司人力资源部的第一位员工，因此她认为自己施展才能的空间很大。但是到该公司工作一星期后，杨瑞就陷入了困境。

原来这是一家典型的小型家族企业，公司中的关键职位基本上由老板的亲属担任，裙带关系很严重。尤其是老板安排了他的大儿子王经理做杨瑞的临时上级，而王经理主要负责公司产品的研发工作，根本没有人力资源管理的理念。在他的眼里，只有技术最重要，公司只要能赚钱，其他一切都无所谓。但是杨瑞认为，越是这样，就越有自己发挥能力的空间，因此在到公司的第五天，杨瑞拿着自己的建议书走进了王经理的办公室。

"王经理，我到公司已经快一个星期了。我有一些想法想和您谈谈，您有时间吗？"杨瑞走到王经理办公桌前说。

"来来来，小杨，早就应该和你谈谈了，只是最近我一头扎在实验室里，把这件事忘了。"

"王经理，对于一家公司，尤其是处于上升阶段的公司来说，要想持续发展，必须在管理上狠下功夫。据我目前对公司的了解，我认为公司主要的问题在于职责界定不清；员工的自主权力太小，致使员工觉得公司对他们缺乏信任；员工薪酬结构的制定随意性较强，缺乏科学、合理的基础，因此薪酬的公平性和激励性都较弱。"杨瑞按照自己事先所列的提纲开始逐条向王经理叙述。

王经理微微皱了一下眉头，说："你说的这些问题我们公司确实存在，但是你必须承认一个事实——我们公司在赢利，这就说明我们公司目前实行的制度有它的合理性。"

"可是，眼前发展并不等于将来可以长足发展，许多家族企业都是败在管理上。"杨瑞反驳道。

"好了，那你有具体方案吗？"王经理问。

"目前还没有，这些只是我的一点想法而已。如果得到了您的支持，我拟订方案只是时间问题。"杨瑞回答。

"那你先回去做方案，把你的材料放这儿，我先看看，然后给你答复。"说完，王经理又将注意力转回自己的工作上。

杨瑞似乎已经预测到了自己第一次提建议的结局。

果然，杨瑞的建议书石沉大海，王经理好像完全不记得建议书的事了。杨瑞陷入了困惑之中，她不知道自己是应该继续和上级沟通还是干脆放弃这份工作，另找一个发展空间。

思考讨论题

1. 从不同的角度看，杨瑞和王经理之间的沟通分别是什么类型的沟通？
2. 杨瑞的沟通方式有什么问题？
3. 王经理的沟通方式有什么问题？

进一步学习

推荐看

《关键对话：如何高效能沟通营造无往不利的事业和人生（原书第2版）》

访一访

寻找一个访谈对象（熟悉的人与不熟悉的人均可），采用正式沟通或非正式沟通的形式，围绕一个话题与之展开沟通，用手机等设备录制访谈过程，之后回放访谈过程，请同学和老师进行点评。

反思一下

回想自己的人生经历，分别写下或者口述一个自己失败和成功的沟通故事，并总结收获。

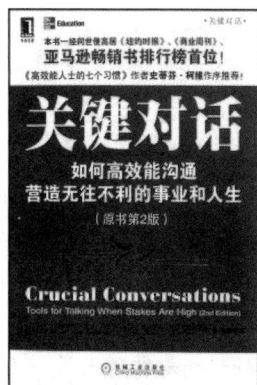

第二章 沟通原理

【学习要点及目标】

1. 理解、记忆沟通构成要素。
2. 掌握沟通环境对商务沟通的影响。
3. 掌握沟通客体的特点。
4. 掌握沟通主体分析。
5. 学会应用自我沟通方法。

【核心概念】

沟通的构成要素　　沟通环境　　沟通客体　　沟通主体　　自我沟通

引导案例

要不要冲咖啡

小琳第一次工作的公司是一家大型企业集团下属的外贸公司。当时公司一般的对外工作和主要的内部办公业务由男职员做，女职员主要负责整理文件等辅助业务。小琳第一天上班的时候，就遇到了要不要冲咖啡的问题。

女职员会的会长告诉小琳："你是新手，以后办公室里冲咖啡的事就由你来做了。"会长还给了她一张写着每个人偏好的咖啡口味的纸条。

科长稍后又过来告诉小琳："我了解你的感受。公司招聘你们当然不是为了让你们来冲咖啡的。但是在公司里，员工之间融洽相处最重要，所以你还是忍耐一下。"

又过了一会儿，小琳的直属上司过来跟小琳说："你是大学生，在公司里如何树立自己的形象，要靠自己，千万不要整天做冲咖啡的事，他们的事让他们自己去做，绝对不要被他们左右。"

当晚，小琳考虑了很多，最后还是决定按科长的意思来做，先给大家冲咖啡比较保险。

第二天上班，小琳按照每个人的口味冲好咖啡放在大家桌上。对小琳这样的举动，会长和科长非常满意，仅有让小琳不要做这件事的直属上司表达了不满，但是他也喝了小琳冲的咖啡。

工作开始后，小琳一边学习业务，一边观察自己周围的这些人，同时在心里对他们一一做了分析：会长是高级管理人员，她就算知道发生了什么事情，也是绝对不会管这些小事的；科长也是管理人员，直接管理部门内部的人员，和员工们保持着比较密切的关系，既然他最重视的是内部和睦、融洽，那么就不能靠他解决这个要不要冲咖啡的问题；直属上司是工作主管，要教自己业务，是与自己业务来往密切的人，但是他的意见是个人的，并不代表公司的立场，所以也不能靠他来解决这个问题。那么小琳到底该如何解决这个问题呢？

想了好几天，小琳得出了结论，事情的关键就在于女职员会。如果跟女职员会的成员关系不好，以后在工作上肯定会遇到很多不便，但是也不能让她们控制自己的行动。所以小琳决定先和她们好好协作，慢慢解决问题。以后的一段时间里，小琳天天冲咖啡，而且积极参加女职员会的活动，逐渐与她们建立起良好的关系。更重要的是，小琳在工作上付出了最大的努力，让她们知道自己同样具有和男职员一样的业务能力。看到小琳的表现，对刚大学毕业的女职员有成见的她们也慢慢认可了小琳，对小琳产生了好感。而且，通过这段日子的相处，小琳也对她们的立场有所理解，觉得她们不是自己的敌人，而是好同事、好朋友。

但是无论小琳和她们之间的关系如何转变，如果不解决冲咖啡的问题，以后每年来的新手都要不可避免地产生同自己一样的困惑。所以，半年之后的一天，小琳找到女职员会的干部们，说明了自己的立场："冲咖啡算不了什么，可是现在我的业务也学得差不多了，开始有自己的任务，在外面办的事情也越来越多，有的时候实在忙不过来，早上来不及为大家冲咖啡，你们能不能帮忙冲咖啡？"出乎意料的是，小琳在对话过程中发现，她们内心已经认可了小琳和她们之间工作上的差别和工作范围的不同。小琳和她们的对话成功了，她们肯帮小琳做事。通过那次对话，她们与小琳之间产生了信赖感，小琳得到了她们的工作上的支持。

案例导学

在碰到沟通问题时，首先，要把沟通对象放在组织里进行分析。案例中的小琳在组织里是什么角色？对方是什么角色？小琳能够做的有哪些？小琳可以要求对方做什么？对双方角色的把握是否准确，是沟通能否成功的关键。

其次，要选择正确的沟通渠道。只有弄清了自我和对方的角色，才能选择正确的沟通渠道。按照小琳的理解，如果选择太直接的沟通渠道，就可能产生不良后果。因此，小琳选择了横向沟通渠道。如果小琳当时用了垂直沟通渠道，就有可能把事情弄大，还可能给她带来不好的后果。

最后，选择正确的沟通方法。确定了沟通渠道以后，还要确定沟通的最优方法。案例中，小琳选择的是先用非语言沟通的方法，再用语言沟通的方法。因为沟通的对象是同事，与同事间的沟通属于横向沟通，进行语言沟通不会起什么作用，所以小琳先用非语言沟通的方法来打下沟通的基础，最后用语言沟通的方法来解决问题。

第一节 沟通的构成要素、信息识别和障碍分析

一、沟通的构成要素

沟通作为人类最基本、最重要的活动之一，在人类社会活动中扮演着十分重要、不可或缺的角色。要想提升沟通能力，我们首先应该了解沟通的构成要素，然后在此基础上学习沟通的技巧，最后必须在实践中反复练习和运用这些技巧。由美国的克劳德·埃尔伍德·香农和威尔伯·L. 施拉姆等人提出并经过实践验证的沟通的构成要素如图2.1所示。

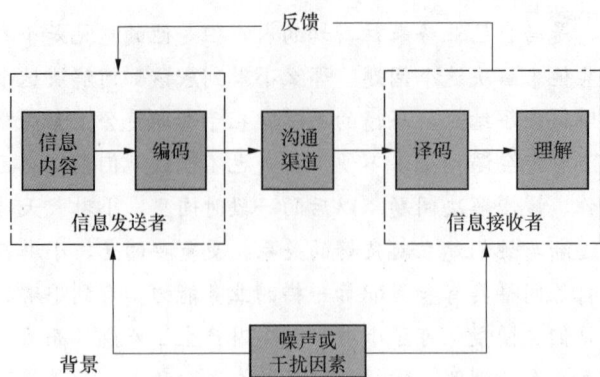

图 2.1　沟通的构成要素

　　一个完整的沟通过程离不开沟通主体（信息发送者）、沟通客体（信息接收者）、信息沟通的渠道和媒介（沟通方式）、沟通信息的反馈、噪声（障碍）以及沟通环境（背景）等基本要素。

小贴士

威尔伯·L. 施拉姆

　　威尔伯·L. 施拉姆（Wilbur L. Schramm，1907—1987）是当代传播学的创始人，被尊称为"传播学之父"。他于 1949 年编撰出版的《大众传播学》收录了政治学、心理学、社会学、语言学等多学科专家对传播学的研究成果，是美国大学传播学专业学生普遍使用的教科书。他建立了第一个大学的传播学研究机构，授予了第一个传播学博士学位，是世界上第一个传播学教授。

二、沟通信息的识别

　　人际沟通的过程伴随着信息的转移，情绪、情感的互动。无论我们处于信息发送者还是信息接收者的位置，都要对沟通中自己表达的或者对方发出的信息有敏锐的识别能力。

　　1. 信息的内容

　　一般说来，信息的作用主要是储存与传递知识、思想（道理）、情感及需要。根据内容的不同，信息可以分为以下几类。

　　（1）知识类信息。知识类信息可以通过应用"6W1H"原则来掌握。所谓"6W1H"，在商务场合可以理解为，who——工作的负责人是谁（谁来做）；for whom——工作的服务和汇报对象是谁（为谁做）；why——为什么要做该项工作（为何做）；what——工作的内容是什么（做什么）；where——工作的场所在哪里（在哪里做）；when——工作的期限是什么时候（什么时间做）；how——完成工作所使用的方法和程序是什么（怎么做）。只有对上述问题逐一了解清楚，我们才能完整掌握知识类信息。

　　（2）思想（道理）类信息。思想（道理）类信息是指采取一定的方法对观点进行论证和阐释的信息。掌握此类信息的重点在于把握其观点是否明确，论据是否合理，论证是否严密。论据一般可以分为事实论据和理论论据。事实论据可以是具体的事例、概括的事实，也可以是统计数字或者数据。理论论据可以是名人的名言、论断，也可以是哲学原理或科学公理、规律等。常见的论证方法有归纳法、演绎法、对比法、类比法、例证法、引证法、阐发法、比喻法等。

（3）情绪（情感）类信息。每一条信息背后往往都有一种情绪，识别口语和文字中传达出的情绪是一门学问。比如，一位女强人给自己正在开会的丈夫发了一条短信："方案是否通过？我提前到，下午三点落地，明天之前可作进一步修改。"这条短信表面上是在问丈夫会议进展得怎么样了，其实隐含着重要的情绪（情感）类信息——下午三点你要来接我。

（4）需要类信息。需要是信息中蕴含的目的和行为的动机，识别这类信息时最终要了解信息背后蕴含的需求。对于这类信息，不仅要识别情绪，还要看到情绪背后的需求。比如，当公司管理者向员工阐释其对当前任务的理解时，可引导员工改变对任务目标价值的评价标准，管理者完全可以通过营造有利于员工的氛围来达成对其行为动机的影响，这称为提出"引导需要"的激励范式。

例 2.1

某大学三年级的两个班的班长都想准备组织一次春游活动。

第一个班的班长说："经班委商量，班里准备组织一次春游。由于现在班费紧张，每位同学需要先交100元，我们再来商量春游的地点。"

第二个班的班长说："今年我们大三了，可能明年这个时候大家都找到工作准备各奔东西了。这可能是我们在大学里的最后一次春游机会了，班委商量准备组织一次春游活动。由于班费紧张，每位同学需要先交100元，我们再来商量春游的地点。"

【解析】第一个班的班长在阐述活动任务时，引导同学们关注了"交钱"，这样使评价标准成为"生活费的减少"，故这将是一次使个体有"损失"的活动，所以同学们的参与倾向大多为"不参与""可去，可不去""可能参与，看其他同学去不去"；而第二个班的班长在阐述活动任务时，引导同学们关注了"最后一次春游机会"，评价标准为"同学之间的友谊"，故这次活动被评定为友谊的"获得"过程，最终，激发同学们对爱与友谊的需要，所以参与倾向大多会是"参与，要珍惜这次机会"。

2. 信息的表现形式

从信息的渠道角度看，信息的两种主要表现形式是口语信息和书面信息。在口语信息中，语调、语气、语速、音量、口头禅等都是口语形式要素；在书面信息中，用词习惯、描述与论证的结构、篇章布局、笔迹等是书面形式要素。人们在传递信息时往往会有意识地按照各自的需要表达信息的内容，而信息的表现形式往往能反映信息发送者的性格特征和无意识的状态，因此有助于我们深入地了解对方。

3. 信息的真实性

人类传递的信息有几种：真实信息、掩饰信息、无意识信息（即自身并未注意或者意识到的信息）。对于掩饰信息和无意识信息，我们应关注其背后的真实内容，要特别注意挖掘无意识行为的潜在真实动机，这是掌握真实信息的重要依据。

三、沟通障碍分析

所谓沟通障碍，是指信息在传递和交换过程中，由于信息表达受到干扰或信息被误解而导致的信息失真的现象。人们在沟通信息的过程中，常常会受到各种因素的影响和干扰，使沟通受到阻碍。

沟通障碍来自各个沟通要素：信息识别的障碍、主体（信息发送者）带来的障碍、客体（信息接收者）带来的障碍、沟通渠道带来的障碍、沟通环境中的障碍，以及沟通反馈中的障碍等。

1. 信息识别的障碍

在沟通中经常会发生一些信息识别的障碍，例如当一个人分不清事实和自己的观点、感受、情绪的界限时，就容易曲解信息。很多时候，我们不仅需要在工作层面上进行交流，还需要在情感层面上进行沟通，但有时上级和下级都倾向于根据自己的观点、价值观念、意见和背景来解释信息，而不是对它作客观的解释。几乎所有的沟通都是利用符号来表达一定的含义，而符号通常有多种含义，人们在沟通时往往需要从中选择一种含义。如果选错了符号的含义，就会出现信息识别障碍。比如词的多重含义、词语的下意识联想等导致的沟通障碍。

例 2.2

有这样一个笑话：主人请客吃饭，眼看约定的时间已过，只来了几个人，主人不禁焦急地说："该来的没有来。"已到的几位客人一听，有两位扭头就走了。主人意识到他们误解了他的话，又难过地说："不该走的又走了。"结果剩下的客人也都气呼呼地走了。

【解析】这虽然是一个笑话，但是它告诉了我们一个道理，正所谓"说者无心，听者有意"。也许简简单单的一句话，在你看来没什么，但是在别人看来就有问题了。轻者惹人讨厌，重者就像笑话中的那样，身边的朋友一个个地离你远去。现实生活中也经常会出现这样的沟通障碍，同样的一句话由不同的人来理解，可能会有不同的含义。

2. 主体（信息发送者）带来的障碍

主体（信息发送者）给沟通带来的障碍通常有以下几类。

（1）目的不明，导致信息内容不确定。信息发送者在进行信息交流之前必须有一个明确的目的，即"我要通过什么渠道，向谁传递什么信息，达到什么目的"。

（2）表达模糊，导致信息传递失真。信息发送者口齿不清、语无伦次、闪烁其词或词不达意等，都会造成信息传递失真，使信息接收者无法正确了解其所要传递的真实信息。

（3）选择失误，导致信息被误解的可能性增大。信息发送者对传送信息的时机把握不准，缺乏审时度势的能力，信息沟通渠道或沟通对象选择失误，都会影响信息交流的效果。

（4）言行不当，导致信息接收者理解错误。当信息发送者同时使用口头语言和肢体语言（如手势、表情、体态等）传达信息时，二者一定要相互协调，否则就会使信息接收者感到困惑不解。

（5）经验、知识水平的差距所导致的障碍。在信息沟通中，如果信息沟通双方的经验水平和知识水平差距过大，就可能产生沟通障碍。在现实生活中，一个经验丰富的人往往会对信息沟通作通盘考虑，谨慎细心；而一个初出茅庐者往往会考虑不周。信息沟通的双方往往会依据自己的经验理解信息，如果彼此的经验水平和知识水平差距过大，就容易形成沟通的障碍。

例 2.3

一个秀才去买柴，他对卖柴的人说："荷薪者过来！"卖柴的人听不懂"荷薪者"（担柴的人）三个字的意思，但是听得懂"过来"这两个字，于是把柴担到秀才前面。秀才问他："其价如何？"卖柴的人听不太懂整句话，但是听得懂"价"这个字，于是告诉了秀才价钱。秀才接着说："外实而内虚，烟多而焰少，请损之。"意思是你的木柴外表是干的，里头却是湿的，燃烧起来，会浓烟多而火焰小，请降些价吧。卖柴的人因为听不懂秀才的话，于是担着柴就走了。

【解析】用对方听得懂的语言进行沟通，是沟通获得成功的保障。如果一个销售人员完全从技术的角度出发向消费者讲解产品的好处，最终效果一定不会太好。

3. 客体（信息接收者）带来的障碍

客体（信息接收者）给沟通带来的障碍通常有以下几类。

（1）过度加工，导致信息模糊或失真。信息接收者在信息交流的过程中，有时会按照自己的主观意愿对接收的信息进行"过滤"和"添加"。现实生活中许多沟通失败的主要原因是信息接收者对接收的信息进行了过度加工，从而导致信息模糊或失真。

（2）知觉偏差，导致对信息的理解产生偏差。人们在信息交流或人际沟通中，总习惯于以自我为中心，对不利于自己的信息，要么视而不见，要么熟视无睹，甚至颠倒黑白，以达到保护自己的目的。

（3）思想观念上存在差异，导致对信息产生误解。信息接收者和信息发送者在认知水平、价值标准和思维方式上存在差异，往往会造成沟通双方思想上的隔阂，从而对信息产生误解，甚至可能引发冲突，导致信息交流的中断及人际关系的破裂。

（4）对信息进行过早评价，导致做出错误的决定。当信息还没有传到当事人处时，当事人通过道听途说或受到不怀好意的人故意欺骗，得到错误信息却误以为真，对信息进行过早评价，导致做出错误的决定。

（5）不同的信息接收者对信息的态度不同，导致信息沟通障碍。这又可分为不同的层次来考虑。一是认识差异。在管理活动中，不少员工和管理者忽视信息作用的现象很普遍，这就对正常的信息沟通造成了很大的障碍。二是利益观念的不同。在组织中，不同的员工对信息可能有不同的看法，所选择的侧重点可能也不相同。很多员工只关心与他们的物质利益有关的信息，而不关心组织目标、管理决策等方面的信息，也会造成信息沟通的障碍。

（6）对信息发送者不信任，导致有效信息无法被正确理解。有效的信息沟通要以相互信任为前提，这样才能使向上反映的情况得到重视，向下传达的决策得到实施。管理者在进行信息沟通时，应该不带成见地听取下级的意见，鼓励下级充分阐明自己的见解，这样才能做到思想和感情上的真正沟通，才能接收全面、可靠的信息，才能做出正确的判断与决策。

（7）信息接收者的畏惧心理及个人心理素质不佳，导致信息沟通无法正常进行。信息沟通在很大程度上受到信息接收者个人心理因素的制约。信息接收者的性格、气质、态度、情绪、见解等都可能造成信息沟通的障碍。在实践中，信息沟通的成败主要取决于上级与下级、领导与员工之间是否能全面、有效地合作。在很多情况下，这种合作往往会因下级的畏惧心理及个人心理素质而面临信息沟通障碍。一方面，上级过分严厉，或者缺乏必要的同情心，不愿体恤下级，都容易造成下级的畏惧心理，影响信息沟通的正常进行；另一方面，信息接收者不良的心理素质也是造成信息沟通障碍的因素。

（8）信息接收者的个人素质和记忆力不佳，导致信息沟通的效率较低。信息沟通往往是依据组织系统分层次逐次进行的，在按层次传递同一条信息时，其效率往往会受到信息接收者个人素质和记忆力的影响。如果信息接收者的个人素质或者记忆力出现了问题，就会影响信息沟通的完整性。

4. 沟通渠道带来的障碍

沟通渠道为沟通带来的障碍有以下几种。

（1）选择了不恰当的沟通渠道。沟通渠道多种多样，且各有优缺点。如果不能根据组织目标及其实现策略来选择恰当的沟通渠道，不能灵活运用沟通的原则、方法，沟通就很难顺利进行。例如，重要的事情仅凭口头传达，则信息接收者可能不重视或者不能完整记录；又如，医生仅读病历、看检查结果，不和患者直接沟通，则容易造成误诊。

（2）几种沟通渠道传递的信息内容互相冲突。例如，口头传达的精神与书面文件的内容不符，造成信息接收者不知所措。

（3）沟通渠道过长。沟通渠道过长，中间环节多，就可能造成信息在传递过程中失真。

（4）组织结构不合理。如果组织机构过于庞大，中间层次太多，那么信息从最高决策层传递到基层不仅容易产生信息失真，还会浪费大量时间，影响信息的及时传递。同时，在自下而上的信息沟通中，如果中间层次过多，同样也会浪费时间，影响效率。

小贴士

有学者统计过，如果信息在高层管理者那里的正确性是100%，那么到了信息接收者处可能只剩下20%了。这是因为，在进行信息沟通时，各级主管部门都会花时间对接收到的信息进行甄别，一层一层地过滤，再将过滤后的信息向下传达。此外，在甄别过程中，各级主管部门还会掺杂大量的主观因素，尤其是当发送的信息涉及信息传送者本人时，往往会由于信息传送者本人心理方面的原因，造成信息失真。因此，如果组织机构臃肿，设置不合理，各部门之间职责不清，分工不明，形成"多头领导"局面，或因人设事，人浮于事，就会对信息沟通造成障碍，影响沟通的顺利进行。

5. 沟通环境中的障碍

沟通环境中也存在影响沟通效果的障碍。

（1）有外部干扰的沟通环境。信息在沟通过程中经常会受到自然界各种物理噪声、机器故障的影响或被其他事物干扰，也可能因沟通双方距离太远且没有必要的沟通工具而影响沟通效果。

（2）不整洁的沟通环境。整洁的沟通环境有助于沟通双方保持良好的心情，有利于沟通的正常进行，而不整洁的沟通环境则可能会使沟通双方感到不满，从而影响沟通的顺利进行。

6. 沟通反馈中的障碍

沟通反馈中存在的障碍有以下两类。

（1）不良的行为举止。在与对方沟通时，不良的行为举止，如抖腿、转笔等，可能会使对方厌恶或误解，甚至停止沟通。这些不良的行为举止会让对方认为你对他不尊重或不重视，使得双方因产生误解而无法正常沟通。

（2）恶意阻碍。在信息反馈的过程中，可能会由于某些不怀好意的人故意歪曲信息，使得信息在反馈过程中失真，让最终的信息接收者未能得到真实的信息，从而不能做出正确的反馈，没有采取正确的行动。

小贴士

国际沟通学会

国际沟通学会（International Communication Association）成立于 1950 年 1 月 1 日，总部位于美国华盛顿。该组织主要致力于沟通领域的学术、教学、应用研究，目前有来自 80 多个国家和地区的 4 300 多名会员。截至 2019 年，该学会共发行五种学术期刊：①《沟通》（Journal of Communication）；②《沟通理论》（Communication Theory）；③《人际沟通研究》（Human Communication Research）；④《网络沟通》（The Journal of Computer-Mediated Communication）；⑤《沟通文化》（Communication Culture）。更多信息可登录国际沟通学会网站查询。

第二节　沟　通　环　境

沟通环境是指沟通时的环境条件，既包括与个体间接联系的社会整体环境（政治制度、经济制度、政治观点、道德风尚、群体结构等）、与个体直接联系的区域环境（学校、工作单位或家庭等），又包括对个体直接施加影响的社会情境及小型的人际群落。无论何种形式的沟通活动，其所依存的环境不外乎内部环境和外部环境。

就一个组织来说，无论内部还是外部，时时刻刻都存在着信息交换和协调：一方面是组织内部的信息交换和协调，另一方面是组织和相关环境间的信息交换和协调。分析沟通的环境总体可分为下面两个层次。

（1）进行组织内部环境分析，明确组织内部影响沟通的环境因素，实现组织内成员的互动和协调，协助组织沟通目标的达成。组织内部影响沟通的环境因素主要包括有形环境和无形环境两个方面。有形环境如组织内部结构（包括技术环境、物质环境和人力资源环境等），无形环境如组织文化和组织的无形资源（如价值观、思维方式和经营理念等）。

（2）进行组织外部环境分析，实现组织和相关环境的信息交换和协调，使得组织与环境之间保持动态平衡并求得发展。组织外部环境分析可以从宏观环境和中观环境两个方面入手。其中，宏观环境又可以分为政治法律、经济政策、社会文化、技术政策和自然环境五个方面，中观环境一般是指行业环境。

一、外部沟通环境分析的必要性

在经济文化联系日益紧密的今天，对组织外部沟通环境进行分析具有重要的现实意义。

例 2.4

现在大家讲得最多的是"网络化""全球化""一体化""地球村"等名词，这些名词对人们的生活和工作有着越来越大的影响。

信息技术的发展使得整个世界日益成为一个大家庭。这个大家庭内成员之间的沟通已成为日常生活中不可或缺的一部分，如全球化发展的一个经济特征就是跨国公司、外资企业的迅速发展。

于是，人们似乎突然发现他们必须学会与来自不同国家和地区的人打交道，否则还真难在这个"地球村"里更好地生存和发展。但同时，他们越来越深切地体会到，地球这个大家庭内的成员之间在语言、文化等各个方面存在相当大的差别，要学会与不同的家庭成员打交道可不是件轻松的事。

【解析】无论是个体之间、个体与组织之间，还是组织与组织之间，由于对对方文化的不了解可能经常出现沟通的障碍，影响沟通的效果。与跨文化沟通问题几乎同时出现的，是那些具有较强的跨文化沟通能力的人，他们如鱼得水，成为时代的弄潮儿。

1. 有助于组织更好地了解各地风俗习惯

一般而言，国内各地、各民族之间存在一定的文化差异，而国内外的文化差异会更大。本地经营的组织，特别是企业，自然要熟知本地的风俗习惯才能更好地融入本地的（商务）活动，如果要扩展活动范围，则必须详细了解扩展地的风俗习惯、法律制度等。

比如，尽管英语是一种国际通用语言，美国和英国都使用英语，但是美国和英国在个人行为与社交方面的评判标准存在很大差别，更不用说英国和中国之间的差别了。再比如，在某一个国家或地区，邀请别人共进晚餐可能是一种礼貌的行为，但是在另一个国家或地区，可能就会被认为是对别人私有时间的侵犯。问候某人的家人，在一个国家或地区可能是必要的，而在另一个国家或地区可能就是对别人的冒犯。如在美国，邀请客人到自己家里吃饭可能是很高的礼节，但是在我国的一些地方，如果你只是在家里请客人吃饭，客人可能会认为自己不够被重视，而请客人到餐厅吃饭，客人才会觉得你非常重视他。

2. 有助于管理者制定科学的商务沟通策略

不同地区、不同国家之间由于存在一定的文化差异，组织与公众沟通需要采取不同的策略。比如，同一家企业会根据不同地区消费者的需求差异，采取不同的公众诉求策略。一家生产营养液的企业，在某些地区采取的公众诉求策略可能是强调产品对孩子营养的充分补充，在某些地区采取的公众诉求策略则可能是产品能体现父母对孩子的爱；对于生产手机的企业来说，在某些地区宣传的是它的摄影功能强大，在另外一些地区宣传的则是它的续航能力强。

3. 有助于组织确立正确的信息传递对象

不同的组织在选择沟通对象时，根据其性质的不同，所采取的沟通策略也不一样。如对于政府机构或非营利性组织来说，希望通过公众沟通媒介向不同层次、不同民族、不同信仰的所有社会群体传递其服务宗旨；而对于娱乐业的营销人员来说，他们总是倡导"时尚一族"的特有文化，并专门为这些"时尚弄潮儿"提供服务。这是组织在确定其产品定位和服务定位时应充分考虑的。

4. 有助于组织找到最有效的沟通渠道

随着信息技术和网络技术的发展，信息沟通渠道越来越丰富，组织可以选择传统的报纸、杂志、电视、广播等作为沟通渠道，也可以选择互联网作为沟通渠道。组织分析外部沟通环境时，可以有针对性地选择最有效的沟通渠道。对青年人来说，互联网可能是比较好的沟通渠道，而对于中老年群体来说，电视则可能是比较有效的沟通渠道。

二、外部沟通环境因素与沟通策略

组织外部沟通环境因素包括与沟通活动相关的组织外部的全部利益相关者和社会、政治、经济、文化等。由于组织的实际沟通活动是发生在组织与外部的组织和个体之间的，因此我们把沟通的外部环境界定为组织外部的组织和个体，对这些组织和个体可以从利益相关者的角度进行分析。一般来说，一家企业的利益相关者包括竞争对手、终端客户、中间商、供应商、政府、社会团体等。组织的外部沟通往往发生在组织与竞争对手之间、与终端客户之间、与中间商之间、与供应商之间、与政府部门之间以及与社会团体之间。组织分析外部沟通环境因素就是剖析这些外部利益相关者的特点，进而采取相应的沟通策略。

1. 客户因素分析与沟通策略

对企业而言，这里的客户包括终端客户和中间商，这是最重要的外部环境因素。分析客户因素时，要重点把握客户的需求特点和心理特点，了解客户的利益、兴趣所在，从客户反馈中获取客户对本企业产品的意见和建议，并与其建立良好的关系。客户因素的具体分析方法，请参阅本章第三节的有关内容。

2. 政府因素分析与沟通策略

与政府建立良好的关系是管理沟通的重要任务。无论是公共关系管理、组织形象培育与品牌建设，还是利益相关者管理，组织都应把政府因素放在重要的位置，因为政府的支持是组织生存与发展不可缺少的条件。因此，组织应做好以下几个方面的工作。

（1）正确认识政府的地位与功能。组织应分析不同政府部门的政策导向和社会利益诉求，做到有的放矢。

（2）认真准备沟通信息。组织事先应对所要讨论的问题进行深入的调查研究，邀请有关专家和组织内部的管理人员进行分析讨论，提炼出完整的论点和充足的论据。

（3）沟通时论点简明、措辞严谨、态度谦逊。在沟通时要把主要信息集中在有限的几个关键点上，要在有限的时间内让对方感受到你所提出问题的重要性。

（4）充分了解沟通对象的背景和信息需求。政府工作人员有的喜欢操作性信息，有的喜欢思路性信息，有的关注你的讲话中有没有亮点。因此，在沟通前要充分了解对方的背景和信息需求，对于对方不是很关注的信息，可以通过文字报告和汇报材料的形式在沟通之后进行补充。

（5）适当的后续跟踪。沟通之后应与对方保持联系，可以继续寄送相关材料，维持业务关系。

3. 社会团体因素分析与沟通策略

绝大多数组织只会受到利益相关者的关注，不会进入普通公众的视野。社会团体往往是利益相关者的代表，如消费者协会是顾客的代表，行业协会是行业同行的代表，慈善机构是社会公众（尤其是弱势群体）公益事业的代表等。处理好与社会团体间的关系是组织外部沟通的重要内容，因为这有利于为组织创造良好的生存和发展环境。要想做好与社会团体甚至普通公众的沟通，组织应注意做好以下几方面的工作。

（1）积极、主动地向新闻媒体等大众传播媒介提供组织的信息，不断把组织的情况及组织对社会的贡献等事实向外传递。

（2）开放组织，让社会团体或个人来组织参观，了解组织内部整洁、有序、人本化的工作环境，了解组织对员工的关爱，了解组织在承担社会责任等方面的付出，从而提高组织的美誉度，给外部公众留下组织负责任的良好印象。

（3）通过座谈会和新闻发布会等形式，让社会团体和普通公众了解组织，通过参与或赞助社会文化、体育、教育、公共福利事业等方式，树立良好的组织形象。

（4）重视环保工作、为社区服务，树立组织关注社会公共事业的形象，与政府和社会团体建立良好的沟通渠道。

（5）积极利用自媒体传播本组织的各类信息（以对普通公众有益的信息为佳），充分利用各种网络渠道加强与社会团体、普通公众的直接沟通。

例 2.5

蒙牛参观工厂

当下，透明车间、透明厨房已经不是什么新鲜事了，蒙牛是国内较早开放工厂的企业。

始建于1999年的内蒙古蒙牛乳业（集团）股份有限公司倡导从全产业链的战略合作到阳光开放的企业文化。这一系列的变化需要通过更加透明的方式向外界传递，从而树立蒙牛新的形象，拉近与消费者之间的距离。早在2011年，蒙牛就设立了"工厂开放日"迎接前来监督检查的消费者代表。2014年，蒙牛对线下工厂进行全面升级。蒙牛参观工厂在整个生产线上都设有参观通道，透过密闭的玻璃幕墙，游客可以看到高速运转的全封闭无人无菌生产线。从收奶到产品出库，全部由中央控制系统设定程序，指令由机器人操作完成。灌装好的产品由机械手臂码垛机自动码放，与之配合工作的是使用红外探测技术的电子车，电子车载送货物到智能化立体库房入库。

【解析】为了给消费者传递安全、健康的理念，蒙牛建立了参观工厂，采用"眼见为实"的方式邀请消费者参观整个产品生产过程，展示企业良好的质量理念和文化。这种通过开放企业，组织消费者进行参观的方式是企业与外部公众沟通的一种有效手段。

三、内部沟通环境分析的必要性

组织内部沟通环境可以从内部组织结构、组织文化和技术环境三个方面来分析。

内部组织结构反映了成员间的权力关系、信息沟通渠道和业务流程等，它本质上反映的是组织内部人与人之间的关系和联结方式。为了更好地处理权力关系、保证信息沟通的顺畅和业务流程的优化，人们需要采取有效的沟通技巧。根据组织结构的形成条件、过程和作用机理的不同，组织可分为正式组织和非正式组织两类。为此，需要针对这两类不同的组织采取不同的策略。

组织文化是组织内部全体员工需要共同遵守的行为规范、思维方式、意识形态、风俗习惯等，其本质是组织内部的价值观。由于每个组织及其子组织都有其自身的文化或子文化，故需要结合不同组织内部文化环境的特点选择相应的策略。

例 2.6

阿里巴巴的武侠文化

现代社会中人们的生活压力大，瞬息万变的互联网行业从业人员更是如此。为了缓解员工压力，阿里巴巴内部形成了一种武侠文化。在阿里巴巴，核心技术研究项目组被叫作"达摩院"，集团总部的一间办公室叫"光明顶"，还有一间叫"侠客岛"，集团内部开会也被戏称为"聚首光明顶"。阿里巴巴的高层领导都有各自的花名，比如马云的花名是"风清扬"，陆兆禧的花名是"铁木真"，邵晓峰的花名是"郭靖"。淘宝举行周年庆活动时，阿里巴巴员工称其为"武林大会"，集团还会打乱平时的隶属关系，让员工按自己的花名加入各帮派，争夺"天下第一帮"的头衔。这些富有特色的做法，让武侠文化深深地烙在了每一位阿里巴巴员工的心中，促进了集团内部的交流互动，也为笑脸文化的落实提供了良好的支持。

【解析】互联网行业是一个需要创意的行业，但是创意并不是通过冥思苦想就一定能得到的，一味紧张与一味松懈都无济于事，张弛有度才能让员工保持舒畅的心情，充分发挥出他们的聪明才智。阿里巴巴集团内形成的这种武侠文化，既可使长期处于高度紧张、忙碌状态的员工得到放松，又挖掘出了"竞争、有责任感"的独特企业文化内涵。

技术环境在影响外部沟通环境的同时，也深刻地影响着组织内部沟通环境。一方面，技术环境使组织内部信息交换在空间上得到不断扩展，使组织虚拟化生存成为可能；另一方面，组织管理从刚性的制度、规则管理走向个性化、柔性化管理，使组织内部成员日益从"社会人"走向"文化人"，也促使组织内部沟通模式发生了转变。事实上，组织内部沟通的网络化已经从根本上改变了组织成员间的沟通模式。

第三节　沟通客体

一、受众的确定

要想对沟通对象的特点进行分析，首先要解决"他们是谁"的问题，而解决这个问题的目的在于解决"以谁为中心进行沟通"。

在很多沟通场合中，信息发送者拥有或预订会拥有不同的受众（群）。当沟通对象超过一人时，就应当根据其中对达成沟通目标影响最大的人或团体调整沟通内容。一般来说，沟通中的受众包括以下六类。

（1）第一类为最初对象。他们最先收到信息，有时要求你提供信息的就是这些最初对象。

（2）第二类是守门人，即信息发送者和最终受众之间的"桥梁受众"，他们有权阻止你的信息传递给其他对象，因而也有权决定你的信息是否能够传递给主要对象。有时让你起草文件的就是守门人，有时守门人是组织高层，有时守门人来自组织外部。判断某人是否为守门人的依据在于：是否必须通过其来传递信息。如存在此人，则进一步分析他是否会由于某些原因而改变或封锁需要传递的信息。

（3）第三类是主要受众，又称直接受众，即那些直接从信息发送者处获得口头或书面信息的人或团体。他们可以决定是否接受你的提议，是否按照你的提议行动，这些信息只有传递到主要受众处才能达到预期的目的。

（4）第四类是次要受众，又称间接受众，即那些间接获得信息，或通过道听途说，或受到信息波及的人或团体。他们可能会对你的提议发表意见，或在你的提议得到批准后负责具体实施。

（5）第五类是意见领袖，即在受众中有强大影响力的、与组织有正式关系的人或团体。他们可能没有权力阻止信息传递，但他们可能因为拥有政治、社会地位和经济实力，从而对传递的信息产生巨大的影响。

（6）第六类是关键决策者，即最后且最重要的某个管理者，他是可以影响整个沟通效果的关键决策者。如存在此人，则要依据他的判断标准调整信息内容。

需要说明的是，上面的六类受众中的某几类可以由一个人充当，如负责人常常既是最初对象又是守门人；有时最初对象既是主要受众，又是负责将提议付诸实施的人。

例 2.7

国际组织求职

王刚看到某国际组织在国际范围内招聘雇员，其中有一个职位特别适合自己，所以他向该组织的人力资源部门投递了简历。经过笔试、面试等环节后，王刚最终获得了该国际组织的职位。那么在这个应聘行为背后，涉及哪些受众呢？

【解析】应聘者投递简历后，人力资源部审核简历的人员会根据招聘启事中的信息对应聘者的简历进行审核，审核人员就是最初对象。审核人员把初步符合条件的人员信息发送给部门主管，主管做出是否继续让应聘者进入下一个环节的决定，主管便是守门人。当主管决定让应聘者进入下一个环节时，主管这个守门人就会把信息传递给用人部门。用人部门是招聘活动的主要受众，可能会去了解应聘者过去的经历，那些了解应聘者经历的人就是次要受众。用人部门还会听取专家意见，对应聘者的专业水平进行测评，这些专家就是意见领袖。最终，用人部门的领导作为关键决策者做出是否录用的决定。

二、对受众的分析

一旦确定了受众，就应仔细地对其进行分析。虽然有时我们可以借助市场调研或其他已有的数据对受众进行分析，但大多数情况下，对受众的分析应当是客观的，即要站在他们的立场上，想象自己是其中的一员，再向所信任的人征询意见。

1. 受众分析的范围

（1）分析受众中的每一位成员。我们可以对受众成员逐一进行分析，考虑他们的教育层次、专业培训经历、年龄、性别以及兴趣爱好，了解他们的意见、喜好、期望和态度。

（2）对受众做整体分析，即通过分组的方式对受众进行框架式分析，如受众的群体特征是什么，立场如何，他们的共同规范、传统、准则与价值观怎样等。

2. 受众分析的内容

（1）受众对背景资料的了解情况。分析受众对背景资料的了解情况，即分析有多少背景资料是受众需要了解的，沟通的主题他们已经了解了多少，有多少专业术语是他们能够理解的。若受众对背景资料的了解需求较低，那么我们就不需要在背景资料上花费大量时间；若受众对背景资料的了解需求较高，则应该准确地定义受众不熟悉的术语和行话，将新的信息和他们已经掌握的信息结合起来，给出非常清晰的解释。

（2）受众对新信息的需求。分析受众对新信息的需求即分析对于沟通的主题，受众还需要了解哪些新的信息。对新信息需求较高的受众，我们应该为他们提供足够的例证、统计资料、数据及其他材料。对新信息需求较低的受众，如有的受众倾向于听取专家意见，则可以为这些受众提供决策建议。概括而言，我们应考虑受众实际需要什么信息，而不应只考虑能为他们提供什么信息。

（3）受众的期望和偏好。分析受众的期望和偏好，即分析受众偏好哪种沟通的风格和渠道。具体来说，在风格偏好上，要分析受众在文化、组织和个人的风格上是否有偏好，如正式或非正式、直接或婉转、互动性或非互动性的。在渠道偏好上，则要分析受众在渠道上的偏好，如书面还是口头、纸质报告还是电子邮件、小组讨论还是个人交谈等。

例 2.8

某公司董事长有一个习惯——不轻易接受下属的口头汇报，而是要求用书面的方式提交报告。而且，他要求提交的报告应遵守"丘吉尔法则"，即每份报告不超过一页纸。该董事长审阅提交的报告后，认为有必要的会找报告人面谈，并约定一个具体的面谈时间；不需要面谈的，就转交给相应部门的经办人处理。该董事长的体会是，只有这样，工作时间才是自己的。

【解析】如果你的上司也是这样的管理风格，显然，书面沟通是有效的沟通渠道。而且，从这个董事长的角度来看，他的时间管理意识很强。因此，提交的书面报告应该"长话短说"，简明扼要地表达你的想法，以尽可能少的笔墨让其对你提的建议感兴趣。

三、预估受众的反应

1. 受众对沟通信息感兴趣的程度

对于受众来说，沟通信息如果能够对他们的财务状况、组织地位、价值体系、人生目标产生较大影响，他们就会对信息产生较大的兴趣。基于对这些问题的考虑，受众可能会出现正面、负面或中立等三种意见倾向。若预计受众会表现出正面或中立的意见倾向，则信息发送者只需强调信息中的有利部分，以增强他们的信念；若预计受众会表现出负面意见倾向，则要运用以下技巧。

（1）将预期的负面意见在开始时就提出来，并做出反应，如列出负面意见加以驳斥，这要比受众自己提出负面意见更有说服力。

（2）先列出受众可能同意的几个观点。若他们赞成其中的两三个关键观点，那么他们接受信息发送者整体思想的可能性就比较大。

（3）首先令他们认同问题确实存在，然后解决该问题。

2. 所要求的行动对受众来说是否容易做到

所要求的行动对受众来说是否容易做到，是指信息发送者预期的行动对于受众来说，完成的难易程度如何，他们是否会感觉过于耗时、过于复杂或过于困难。若信息发送者估计所要求的行动对受众而言比较难做到，则一定要强化其所希望的行动对于受众的利益。若要求的行动对受众而言过于难做到，则要采取以下对策：①将行动细化为更小的步骤；②尽可能简化行动的步骤，如设计便于填写的问题列表；③提供可供遵循的程序清单和问题检核单。

四、激发受众的兴趣

1. 明确受众利益，以激发其兴趣

对受众进行背景分析最直接的动机是明确受众的利益期望。受众的利益期望包括他们期望在接受沟通主体提供的产品、服务和信息后，或者根据沟通主体的建议在执行相关活动后所能够得到的利益。总体来说，激发受众的兴趣的方法可以分为以下两类。

第一类是明确具体的好处，即强调某一事物的价值或重要性（但不要夸张）。

第二类是明确事业发展和完成任务过程中的利益，包括：①向受众展示所表达的信息对于他们目前的工作有何裨益；②利用任务本身驱动，如受众往往更喜欢接受有挑战性的任务或者处理艰巨的工作；③向受众展示所表达的信息对个人事业的发展或提高声望有利，如表明沟通内容可以有效地帮助他们得到组织或上级的重视，有助于他们获得声望和建立交际网络。

为了更好地通过明确受众利益来激发他们的兴趣，有两点是显然要做的，首先要明确受众的利益，其次是传递恰当的信息给受众。不同的受众所期望的利益不同。有的利益是直接的，因而沟通主体比较容易识别，沟通时能够清楚地告知；有的利益是只可意会而不可言传的，沟通主体需要深入了解和发掘。对于后一种类型的利益，下面的步骤可能会有助于沟通主体分析、确认受众的利益：①了解能激发受众需求动机的感受和欲望；②找出产品的客观性能或政策中有助于激发这些感受和欲望的特点；③说明受众怎样利用所介绍的产品或政策才能满足他们自身的需求。

例 2.9

三只松鼠"萌宠营销"

2012年，章燎原创立了三只松鼠，这时的三只松鼠还只是一个小小的淘宝店铺，不到十年间，三只松鼠很快成长为线上线下坚果零食行业的领头羊，其主营业务覆盖了坚果、肉脯、果干、膨化食品等全品类休闲零食。2019年7月12日，三只松鼠在深交所创业板上市；同年，

三只松鼠全年销售额突破百亿元，成为零食行业首家迈过百亿元门槛的企业。2021年，三只松鼠获"CCTV·匠心坚果领先品牌"称号。

提到三只松鼠，消费者最先想到什么？三只松鼠将用户定位为主人，把品牌设计为主人的宠物（松鼠），传统的商家和消费者之间的关系被颠覆了，取而代之的则是一种更亲密融洽的主人-宠物关系，商家和消费者之间原本冰冷的交易过程也因此变成了有温度的互动。坚果市场的核心消费者是年轻女性，她们希望购物的过程是愉悦、轻松、有趣的。三只松鼠主打的"卖萌"营销，正好满足了她们的情感需求；同时，"卖萌"式的可爱风格，又容易增强品牌在消费者心中的信任感。不少消费者会主动将三只松鼠推荐给朋友，这就带来了更多的消费者。三只松鼠的用户定位是年轻人，年轻人不仅希望在购物过程中心情愉悦，也更希望吃的过程是简单的，别太麻烦。三只松鼠考虑到用户不会一次性吃完一包坚果，便随产品附赠一个封口袋或封口夹；用户收拾果壳很麻烦，三只松鼠就每包坚果送一个果壳袋；吃完了手脏，三只松鼠就送湿纸巾。

【解析】通过市场调研深刻理解消费者的利益需求，开发满足消费者兴趣的产品是营销沟通的关键。三只松鼠给坚果销售赋予了"生命"，让消费变得有温度、愉悦和便利，从而大大地激发了消费者的消费兴趣。

2. 通过可信度激发受众

受众对主题关注程度越低，沟通主体就越应该以可信度为驱动因素。通过可信度激发受众的具体策略有以下几个。

（1）以"共同价值观"的可信度激发受众。以"共同价值观"的可信度激发受众时，需要构建与受众间的"共同出发点"。如果沟通主体在一开始就能和受众达成一致，在以后的沟通中就很容易改变他们的观点。从共同点出发，即使讨论的是全不相关的话题，也能增强沟通主体在沟通主题方面的说服力。比如，沟通主体先谈及自己与受众在最终目标上的一致性，之后表明自己为达到最终目标在实现方式上存在的不同意见，这样，不同的意见也容易为受众所接受。

（2）以传递良好意愿的可信度与"互惠"技巧激发受众，即遵循"投桃报李，礼尚往来"的原则，通过给予对方利益而使自己得到利益，通过己方的让步换得对方的让步。

（3）运用地位可信度与惩罚技巧激发受众。地位可信度的一种极端驱动方式是恐吓与惩罚，如斥责、减薪、降职乃至解职。但这种方式只有在沟通主体能确保对方顺从且确定能消除不良行为时，才能奏效。

运用可信度激发受众前，沟通主体要设法提升自身的可信度。沟通主体提升可信度的策略见本章第四节。

3. 通过信息结构激发受众

通过信息结构激发受众，即利用信息内容的开头、主体和结尾的合理安排来激发受众。

通过信息内容的开头激发受众，就是让信息内容自开头就吸引受众的注意力，如一开始就列举受众可能得到的利益；列举存在的问题，采用"提出问题—解决问题"的模式；讨论和明确话题和受众之间的关系，激发受众的兴趣。

通过信息内容的主体激发受众，就是把恰当的内容安排在沟通过程中来增加说服力，具体技巧有以下几种。

（1）"直接灌输"法，即先列举一系列反对意见并立即加以驳斥，或直接向受众"灌输"自己对可能引发的反对意见的不予认可。

（2）"循序渐进"法，即将行动细化为可能的最小要求，然后逐步得到较大的满足。

（3）"开门见山"法，即先提出一个过分的且极可能遭到拒绝的要求，然后再提出适度的要求，后者就更可能被接受。

（4）"双向比较"法，即将受众可能提出的反对意见和自己注重的观点加以比较，并表现得中立与合情合理。

通过信息内容的结尾启发受众，就是通过简化实现目标的步骤来激发受众兴趣，如列出便于填写的问题表或易于遵循的检核清单，或列出下一步骤或下一行动的具体内容。

第四节　沟　通　主　体

一、沟通主体分析

1. 沟通主体的可信度

所谓沟通主体的可信度，简单地说，就是对方认为沟通主体值得信任的程度。分析自己在受众心目中的可信度，就是沟通主体在制定策略时分析受众对自己的看法。沟通主体的可信度将影响沟通者与受众的沟通方式。根据弗伦奇（French）、雷文（Raven）、科特（Kotter）的观点，沟通主体的可信度受到沟通主体的身份地位、良好意愿、专业技术水平和素质、外在形象、共同价值观五个因素的影响。

（1）沟通主体展示身份地位时要表明自身的等级权力，有时为了增强沟通效果或达成沟通目的，还可以强调头衔与地位，以提高自身的可信度。

（2）沟通主体怀有良好意愿，则有利于建立信任与互相支持的沟通关系，让沟通更加顺畅。通过建立互相尊重的沟通关系、保持开放性的沟通方式、建立良好的沟通氛围、保持良好的情绪状态、积极反馈和鼓励等方式，我们可以建立良好的沟通关系，增强信任感，促进人际关系的顺利发展。

（3）沟通主体自身的专业技术水平和素质，特别是知识和能力，是构成沟通主体可信度的内在要求。

（4）沟通主体的外在形象是沟通主体产生吸引力的外在因素。当沟通主体有良好的外在形象时，能提高听众对其的喜欢程度。

（5）沟通主体和受众的共同价值观，包括道德观、行为标准等，是沟通双方形成良好人际关系和持续沟通的本质要素。沟通主体在沟通开始时就找到与受众的共同点和相似点，将信息沟通和共同价值观联系起来，可迅速提升自身的可信度。

通过对沟通主体自身五个因素的分析，我们可列出影响沟通主体可信度的因素和技巧，如表 2.1 所示。沟通主体可以强调自己的初始可信度，还可以增加后天可信度，以进一步提高沟通者在受众心目中的可信度。

表 2.1　影响沟通主体可信度的因素和技巧

因　素	建立基础	对初始可信度的强调	对后天可信度的加强
身份地位	等级权力	强调自己的头衔或地位	将自己与地位很高的某些人联系起来（如共同署名或进行介绍）
良好意愿	对个人关系的长期记录等	涉及关系或长期记录	通过指出受众利益来建立良好意愿
		如果利益上有冲突，确实无法顾及他人，则要承认利益上的冲突，做出合理的评估、中肯的解释	
专业技术水平和素质	知识和能力	包括经历和简历	将自己与受众中被认为是专家的人联系起来，或引用他人的话语
外在形象	吸引力	强调受众认为有吸引力的特质	通过认同受众利益来建立自己的形象，运用受众认为活泼的非语言表达方式及语言
共同价值观	道德观、行为标准等	沟通双方在沟通开始时就找到共同点和相似点，将信息沟通与共同价值观结合起来	

（蒙特 等，2014）

初始可信度是指在沟通发生之前，受众对沟通主体的信任程度。作为沟通策略的一部分，沟通主体可能需要向受众强调或提醒他们对自己的初始可信度。假如人们对沟通主体推崇备至，即使沟通主体的决策或建议不受欢迎，或者与他们期望的不完全一致，他们仍可能对沟通主体充满信任。但是，沟通主体应意识到的一点是，就像使用自己的银行存款一样，使用初始可信度会降低可信度水平。因此，沟通主体必须不断通过良好意愿、专业技术水平和素质等来增加自己在"可信度银行账户"上的储蓄量。

后天可信度是指沟通主体在与受众沟通之后，受众对沟通主体的信任程度。即使受众事先对沟通主体毫不了解，沟通主体的好主意或具有说服力的写作和演说技巧也有助于提高自身的可信度。沟通主体在整个沟通过程中的出色表现是获得较高可信度的根本。

2. 沟通策略的确定

在具体的沟通过程中，沟通主体根据自己对沟通内容的控制程度和沟通对象的参与程度，可采取四种不同的沟通策略，即告知、说服、征询、参与。

（1）告知策略一般用于沟通主体处于权威地位或在信息掌握程度上处于完全控制地位的情形。沟通主体仅仅向受众叙述信息或解释要求，沟通的结果在于让受众理解或接受沟通主体的信息或要求。如老板要求下属完成规定的任务，但不需要他们发表意见。

（2）说服策略一般发生在这样的背景下：沟通主体在地位或信息方面处于主导地位，但受众有最终的决定权，沟通主体只能为受众分析做或不做的利弊，以供对方参考，但沟通主体的目的是让受众根据自己的建议去实施行为。如销售人员向客户推销产品，或技术部门主管向预算委员会提出增加研究开发经费的建议，受众可以接受，也可以不接受。沟通主体只给出建议，最终决策权掌握在受众手里。

（3）征询策略一般用于这样的情形：沟通主体希望沟通的内容得到受众的完全认同，为达到这一目的不采取引导、说服等控制手段，而采用协商、征求对方意见等手段，争取使沟通的内容变成双方共同的目标。如沟通主体希望同事支持他向高层管理者提出某个建议时，采用此策略一般效果会更好。

（4）参与策略具有最高程度的合作性。沟通主体最初可能并没有形成最后的建议，需要通过与受众共同讨论去发现解决问题的办法，如采用头脑风暴法，让参与者就某个创新性的问题提出新的思想。

在上述四种沟通策略中，我们把前两种（告知策略和说服策略）统称为指导性策略，把后两种（征询策略和参与策略）统称为咨询性策略。一般来说，当沟通主体认为沟通的目的在于通过为下属或他人提供建议、信息或制定标准帮助下属或他人提高工作技巧时，可采用指导性策略；当沟通主体认为沟通的目的在于帮助他人或下属认识他们的思想情感和个性问题时，则更适合采用咨询性策略。指导性策略重在能力，而咨询性策略重在态度。

在商务活动的沟通中，人们可以视情况选择不同的沟通策略，原则上与普通沟通没有区别。如在谈判报价时可采用告知策略，在解释报价时可采用说服策略，在修改报价方案时可采用征询和参与策略。

二、自我沟通

在沟通主体自我分析过程中，最根本的问题是自我沟通。成功沟通的前提是成功的自我沟通。"要想说服他人，首先要说服自己。"这就是对自我沟通重要性和必要性的现实概括。自我沟通技能的开发与提升是成功管理者的基本素质。自我沟通的目的是在取得自我内心认同的基础上，更有效率和更有效益地解决现实问题。自我沟通是手段和过程的内在统一，最终目标是解决外在的问题。因此，自我沟通是一个内在和外在实现统一的过程。没有自我沟通过程，自我认知和外界需求就成为各自孤立的分离体。所以，每个个体说服自己接受、服从的过程，同样是一个自我沟通的过程。

（一）自我沟通的特点

自我沟通在过程上与一般人际沟通具有相似性，但在具体要素和活动上有其自身的特殊性，主要表现在以下几个方面。

（1）主体和客体的统一性。自我沟通中，沟通的主体和客体都是"我"本身，"我"同时承担信息编码和解码的任务。

（2）自我沟通的目的在于说服自己，而不是说服他人。因此，自我沟通常常在自我的原来认知和现实外部需求出现冲突时进行。

（3）自我沟通中的反馈来自"我"本身——主我。由于在自我沟通中，信息输出、接收、反应和反馈几乎同时进行，因此这些基本活动之间没有明显的时间间隔，它们几乎同时进行、同时结束。

（4）自我沟通中的媒体也是"我"本身。沟通渠道可以是语言（如自言自语）、文字（如日记、随感等），也可以是自我心理暗示。

正如人际沟通中要进行要素策略制定一样，自我沟通过程中同样涉及受众策略、信息策略、媒体策略等问题。自我沟通过程中的受众策略分析就是自我认知的过程；信息策略就是通过学习，寻找各种依据和途径对自我进行说服，这种信息可能来自自身的思考，也可能来自他人的经验或书本上的知识；媒体策略则是根据自己的特点选择相应的沟通渠道，如有的人习惯通过写日记来表达自己的感情，有的人习惯通过冥思苦想来解脱自己，有的人习惯通过看书来摆脱自己的矛盾心态，这些都是个体进行沟通渠道选择和决策的例子。

（二）自我沟通的艺术

自我沟通从某种意义上讲是我们每个人的本能，只不过不同的人的自我沟通技能存在差别。在日常工作与生活中，我们都希望通过消除负面影响，强化正面作用，使自己从不安、忧虑或困惑中解脱出来，释放心理压力，适应新的内外环境。这个自我调节的过程，就是自我沟通的过程。

1. 客观审视自己的动机

认识自我，就是在社会实践中认识自己（包括自己的生理、心理等方面）及自己和周围事物的关系。它包含人的自我观察、自我体验、自我感知、自我评价等活动。要想认识自我，首先要理性地审视自己的动机。从心理学的角度看，人有需要，才有动机，从而产生行为，因而在心理学中，把动机定义为由需要引起的个体的行为倾向。

动机可以分为内部动机和外部动机。所谓内部动机，就是指从个体自身的需要出发而产生行为；而外部动机是指个体根据社会环境的需要而产生行为。内部动机和外部动机可相互作用。如果个体的内部动机与外部动机发生冲突，但个体仍按内部动机去发生外部动机所不需要的行为，则内部动机往往会演变成不纯的动机；相反，如果个体的外部动机所需要发生的行为与内部动机不吻合，个体就会因为缺少内在的激励力量而导致行为的强度减弱。

所以，人们需要重新审视自己的动机，激发对工作的兴趣，认识自我在工作中的价值，从而以更饱满的精神投入到工作中去。

2. 静心思考自我

我们认识自我，关键在于认知自己的动机，这就需要从内部动机和外部动机两个方面去审视物质自我、社会自我和精神自我。审视自我往往是一个困难的过程。要想清醒、客观地审视自己的动机，必须以静心地解剖自我、反省自我为前提，这就要求我们学会静心思考。

为了能够静心思考自我，我们首先要善于创造宁静的空间，把自己从烦琐的事务中解脱出来，不受他人的干扰。这样的空间，可能是自己的办公室，也可能是自己的家，还可能是户外的某个地方，关键在于我们自己是不是有意识地去发现这样的空间或利用这样的空间。属于自己的宁静空间要靠自己去创造。

小贴士

日本"经营之圣"稻盛和夫谈自身修养

在日本，物质是富裕的，精神却很空虚；衣食是丰足的，礼仪却很欠缺；行动是自由的，感觉却很闭塞。只要肯努力，什么都能得到，什么都能做成，但人们却消极悲观，有人甚至犯罪。一种压抑的空气弥漫于整个社会，这是为什么呢？因为很多人找不到人生的意义和价值，迷失了人生的方向。因为人们缺乏正确的价值观，才导致了今日社会的混乱。

3. 修炼自我意识

自我意识的核心包括自我价值的定位、面临变革的态度、人际需要的判断以及认知风格的确立四个方面。其中，自我价值的定位在于确定自身的个体价值标准和道德评判标准的异同，面临变革的态度用于分析自身的适应能力和反应能力，人际需要的判断用于分析不同沟通对象的价值偏好和相互影响方式，认知风格的确立用于明确信息的获取方式和对信息的评价态度。

4. 善于倾听自我

很多时候，我们没有全面地认识自己，是因为我们满脑子充斥的都是别人的意见和期望。了解我们自己，知道自己的兴趣所在，那么我们就能够听到自己内心的声音。定期花些时间去做自己热爱的事情，例如散步、做园艺、尝试新的菜谱、游泳、画画、写作或者做其他任何一件自己喜欢做的事。当我们在做自己喜欢做的事情时，就能够体会到平静、放松和平衡。

5. 转换视角，开放心灵

（1）转换视角，开放心灵，要求我们从他人的角度出发去思考问题。我们要从封闭的自我约束中跳出来，通过转换自己的思维方式，跳出习惯思维的约束，以另一种视角来分析问题。转换视角要求我们从封闭的视角转换为开放的视角，打开心灵的窗户，接收新的思绪、思想和观念。

（2）转换视角，开放心灵，要求尊重他人。开放自己的心灵和尊重他人的美德是紧密相关的。把自己封闭在自我的世界里，紧闭心灵的窗户，就看不到外面的阳光；拒绝他人的接近和交往，就会把自己置于自我的"山巅"之上。这样，万物皆在自己的俯视之下，不自觉中，自己与他人之间的距离就会越来越远。只有当我们开放自己的心灵，外面新鲜的空气、温暖的阳光、和煦的春风才能进入我们的心灵。

（3）转换视角，开放心灵，要求把沟通的理念从"己所欲，施于人"转变为"人所欲，施于人"。"己所欲，施于人"理念的出发点是我们自己，主体还是自己，把对方作为被动的信息接收者。要想从根本上转换视角，我们提倡"人所欲，施于人"的理念，就是要根据受众的特点来组织信息的内容和编码方式，把问题的解决和人际关系的强化有机地结合起来。

（4）转换视角，开放心灵，要意识到自己的成见，或者意识到你会对不符合自己思想观念的信息加以"改造"。具体而言，一是要意识到与自己的信念、态度、想法和价值观相矛盾的信息并不都是对自己的威胁、侮辱，不要有抵触心理；二是自己的想法尽量不要受沟通主体外表和举止的影响，不要因为自己不喜欢他们的外表就排斥他们的想法，如果我们意识到了自己的成见，就要加以注意和控制；三是不要过早地对沟通主体的人格、主要观点和我们自己的反应下结论，如果我们过快地做出决定，可能就会错过获知真理的机会。

6. 超越目标和愿景

认知自我和修炼自我是自我超越的必要条件，是对"原我"的突破。显然，没有认识原我这个前提，就不会有超越的目标，也就无所谓自我超越。具有强烈自我超越意识的人，能够扩展创造生命中真正价值的能力。学习的含义并非只是获取更多的信息，还包括培养取得生命中真正想要的结果的能力。

在目标和愿景的关系上，愿景是属于具有方向性的、比较广泛的、抽象的、希望达到的结果；目标是一个特定的结果、一种期望的未来景象或意象，是每个人所追求的理想目标阶段性的具体化。从个人长远发展的角度看，生活中的喜悦来自对更高层次目标的坚定不移。萧伯纳说过："生命中真正的喜悦，源自当你为一个自己认为至高无上的目标献上无限心力的时候。它是一种自然的、发自内心的强大力量，而不是狭隘地局限于一隅，终日埋怨世界，不会给自己带来快乐。"

7. 以自我为目标

"以自我为目标"强调的是自我精神追求的不断提高，是一种不断设定内心目标、持续自我激励的过程。而超越他人，由于过分关心外在目标，有可能产生副作用，特别是在外界目标消失的时候，如自己就是最成功者或者外界目标可望而不可即时，可能会使超越他人失去现实激励意义。

有人会认为，不以超越他人为目标是降低了对自己的要求，自己会因为一点小小的进步而沾沾自喜，从而削弱进取的动力。其实，这不是具有高度自我超越意识的人的表现。自我超越的人不是封闭自我的人，他们在设定目标的过程中会不断向他人学习，在与外界沟通的过程中会觉察到自己的无知、力量的不足和成长的极限，但这不会削弱他们高度的自信，反而会强化他们对自我的认知和对目标追求的理性思考。

8. 学会自我表达

适当地自己与自己开展对话，有助于改善情绪调整心态，实现自我释放，完成自我沟通。自我对话时分为正向自我对话和负向自我对话，比如在自己心情低落沮丧的时候，如果自己能像知心好友一样，不断安慰，主动体贴，积极引导自我的话，那么负面情绪就会逐步改善，但如果选择过分指责自己，对自我吹毛求疵的话，那负面情绪就难以消除。

写作也是一种自我沟通的方式。书写能够让你看到自己真实隐秘的想法，也能将你脑中不断争吵的念头"赶"出来。当你看到它们白纸黑字地呈现在你面前的时候，你会如释重负，这些困扰你的想法就会被你抓住。

自我表达的形式可以是多种多样的。比如画出来、唱出来、舞出来或者其他艺术形式都可以把自己的故事表达出来。

本章小结

本章内容主要围绕沟通原理展开，介绍了沟通主体（信息发送者）、沟通客体（信息接收者）、信息沟通的渠道和媒介（沟通方式）、沟通信息的反馈、噪声（障碍）和沟通环境（背景）等沟通基本构成要素，同时对沟通中的沟通主体、沟通客体、沟通障碍进行了具体的分析，还介绍了自我沟通的有关知识。

人际沟通的过程伴随着信息的转移，情绪、情感的互动。信息发送者和信息接收者都要对沟通中自己表达或者对方发出信息的内容、形式及真实性进行识别。

沟通障碍主要来自各个沟通要素：信息识别的障碍、主体（信息发送者）带来的障碍、客体（信息接收者）带来的障碍、沟通渠道带来的障碍、沟通环境中的障碍和沟通反馈中的障碍。

沟通环境包括外部环境和内部环境，外部环境可从客户因素、政府因素和社会团体因素等三个方面来分析，内部环境可从内部组织结构、组织文化和技术环境等三个方面来分析。

沟通客体特点分析包括：①分析"他们是谁"，界定受众范围（界定最初对象、守门人、主要受众、次要受众、意见领袖、关键决策者），了解受众（从受众个体和整体两个层面进行分析）；②分析"他们了解什么"，受众对背景资料的了解情况，受众对新信息的需求，受众的期望和偏好；③分析"他们感觉如何"，受众对沟通信息感兴趣的程度，所要求的行动受众是否容易做到。

激发受众兴趣的方法：①明确受众利益，以激发其兴趣；②通过可信度激发受众；③通过信息结构激发受众。

沟通主体分析的重要内容是分析沟通主体的可信度，主要分析这几个因素：①身份地位，明确自身的等级权力；②良好意愿，沟通主体怀有良好意愿，则有利于建立信任与互相支持的沟通关系；③专业技术水平和素质，知识和能力是构成沟通主体可信度的内在要求；④外在形象，沟通者产生吸引力的外在因素；⑤共同价值观，寻求沟通双方的道德观、行为标准等的共同点。

常用的沟通策略有告知、说服、征询、参与等四种。

自我沟通是成功沟通的前提；自我沟通技能的开发与提升是成功管理者的基本素质。

自我沟通的八大艺术：客观审视自己的动机；静心思考自我；修炼自我意识；善于自我倾听；转换视角，开放心灵；超越目标和愿景；以自我为目标；学会自我表达。

综合练习

一、单项选择题（在每小题的四个备选答案中，选出一个正确的答案，将其序号填在括号内）

1. 有些重要的事情口头传达效果不佳，接收者可能不重视，这是（　　）。
   A. 主体（信息发送者）带来的障碍　　B. 客体（信息接收者）带来的障碍
   C. 沟通渠道带来的障碍　　　　　　　D. 沟通环境中的障碍

2. 沟通者和最终受众之间的"桥梁受众"称为（　　）。
   A. 最初对象　　　B. 守门人　　　C. 主要受众　　　D. 意见领袖

3. 沟通者在信息方面处于主导地位，但受众有最终决定权，可以采用的策略是（　　）。
   A. 征询策略　　　B. 告知策略　　　C. 参与策略　　　D. 说服策略

4. 不属于自我沟通特点的是（　　）。
   A. 主体和客体统一　　　　　　　　　B. 自我沟通的目的在于说服别人
   C. 沟通中的反馈来自"主我"本身　　D. 沟通中的媒体也是"主我"本身

二、多项选择题（在每小题的五个备选答案中，选出二至五个正确的答案，将其序号填在括号内）

1. 一个完整的沟通过程包括（　　）。
   A. 沟通主体　　　B. 沟通客体　　　C. 沟通渠道和媒介
   D. 沟通信息反馈　　E. 沟通环境

2. 沟通信息的内容包括（　　）。
   A. 知识类信息　　　B. 思想类信息　　　C. 情绪类信息
   D. 需要类信息　　　E. 口语信息

3. 从信息的渠道角度看，信息的主要形式分为（　　）。
   A. 口语信息　　　B. 书面信息　　　C. 肢体信息
   D. 国内信息　　　E. 国际信息

4. 沟通障碍主要来自（　　）。
   A. 信息识别的障碍　　　　　　　　　B. 主体（信息发送者）带来的障碍
   C. 客体（信息接收者）带来的障碍　　D. 沟通渠道带来的障碍
   E. 沟通反馈中的障碍

5. 沟通环境总体可以分为（　　）。
   A. 内部环境　　　B. 外部环境　　　C. 客观环境
   D. 文化环境　　　E. 法律环境

6. 激发受众兴趣的方式包括（　　）。
   A. 明确受众利益　　　　　　　　　　B. 通过可信度激发
   C. 通过信息结构激发　　　　　　　　D. 通过受众氛围激发
   E. 预估受众反应

7. 沟通者根据自己对沟通内容的控制程度，可以采用的策略包括（　　）。
   A. 告知策略　　　B. 说服策略　　　C. 征询策略
   D. 参与策略　　　E. 强迫策略

三、名词解释题

沟通障碍　　沟通环境　　自我沟通

四、简答题

1. 简述沟通的构成要素。
2. 简述沟通障碍的表现。
3. 简述如何分析沟通的外部环境要素。
4. 简述沟通受众的类型。
5. 简述影响沟通者可信度的因素。
6. 简述自我沟通的方式。

五、综合实训

与班级里的四五位同学组成一个小组，用30分钟时间在这个小组中完成以下活动。

第一步，每个小组成员用5分钟时间，列出对自己以下两方面的评价：①自己最有价值的3个优点；②自己最明显感受到的3个不足或弱点。特别注意的是，要对自己的优点和不足，根据强弱程度给出分数。比如，自己若认为A优点是非常突出的，就给5分；若A优点不是很突出，但比较明显，给4分。

第二步，每个小组成员用两三分钟的时间向其他成员介绍自己，包括背景、事业目标以及迄今为止最重要的成就，并简要描述自己人际交往方面的长处和不足。

第三步，以某一个小组成员为中心人物，请他将自我评价中各个项目的评估状况、分数及如此评估的理由和自己的心情告诉大家，然后小组的其他成员为他提供反馈意见，并告诉他在自我评估中所述的特点、分数与自己对他的了解和判断有什么差异，为什么有这样的差异。

第四步，当一位中心人物接受并厘清了其他成员的反馈后，更换另一个小组成员，将其作为中心人物，按照同样程序进行评估和反馈，小组内的每个成员轮流成为中心人物。

思考讨论题

1. 你真的了解自己吗？怎么才能更好地了解自己？
2. 哪些人是你获取有价值反馈的最佳人选？你为什么选择这些人？
3. 你的自我评估和评估分数对自己的事业计划有什么启示？

进一步学习

推荐看

《内向谈判力》

访一访

寻找一个访谈对象（熟悉的亲朋或不熟悉的人均可），采用聊天或者模拟正式访谈的形式，围绕一个沟通障碍的话题展开，用手机等设备录制或当场请同学、老师点评。

反思一下

回想自己的人生经历，写下或者口述与自己有关的一个沟通障碍故事并总结收获。

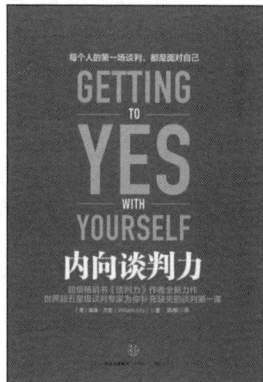

每个人的第一场谈判，都是面对自己

GETTING
TO
YES
WITH
YOURSELF

内向谈判力

超级畅销书《谈判力》作者全新力作
世界超五星级沃顿商学院为你打开谈判的终极一课

[美]威廉·尤里（William Ury）著　吴畅 译

第三章 沟通方式

【学习要点及目标】

1. 掌握主要的沟通方式。
2. 熟悉各种沟通方式的特点及适用范围。
3. 能正确选择沟通方式。

【核心概念】

面对面沟通　　音视频沟通　　书面沟通　　网络沟通

引导案例

选择合适的沟通方式

公司某部门来了一位新人，该部门经理发了一封介绍新人的电子邮件给在同一楼层工作的同事，我也收到了这封邮件，并为该部门经理高兴，因为新人的资历看起来不错。

当天下午，别的部门的一位同事李明在收到这封邮件后，回了一封电子邮件给该部门经理，电子邮件中只有简单的一行字："×××，什么时候带新人来介绍介绍！"电子邮件的下方还附有原始的新人介绍文字。读完这行字后，我心中产生了一个疑虑。我把发信人和收信人的名字删掉后将这封包含新人介绍及"×××，什么时候带新人来介绍介绍！"这行字的邮件，打印给我的秘书看，并问她，假设她是那位部门经理，看完这封邮件后的第一反应是什么，我让她把答案写在一张纸上。

我没有向秘书解释我这样做的原因，等她写完离开后，我找到那位部门经理并问他："你向李明介绍你们部门的新人了吗？他不是写了电子邮件，要你给他介绍新人认识一下吗？"这位部门经理回答说："没有。"我问他为什么，并让他把自己的回答写在同一张纸上。

在那位部门经理离开后，我找到李明，问："经理带新人来向你介绍了吗？"他回答："没有。"我接着问他："你当初为什么要回电子邮件给经理，让他给你介绍介绍新人呢？"李明回答道："我只是想多认识一个朋友而已，没有其他意思！"在李明说出他当初的动机后，我把那张上面写有秘书与部门经理反应的纸拿给他看，并告诉他这是别人对他那句话做出的反应。他看完后，有点吃惊地说："怎么可能！"秘书在纸条上写的是"语气有点命令的味道，应该是另一位职位较高的主管想要认识新人吧！"这样的反应与李明的原意不同。那位部门经理的反应则更具戏剧性："他又不是我的主管，不知道为什么还要我单独给他介绍！"这样的反应更是与李明的原意大相径庭。

秘书与该部门经理的解读与李明的原意有很大的出入，他们都曲解了李明的原意。很显然，通过这一沟通事件可以发现，在商务沟通中，我们常会高估自己的表达能力，低估别人的误解力。在日常近距离一对一的商务沟通中，这种看不到表情、听不出感觉的电子邮件，有时会成为我们逃避沟通的工具，也会造成同事间更大的疏离。

李明有点懊恼地跟我说："我没有这样的意思啊！早知如此，当初走过去说就好了！"确实，写这封电子邮件的李明与该部门经理的座位只有5米之隔，他的原意简单到"只是想多认识个朋友而已"，却由于表达不当而引起了别人的误解。关于商务沟通的方式，有人的总结很精辟：可以打电话时，不要用电子邮件；可以面对面讲话时，不要打电话；可以用手拍对方肩膀时，不要用嘴巴说。

案例导学

很多时候，很多人不了解沟通方式，因而从来没有重视过对沟通方式的选择。就像案例中的李明，正因为他不了解沟通方式，也没有意识到沟通方式的重要性，才导致了误会的产生，让人把他原本的意思都扭曲了。如果当初李明选择的是当面沟通，那么这些误会也就不会发生了。

沟通方式有很多种，主要的沟通方式有面对面沟通、音视频沟通、书面沟通（信函、备忘录、报告、提议、记录、合约、指示、通知、规章、笔记、计划、讨论文件等）等。人们只有了解每种沟通方式的优点和缺点，才能正确地选择沟通方式，从而减少不必要的误会。

第一节　面对面沟通

一、面对面沟通的特点

面对面沟通是指任何有计划的和受控制的、在两个人（或更多人）之间进行的、参与者中至少有一人是有目的的，并且在进行过程中互有听和说的谈话。在所有沟通方式中，面对面沟通是最古老、应用最广泛的一种方式。在科技不发达时，它曾是最重要的沟通方式。即使科技的发展带来了新的沟通方式，面对面沟通因其独特的优势，仍然是最主要的沟通方式。

面对面沟通既可以在沟通者和沟通对象之间一对一进行，又可以以一对多的口头沟通形式进行。它是人际沟通的重要形式，具有以下五个特点。

（1）目的性。参与面对面沟通的一方或多方有明确的目的。

（2）计划性。谈什么（what）、何处谈（where）、何时谈（when）、与谁谈（who）、如何谈（how）等都要有计划。

（3）控制性。在面对面沟通中，至少有一方处于控制地位，或者双方共同控制。

（4）双向性。面对面沟通是双向的沟通，而不是单向发送信息或接收信息。

（5）即时性。双方在面对面沟通时能即时对沟通信息做出反应。

我们从以上五个特点中可以总结出以下几点。

首先，面对面沟通与闲聊、打招呼、谈话不同。如在走廊、马路上与人相遇，谈上几句话，这样的聊天不能称为面对面沟通，因为这样的谈话没有明确的目的，没有计划。尽管面对面沟通和谈话很相似，但仍有很大区别。面对面沟通作为特殊的交流形式，与工作有明确的相关性。

其次，沟通者在沟通前要制订计划和选择策略。面对面沟通时，沟通双方主要以口头语言为沟通的载体，沟通者应针对沟通对象的特点，选择相应的沟通策略。面对面沟通与一般沟通一样，也要针对沟通对象的特点（沟通客体分析），结合自身的特点（沟通主体分析），选择相应的信息编码策略、媒体策略和信息反馈策略。

最后，面对面沟通与书面沟通相比有更高的技巧性要求。面对面沟通在信息组织和表达（信息编码）方面，与书面沟通相比，更有技巧性。这一方面是因为面对面沟通的即时性，它需要更快速的反应、更灵活的信息组织技巧、更及时的受众分析技能；另一方面是因为在日常沟通中，面对面沟通发生的可能性和频率要比书面沟通大得多，正如人们可以一月不动笔，但不大可能一天不开口说话一样。

二、面对面沟通的适用范围

面对面沟通是最古老、应用最广泛的一种沟通方式，具有突出的优点。沟通者选择面对面沟通时，应以充分发挥其优势为原则。一般来说，在下列情况下，沟通者运用面对面沟通方式较为适宜。

（1）大型商务谈判。通常在大型商务谈判中，双方谈判代表需要坐在谈判桌前面对面地进行沟通，以便能更好、更快地解决商务问题，取得共识，达成商务合作。

（2）初次建立合作关系。为表示诚意，初次建立合作关系的双方多采用面对面沟通的方式，使得双方取得共识后，能因彼此的好感促进商务合作的实现。

（3）重大问题的谈判。一般情况下，人们都是通过面对面沟通来解决重大问题的。因为在解决这些重大问题的过程中可能涉及很多细节，只有面对面沟通，才可以及时、有效地解决各种细节问题。

（4）与长期客户解决一贯的、经常执行的任务或有一定规则的事务。

例 3.1

某公司有一位清洁工，每天很辛苦地打扫公司的卫生，从来没有见过老板。在闲暇之余，她会和同事们不停地抱怨打扫卫生很累，工资却很低，老板每天舒舒服服地坐在办公室里，什么也不干却可以拿到很多的钱。

有一天，老板经过她们休息的地方，就走过去和她们聊天，但没有告诉她们自己的身份。这位清洁工和往常一样把自己的想法说了出来。这位老板想了想，告诉这位清洁工和她的同事，老板也不是那么好当的，他要每天出去拉生意、谈生意，会遇到很多困难，但什么困难都得自己顶住，还举了很多例子。老板还说公司如果没有生意或生意少，上上下下好多人都会面临失业，当然也包括清洁人员。到那个时候，她们想干活说不定都找不到地方干了。

老板把自己的困难和压力告诉她们后，这位清洁工和她的同事了解老板比她们更辛苦，面对的问题也更多。此后，这位清洁工和她的同事们认真地干活，再也不抱怨了。

【解析】面对面沟通这种形式在沟通中有其独特的作用，可以实现沟通双方之间情感的交流。大多数时候，人们都是站在自己的角度来认知事物。通过面对面沟通，双方可以直接把自己的苦恼向对方倾诉，增进彼此间的了解。

第二节　音视频沟通

进行远程音视频沟通所用的工具最开始只有电话，但随着即时通信工具、音视频会议系统的出现，音视频沟通可使用的工具越来越多。

一、音视频沟通的特点

现代社会中，各种高科技手段拉近了人与人之间的距离。其中，音视频沟通是目前非常方便的一种沟通方式，其特点如下。

（1）实时性。音视频沟通可以使沟通双方即时交谈，瞬间取得联系，就速度而言，没有其他沟通方式可与之比拟。

（2）简便性。音视频沟通的操作非常简便，一般无须培训即可进行。

（3）双向性。通过音视频沟通可立即接收对方反馈，且双方可自由沟通。

（4）经济性。音视频沟通可节省沟通的时间及费用，节省交通成本，提高沟通效率。

（5）普遍性。固定电话、手机、即时通信工具已经普及，人们可以随时随地与需要对话的人进行音视频沟通。

相较于其他沟通方式，音视频沟通有其独特的优势和劣势。

音视频沟通具有以下几个优点：①往往能很快与对方取得联系；②能直接与对方交谈；③可以减少身份差异带来的压力；④假如对方说的话不着边际，或者觉得信息量足够了，打断对方发言更为方便；⑤成本低；⑥可节省时间、提高效率。

音视频沟通具有以下几个缺点：①重要的信息可能被忽略，特别是音频沟通时看不到对方的表情等，不容易察觉对方的情绪变化；②沟通有被中断的可能；③沟通中容易出现注意力不集中的情况；④较难判定对方的反应。

例 3.2

一个替人割草的男孩出价5美元，请他的朋友为他打电话给一位太太。电话拨通后，男孩的朋友问道："您需不需要割草？"

太太回答道："不需要了，我已经有割草工了。"

男孩的朋友又说："我会帮您拔掉花丛中的杂草。"

太太回答道："我的割草工已经做了。"

男孩的朋友继续说："我会帮您修剪草坪与走道四周的灌木。"

太太回答道："我请的那个割草工也已经做了，他做得很好。谢谢你，我不需要新的割草工。"

男孩的朋友挂了电话，不解地问男孩："你不就是这位太太的割草工吗？为什么还要我打这个电话？"

男孩说："我只是想知道太太对我工作的评价。"

【解析】这个案例中，男孩的朋友运用电话沟通的方式，帮助这个男孩了解了雇主对他工作的评价，以便他能及时改正不足之处，更好地工作。从中我们可以看出，只有勤与客户、上级领导沟通，你才有可能知道自己的长处与短处，才能够了解自己的处境，以便改进自己的工作。

二、音视频沟通的适用范围

根据音视频沟通的特点，音视频沟通适合在以下几种情况下使用。

（1）日常事务的询问和解答。日常生活中，我们知道很多组织会在广告宣传中留下其咨询电话、QQ 号、微信号，这样当客户对其产品感兴趣或有疑问时，就可以很方便地与组织联系，其中使用较多的就是音视频沟通。

（2）与新客户的前期沟通。组织开发新客户时，通常都是先以音视频沟通的形式取得对方的同意，再进一步商议合作的细节。

（3）一些临时或突发事件的沟通。音视频沟通是速度最快、效率最高的沟通方式。当急需解决问题时，音视频沟通是最好的选择。

尽管音视频沟通具有省时、省力、快速高效的特点，但是由于音视频沟通存在一些局限性，因此重大问题、复杂问题通常不能只通过音视频沟通来解决。

三、音视频沟通时的注意事项

作为一名职场人士，良好的音视频沟通能力可以体现个人的专业素养、业务能力、文化素养、气质风度、礼仪修养以及所在公司的形象。在进行音视频沟通时，需要注意以下事项。

（1）在音视频沟通前将要说的事情整理出来。如果是简单的事情，在头脑中稍加整理即可；如果是较复杂的事情，就要预先列出书面提纲，以使谈话具有条理性。

（2）在音视频沟通时，应选择恰当的时间、地点和场合。一般来说，在早上 8 点之前、晚上 10 点之后，不宜进行工作方面的音视频沟通，以免妨碍对方休息。此外，还要考虑对方所处的地点是否安静，对方是否方便。比如，知道对方在参加会议时，非紧急事宜不宜进行音视频沟通，此时对方一般会将手机调为静音，我们可改用发短信、在微信中进行文字留言等形式沟通。不分时间、地点和场合地进行音视频沟通通常不会有好的效果，所以在进行音视频沟通之前务必要确认对方是否方便。

（3）音视频沟通时要言简意赅，长话短说，事情说完后要主动提出结束通话。被动接受音视频沟通的一方一般并不知道对方有几件事要说，是否说完了，所以通常不会贸然结束通话，这就要求发起音视频沟通的一方要根据交谈状况先提出结束通话。

（4）回应对方音视频请求时，要尽快接听，不要让铃响太长时间。一则对方耐心有限，等待时间太长会感到烦躁；二则铃声也是对办公环境的污染，会影响周围人的工作。如果接通得稍迟，应向对方表示歉意——"抱歉，让您久等了"，简单的一句话就可能将对方等待时的烦躁一扫而空。

（5）接通之后应主动报上姓名，但是切勿用机械、麻木的声音去完成这个程序。有些酒店的总台服务人员，在接电话时快速地问候、报上酒店的名称，打电话的人甚至听不清楚他在说些什么，应该避免出现这种情况。接通之后一定要清晰地说出公司名称、自己的身份，并加上亲切的问候。

（6）在接听的同时应准备好做记录的东西。身边最好放有笔和便笺，以便能及时记下重要的事情，再好的记忆力记住的内容也不如写在纸上的内容清晰、明确。养成记录的习惯，可以使你的工作更有条理性，这是一个良好的工作习惯。

（7）即使是音频通话，接听时也应保持端正的姿态。身体姿势的不端正和懈怠往往能够通过声音传达出去，微笑着讲话和板着脸讲话也能够从声音中区分出来。声音应清晰，让对方听得清楚、明白。

（8）给他人留言时，要确认一下留言的内容能否给予留言对象足够的信息，通常要遵循"5W2H"原则："who"（何人），就是留言者的姓名及职务等信息；"whom"（找何人），是指要找哪一位，即留言给何人；"when"（何时），包含两个方面的内容，一是通话的时间，二是具体事宜的时间；"where"（何处），是指具体事宜的地点；"what"（何事），是指具体事宜；"how"（如何做），是指希望被留言的对象怎样做；"how much"（做多少），是指对所提及的事宜要做到何种程度。

（9）一些细节要注意。听到铃响时，若口中正在咀嚼食物，应迅速吐出食物后再接听；若正在嬉笑或争执，一定要让情绪迅速平复后再接听；声音不要过大，话筒离口的距离不要过近；若是代接电话，一定要主动询问对方是否需要留言；若正在会客，应尽快结束通话，并告诉对方有客人在，稍后回复；工作时，通话应简明扼要，尽量不在工作时间聊私人话题；接到投诉时，不能与对方争吵，应倾听对方的不满，了解情况后及时进行处理。

小贴士

沟 通 名 言

1. 善于沟通的管理者，也可能善于掩饰真正的问题。
    ——柯利斯·阿格利斯

2. 在交谈中，判断比雄辩更重要。 ——格拉西安

3. 与人交谈一次，往往比多年闭门劳作更能启发心智。思想必定是在与人交往中产生，而在孤独中进行加工和表达的。 ——列夫·托尔斯泰

4. 有许多隐藏在心中的秘密都是通过眼睛被泄露出来的，而不是通过嘴巴。
    ——爱默生

5. 一场争论可能是两个心灵之间的捷径。 ——哈·纪伯伦

6. 将自己的热忱与经验融入谈话中，是打动人的快速方法，也是必然要件。如果你对自己的话不感兴趣，怎能期望他人感动？ ——戴尔·卡内基

第三节　书　面　沟　通

随着通信技术的发展，电子邮件早已基本取代了传统信件，即时通信工具又"侵蚀"了电子邮件的地盘，电子单据也在逐步取代纸质单证。书面沟通形式发生了很大变化，本部分

内容以形成正式文档的"书面沟通"为基础，与利用电子邮件、即时通信工具等进行文本交流的"泛书面沟通"有冲突之处以前者为准。

一、书面沟通的特点

书面沟通是一种传统的沟通形式，一直作为最可靠的沟通方式为人们所用。几乎每一个人在工作中都不可避免地要运用文字来沟通，正如在现在的商业活动中，商务函件、协议、单据、申请报告等都要采用书面形式。"口说无凭，立字为据"就充分说明了书面沟通在现实生活中的重要作用。

在平时的生活中，一方面，由于通信技术的不断发展，生活节奏的不断加快，书面沟通这个基本技能逐渐被一些人"荒废"掉，很多人对写正式报告，有时甚至是写非正式报告，都感到头疼；另一方面，可能是因为书面沟通是一种不太常用的沟通方式，不像开会、在各种非正式场合与人交谈等那么常见，于是当人们必须进行书面沟通时，由于没有经验，往往不知从何处入手，因而加强书面沟通方面的训练从而提高书面沟通水平很有必要。

相较于其他沟通形式，书面沟通具有以下优点：①信息沟通的记录能长久保存；②书面沟通可以保证信息在传递过程中不失真，使不在沟通现场的受众（读者）也能够接收真实的信息；③对接收者来说，因为阅读比倾听快，所以接收书面沟通中信息的速度更快；④书面沟通便于接收者关注问题的细节；⑤书面沟通往往比面对面沟通的用词更为准确，传递的信息更不容易失真。

书面沟通正因为有以上这些优点，在沟通中一直处于非常重要的地位。书面沟通自然也不是十全十美的，也有以下缺点：①接收者参与程度低，不能及时反馈信息；②对于信息的接收情况缺乏控制；③难以匿名传递信息；④更可能受到约束；⑤书面沟通对沟通者的文字能力要求较高，如文字能力不强，表述的信息可能会使接收者难以正确理解；⑥要求更符合逻辑和语法规范；⑦需要更多的时间准备；⑧不太可能与组织中的各层次人员接触；⑨缺乏非语言沟通，形式没有面对面沟通那么丰富；⑩传统书信传递速度慢。

例 3.3

丰田公司的跨部门沟通报告

大多数汽车制造企业新车型的变动方案都是通过开会形成的，而丰田公司的做法是，当新车型的变动需要跨部门分工时，主张谁发现问题，谁负责撰写报告、分析问题并提出可行的解决办法。这些报告简明扼要，原则上篇幅在一两页纸内。有时，口头汇报附加一通电话汇报就可以了。收到报告的人在认真阅读后，需要用另外一份报告予以回复。

几个回合下来，大部分问题就会得到解决。假如问题依然存在，并涉及其他方面，需要集思广益，此时大家都已经认真思考过同样的问题了，这时再开会，即使会议的时间短，也会取得显著的成效。

【解析】这个案例说明了书面沟通的作用，在平时生活中，即使沟通方式不断发展，我们也不能忽视书面沟通的作用，需要加强对书面沟通能力的培养。

二、书面沟通的适用范围

根据书面沟通的上述特点，书面沟通适用于以下几种情况。

（1）关于简单问题的小范围沟通（如三五个人沟通，得出最终的评审结论等）。

（2）需要大家先思考、斟酌，短时间不需要出结果或很难有结果时（如关于项目组团队活动、复杂技术问题的讨论提前知会大家思考等）。

（3）传达重要信息时，如企业发布股东大会决议公告、企业社会责任报告等。

（4）澄清一些可能会对团队产生影响的谣传时。

第四节　网　络　沟　通

20 世纪 80 年代中后期，随着科技的进步，逐渐出现了一种崭新的沟通方式——网络沟通。这一沟通方式在 21 世纪迅速成为最常用的沟通方式之一。网络沟通是一个集合性的名称，包括所有通过网络完成的、以解决问题为目的的沟通形式。当今，手机、平板电脑已成为移动互联网最主要的客户端设备，可用于观看电视节目和其他视频，还可用作通信设备，用来和朋友聊天、查阅新闻等。

利用即时通信工具等进行音视频沟通与电话沟通类似，利用电子邮件沟通与传统书面沟通较为接近，这两部分在前文中已经有所介绍，本节不再赘述。

一、网络沟通的特点

与其他沟通方式相比，网络沟通有极其鲜明的优缺点。

1. 网络沟通的优点

网络沟通可实现信息的同步传输，利用网络进行沟通的多个个体可同时共享文字、声音、图像、文件等。网络沟通传递和获得相关信息的能力比人类历史上任何一种沟通方式都更具优势，网络沟通涵盖了传统沟通方式的所有方面。网络沟通的优点体现在以下几个方面。

（1）沟通方式多样化。随着网络技术的发展，基于网络的沟通方式层出不穷：电子邮件可以代替传统信件；即时通信工具（如 QQ、微信等）可以代替电话，进行视频沟通也更为方便；组织（个人）可通过官网、博客（微博）、微信公众号及时向外发布自身的相关消息，这一方式甚至成为传统媒体的一个重要新闻来源；组织（个人）还可用抖音、快手等发布宣传性视频或进行直播。

（2）更加不受地域的限制。基于网络的沟通比传统的打电话、写信、发电报等具有更加广泛的应用范围。只要有计算机或智能手机，人们在世界上任何一个拥有互联网的角落都可以很方便地与外界联系。随着广播、电视、互联网和其他电子媒介的出现及各种现代交通方式的飞速发展，人与人之间的时空距离骤然缩短，整个世界紧缩成一个"地球村"。

地球村

"地球村"（global village）这一名词是加拿大传播学家 M. 麦克卢汉于 1967 年在他的《理解媒介：人的延伸》一书中首次提出的。麦克卢汉对现代传播媒介的分析深刻地改变了人们（特别是当代青年）的生活观念，他所预言的"地球村"在今天已经变成了现实。在麦克卢汉看来，"地球村"的主要含义不是指发达的传媒使地球变小了，而是指人们的交往方式及人们的社会和文化形态发生了重大变化。

交通工具的发达曾经使地球上的原有"村落"转向都市化，人与人之间的直接交往被迫弱化，由直接、口语化的交往变成了非直接、文字化的交往。而电子媒介实施着反都市化，即"重新村落化"，消解城市的集权，使人们的交往方式重新回到人与人之间的交往。任何公路边的小饭店加上网络、电视、报纸和杂志，都可以具有国际性。麦克卢汉觉得在"地球村"中时间和空间的区别变得多余。这种新兴的感知模式将人类带入了一种极其融洽的环境之中，消除了地域的界线和文化的差异，把人类大家庭联结为一体，开创了一种新的和谐与和平。

（3）沟通范围更大。通过传统的沟通方式，人们很难想象在同一时刻与不同地域的数百人一起对话，一起欣赏同一篇文章或收听同一首歌，还能同时知道其他人的反应。在拥有互联网的今天，只要拥有一台计算机或一部智能手机就可以做到这些。

（4）沟通的成本更低。现在，除了购置计算机、获得网络支持或购买智能手机等一次性投入较大外，网络沟通与其他传统沟通方式相比更为便捷和便宜。以要与某人商量一件事为例，若进行一次面对面沟通，需要交通费、来回路上的时间耗费等；若打电话沟通，需要电话费，如要传送某资料，还需要打印和传真费；而利用网络沟通，只需登录 QQ、微信等即时通信工具，发出视频邀请，就可以和面对面沟通一样进行交流，文件也可以通过电子邮件、QQ、微信等"瞬时""免费"送达。在需要支付交易费用时，支付宝、微信支付等支付手段也较传统支付手段便捷，交易成本更低。基于互联网的视频会议系统较传统的电话会议系统而言成本大大降低，操作也更为方便、简单。

由于具有以上这些优势，网络沟通已成为现代沟通的首选方式。

2. 网络沟通的缺点

网络沟通非常便捷，大有替代一些传统沟通方式的趋势。实际上各种沟通方式都有优缺点，在工作、生活中应该根据具体情况选择最恰当的沟通方式，以取得最佳的沟通效果，而不应单纯追求便捷。网络沟通有以下几方面的缺点需要我们注意。

（1）横向沟通扩张，纵向沟通弱化。网络沟通打破了时空限制，你可以在横向层面认识很多人，也可以使很多人认识你，因此，人们可以利用网络扩大人际交往范围。但是，一个人的精力是有限的，人际横向沟通的快速扩张会大大地弱化人与人之间的纵向沟通。在现实生活中，真诚、深入的纵向沟通越来越少。

（2）口头沟通受到极大限制。网络沟通扩大了"代沟"，许多家长都反映与子女之间存在语言上的"代沟"，"稀饭""8147"等家长不理解的网络语言已成为当代许多青少年的口头禅。口头沟通的缺失，使得很多沉溺于网络的青少年出现了各种心理问题，患上"网络综合征"等。

（3）传统价值观和道德观受到挑战。网络在给人们的工作、生活和社会交往带来极大便利的同时，也诱发了许多新的社会问题。比如，阅读碎片化现象严重，部分年轻人只会上网不知读书，知识面宽度有余、深度不足；网络的匿名性使网络不文明行为明显增多；低俗文化、垃圾文化传播迅速，缺少高尚文化。

（4）合理的个人隐私和网络安全受到前所未有的挑战。在传统社会中，个人隐私比较容易受到保护。而在网络时代，人们的生活、娱乐、工作、交往都会留下数字化的痕迹，一些不法分子甚至会利用网络获取他人的隐私，进行要挟、勒索、伪造等违法犯罪活动。

例 3.4

法国重罚谷歌、脸书公司

2022年1月6日，法国国家信息与自由委员会以侵犯用户同意原则为由，分别对谷歌、脸书处以1.5亿欧元以及9 000万欧元巨额罚款。除此之外，委员会命令涉事企业在3个月内向法国互联网用户提供拒绝Cookies（某些网站为了辨别用户身份、进行追踪而储存在用户本地终端上的数据）的方法。如若整改不到位，每延误一天需另外支付10万欧元罚款。

【解析】网络技术给人们带来了便利，但也诱发了一些新的法律问题，保护个人隐私和网络安全是网络世界给社会带来的新挑战。

二、网络沟通的主要渠道

随着时代的发展，组织内部、组织或个人与外部进行网络沟通的渠道越来越丰富，除了传统的新闻网站等渠道外，还有组织自建网络平台、在平台型网站上注册账号、即时通信工具及其群组、二维码、电子邮件等渠道。电子邮件在前文已简单介绍过，本小节不再述及。

1. 自建网络平台

组织自建的官网、官方论坛、官方博客、App（应用程序，一般指手机软件）和办公系统等大大拓展了组织的沟通渠道，而且能解决很多方面的业务问题，如电子商务、内部管理等。自建网络平台是组织在互联网上的宣传平台，也是网络沟通的主要渠道之一。

个人也可搭建网络平台，但因为成本较高，个人搭建网络平台的情况较少。

组织不仅可以完全掌握自建网络平台的信息发布权，而且可根据自己的需要适时调整平台架构，使其更为灵活、主动。

2. 在平台型网站上注册账号

相对而言，大部分组织的自建网络平台影响力小、受众范围狭窄，在影响力更大的平台型网站上注册官方账号是组织（个人）与客户进行网络沟通的重要方法。此类平台有以下几种。

（1）博客（微博）平台，国内面向大众的博客（微博）主要是新浪博客（微博），另外还有大量专业性更强的行业博客平台。

（2）新闻平台，如今日头条、网易新闻、新浪新闻、腾讯新闻、百度百家等。

（3）（狭义）社交网络平台，如百度贴吧、微信、豆瓣等。

（4）短视频平台，如抖音、快手、腾讯微视等。

（5）电商平台，如天猫、淘宝、京东、拼多多等。

（6）微信公众号、小程序。

在平台型网站上注册账号前，我们需要了解以下三点：①上述平台分类只是粗略划分，如新浪网既有新闻平台，又有博客平台；②上述举例主要为面向大众的平台，职场人士应该更关注专业、行业平台，如 IT 行业的技术交流平台 CSDN（世纪乐知）、化工行业的化工网等；③组织或个人应根据自己的需要和平台的特点决定在哪个平台上注册账号，如销售商品应选电商平台，发布娱乐性的宣传短视频也许选择短视频平台更合适，面向大众发布官方信息可能选择博客（微博）平台更好。

组织或个人通过自建网络平台、在平台型网站上注册账号等方式对外发布信息的传播方式通常被称为"自媒体"。

3. 即时通信工具及其群组

相对社交网络平台而言，即时通信工具更注重与"好友"的交流。在国内，即时通信领域已基本被 QQ、微信和钉钉垄断，在某领域占有一席之地的即时通信工具还有阿里旺旺、YY 语音等；在国外，常见的即时通信工具软件有脸书（Facebook）的 WhatsApp、谷歌的 Gtalk、微软的 Skype、雅虎的雅虎通、Line（由韩国互联网集团 NHN 的日本子公司 NHN Japan 开发）等。欧美国家对社交网络平台的使用较为普遍，国内对即时通信工具的使用频率则远高于社交网络平台。国际交往中需要注意，各国（地区）流行使用的即时通信工具可能不一样，如日本比较流行 Line，菲律宾比较流行 WhatsApp。

微信群、QQ 群和钉钉群是组织内部沟通、组织与客户（或公众）沟通、行业内沟通、社交团体沟通中常见的沟通渠道，方便、快捷、直接。

除了具有网上实时信息交流的特点，即时通信工具还兼有交友、新闻传播、文件传输等功能。

4. 二维码

对从事电子商务的企业而言，网店的客户留言区和具体商品页面的留言区是需要特别关注的，组织内应有专人及时回复与解决留言中提到的各种问题。

二维码是一种特殊的网络沟通渠道，在商务沟通中能起到特殊的作用。利用好二维码可精简某些繁杂的商务环节、节约时间并减小费用支出，如以下事项均可通过二维码完成：①信息获取，如名片、登录无线网络、获取常规资料等；②网站跳转，如跳转到官方微博账号主页、App 下载页面、官网、小程序等；③广告推送，在展示常规信息之前插入商家推送的视频、音频广告；④手机购物，直接下购物订单；⑤防伪溯源，用户可查看生产地，同时在网站后台可以获取最终消费地的信息；⑥优惠促销，领取电子优惠券、参加抽奖；⑦会员管理，获取电子会员信息、提供贵宾（VIP）服务等；⑧手机支付，通过手机银行或第三方支付工具提供的手机端通道进行支付。二维码的具体用途还有很多，读者在商务活动中可善加利用。

本书官网链接

三、网络沟通的适用范围

在现代社会，网络基本普及，尤其是在国际贸易不断发展的今天，网络沟通已成为一般沟通的首选方式。

网络沟通的适用范围相对来说比较广，主要适用于以下两类商务活动。

（1）远程交易。无论是国内远程贸易还是国际贸易，都可以通过互联网传递彼此需要的文件、信息，减少远距离奔波。相对国内贸易，国际贸易在之前没有互联网的情况下需要花费更多的人力、物力、时间与对方进行面对面沟通。而在网络时代就不同了，网络沟通效果已经接近面对面沟通的效果，能节省各方面的大量资源，大大提高国际贸易的效率。

例 3.5

网络导购员

网络购物时，如果我们知道商品名或者编码就可以用搜索功能查找商品，但如果对分类、商品名、编码这些信息都不知道的话，我们在海量商品面前就可能会无从下手。这时如果有个"导购员"来帮助我们，会省很多事。

当下，各大购物网站都有人工导购或智能导购功能，但在2008年之前，这还是件新鲜事。《外滩画报》曾发布过相关报道。

美国一家名为Backcountry的小型服装公司，由于在网站上推出了"网络导购员"服务，其商品的销量大增。这些网络导购员能够很耐心地跟客户聊天，帮助客户尽快找到需要的商品。该公司网站使用的网络导购员已经相当成熟，同时该网站还提供一些个性化的交互式导购员。这些交互式导购员都有自己的个性照片，跟客户在网络上聊天的时候还有自己特定的语气和性格。这使更多的人喜欢上了这个购物网站。

该公司还特别开发了"大家一起购物"这个功能，使处于不同地点的客户能够在网络上沟通，交流各自的购物心得，让其在购物的时候有更加放松的心态。如果客户登录Backcountry的网站，进入该网站的帮助中心，就能够看到一个"即时聊天"的按钮，单击这个按钮就会弹出一个对话框，客户只要输入求购的商品，网络导购员就会为客户进行详细介绍。当然，客户不买商品也没有关系，他会很有礼貌地跟客户说"欢迎再来"之类的话。

【解析】这家网站使网络购物更加人性化，以交互式导购实现了远程交易的"面对面"。

（2）远程通信和电话会议。经营人员远在千里之外，通过网络就可以和公司本部取得联系。在互联网经济时代，网络沟通已成为人们沟通交流的新形式。互联网改变了商业沟通方式，对商业发展变革起到了关键性的作用。它创造了一种更接近于自然的交流方式，使使用者能够与身处不同地域的同事、客户或合作伙伴实时沟通。只要是可以通过生理和心理感知的信息，大多可以通过网络实时、双向地进行传递，在屏幕上原原本本地呈现出来。

通过学习面对面沟通、音视频沟通、书面沟通、网络沟通的特点及适用范围，我们可以根据现实的具体情况选择恰当的沟通方式，从而有助于我们顺利地进行沟通，达到我们的目的。表 3.1 对四种沟通方式进行了总结和对比，可供读者参考。

表 3.1　沟通方式总结和对比

项　　目	面对面沟通	音视频沟通	书面沟通	网络沟通
接触方式	直接	间接	间接	间接
表达方式	语言沟通为主，非语言沟通为辅	语言沟通为主，非语言沟通为辅	文字为主	文字、音频、视频等
沟通内容	深入、细致	受限制	全面、丰富	全面、丰富
情感氛围	可利用	不易利用	无法利用	可利用，但不充分
个性心理	有影响	有影响	无影响	视具体情况
沟通费用	最多	较多	较少	很少

在沟通中需要掌握的一些沟通技巧

（1）像"窃听者"那样，集中全部注意力仔细、完整地接收和倾听对方传送的信息。

（2）注意分析和抓住沟通的主要信息，必要时可要求对方复述，并进行记录。

（3）注重肯定技巧的运用，通过信息反馈、姿势、表情和运用"对抗"方式肯定对方或自己的意见。

（4）运用的语言要准确，沟通的信息尽量简洁。

（5）尽量采用"我们……"的表述，避免采用"我……"的说法。

（6）在沟通中，应订立阶段性目标，例如"这次主要解决……问题"等。

（7）避免过多谈论有关自己的话题，注意花足够的时间倾听对方的意见，使话题平稳地转移。

（8）注意避免出现干扰性的姿势或动作，不要打断对方发言，认真接收对方的信息。

（9）适当利用非正式沟通形式，以增强沟通的灵活性，提高沟通效率。

（10）注意在沟通中针对情景或人员做不同的信息处理，并把握好时机。

本章小结

本章对四种主要沟通方式进行了分析，每种沟通方式都有其自身的特点和适用范围。

面对面沟通是指任何有计划和受控制的、在两个人（或更多人）之间进行的、参与者中至少有一人是有目的的，并且在进行过程中互有听和说的谈话。

音视频沟通是目前最方便的一种沟通方式。

书面沟通是一种传统的沟通方式，一直作为最可靠的沟通方式为大家使用。

20 世纪 80 年代中后期出现的一种崭新的沟通方式——网络沟通，现在已成为商务沟通中最常用的沟通方式之一。

综合练习

一、单项选择题（在每小题的四个备选答案中，选出一个正确的答案，将其序号填在括号内）

1. 在所有的沟通方式中，表达方式最丰富的沟通方式是（   ）。

    A. 面对面沟通　　　B. 音视频沟通　　　C. 书面沟通　　　　　D. 网络沟通

2. 在国际大型商务谈判中使用的沟通方式是（   ）。

    A. 面对面沟通　　　B. 音视频沟通　　　C. 书面沟通　　　　　D. 网络沟通

3. 传统、可靠的沟通方式是（   ）。

    A. 面对面沟通　　　B. 音视频沟通　　　C. 书面沟通　　　　　D. 网络沟通

4. 不属于商务场合下网络沟通的主要渠道的是（   ）。

    A. 公司网站　　　　B. 电子邮件　　　　C. 社交网站　　　　　D. 书信往来

二、多项选择题（在每小题的五个备选答案中，选出二至五个正确的答案，将其序号填在括号内）

1. 沟通方式包括（   ）。

    A. 面对面沟通　　　B. 音视频沟通　　　C. 书面沟通

D. 网络沟通　　　　E. 秘密沟通

2. 面对面沟通的特点包括（　　　）。

A. 目的性　　　　B. 计划性　　　　C. 控制性

D. 双向性　　　　E. 即时性

3. 音视频沟通的特点包括（　　　）。

A. 实时性　　　　B. 简便性　　　　C. 双向性

D. 经济性　　　　E. 普遍性

4. 书面沟通的优点包括（　　　）。

A. 能长久保存　　B. 真实　　　　　C. 传递速度快

D. 可以关注细节　E. 用词准确

5. 网络沟通的优点包括（　　　）。

A. 沟通的成本更低　　　　　　　　B. 更加不受地域的限制

C. 沟通形式多样化　　　　　　　　D. 横向沟通扩张，纵向沟通弱化

E. 沟通范围更广

三、名词解释题

面对面沟通　　音视频沟通　　书面沟通　　网络沟通

四、简答题

1. 简述面对面沟通的优缺点及适用范围。

2. 简述音视频沟通的优缺点及注意事项。

3. 简述书面沟通的优缺点。

4. 简述网络沟通的优缺点及主要渠道。

五、综合案例分析

凯乐集团公司股份回购风波

2009年3月，凯乐集团公司投资部经理王健忙得焦头烂额，他不断接到股东打来的抱怨和询问电话，还要接待一拨又一拨的来访者。他们对公司的红利分配方案深表不满，对公司答应过的上市计划更是耿耿于怀，一些情绪激动者甚至破口大骂，说凯乐集团公司是骗钱公司，还说凯乐集团"表面上红红火火，在电视台广告打得'砰砰'响，花大把大把股东的钞票，对广大股东却如此苛刻"。尽管王健对他们做了大量的解释说服工作，仍不能消除他们的怨气。事情起源于前不久凯乐集团公司下属凯乐美食城娱乐股份有限公司发布的一则公告，公告的内容如下。

　　本公司拟派发2006—2008年共三年的股票红利，每股派发红利0.12元（税前），
即日起凭股票资金卡到省证券登记中心划取。由于客观原因，本公司的股票最近三
年内将不能上市交易，为了维护广大股东的切身利益，公司决定以每股1.5元的价格
回购法人股、社会公众股和内部职工股，即日起在省证券登记中心办理相关手续，
有意者请前往办理。

凯乐美食城娱乐股份有限公司

2009年3月8日

该公告登出后，在社会上激起了巨大反响，股东们对凯乐集团公司的种种美好愿望仿佛在一夜之间化为泡影。一些借钱买股的股东，本以为可以靠股票上市赚一笔钱，没想到等了几年却是空欢喜一场。美好的愿望和冰冷的现实之间的巨大反差使部分股东产生了一些过激的反应。

本次风波的背景如下。

凯乐集团公司是一家全国知名的食品经营企业，该公司2008年的营业额为38亿元，利税7亿元。从2006年起，其连续三年为Z省利税第一名。

凯乐集团公司成立于1987年，该公司在贺前乐经理的带领下，一步一个脚印，逐步发展壮大。

2003年，为了扩大企业规模，发展多元化经营，凯乐集团公司采取发行股票的方式，向社会募集资金约2亿元，建立凯乐美食城娱乐股份有限公司，进军饮食、娱乐、服务行业。凯乐集团公司采用发行股票募集资金的方式成立凯乐美食城娱乐有限公司的时候，正值全民疯狂炒股的年代，不断有"杨百万""李千万"出现，原始股在当时被视为稀缺资源，而且凯乐集团公司在全国具有较高的知名度。因此，凯乐集团公司发行股票时，虽面值1元的原始股以1.5元的价格溢价发行，但仍很快被抢购一空。凯乐集团公司的神奇发展速度，更助长了人们对其下属凯乐美食城娱乐股份有限公司的美好期望，但人们并不了解原始股、社会公众股、内部职工股之间的本质区别，也不关心凯乐美食城娱乐股份有限公司和凯乐集团公司之间的隶属关系，只有一个朴素的想法：只要买了该公司的股票，就是买到了发财的希望，急切地盼望该公司能早日上市。

凯乐集团公司为了使凯乐美食城娱乐股份有限公司上市，做了大量的工作。2006年，公司花了2.1亿元在省城闹市区黄金地段开始建造凯乐美食城大厦。2009年2月，凯乐美食城大厦正式建成并开始营业。上级主管部门对凯乐集团公司下属凯乐美食城娱乐股份有限公司的股票上市问题也非常重视，在全省不多的股票上市额度中，挤出一个名额给凯乐美食城娱乐股份有限公司，凯乐集团公司投资部对于上市的前期工作也进行了精心准备。但是，由于美食城大厦的三年建设期影响了财务报表中的主营收入利润，在证监会对美食城股票上市进行资格审查时，一条要求连续三年主营收入利润增长率达10%以上的规定成了凯乐美食城娱乐股份有限公司上市的"拦路虎"。2008年年底，上级主管部门正式通知凯乐集团公司，因不符合上市的条件，凯乐美食城娱乐股份有限公司近几年内不予上市。考虑广大股东的切身利益，凯乐美食娱乐城股份有限公司发布了上述公告。

面对股东日益不满的情绪，投资部经理深感问题的严重性，他连夜起草了一份事情经过报告，呈送凯乐集团公司董事长兼总经理贺前乐先生。两人讨论了目前出现的情况后，一致认为造成现在这种局面，公司是有责任的，主要问题在于公司和股东之间沟通不够，没能让股东了解更多的情况，以致产生了隔阂。目前最重要的事情是在近期召开一次凯乐美食城娱乐股份有限公司的股东大会，在会上向股东就以下问题做出解释和说明。

（1）凯乐美食城娱乐股份有限公司仅仅是凯乐集团公司作为股东发起设立的股份有限公司，拟准备上市的凯乐美食城娱乐股份有限公司和凯乐集团公司在财务上是完全独立的，因此，凯乐集团公司的业绩不等同于凯乐美食城娱乐股份有限公司的业绩。

（2）由于财务原因，凯乐美食城娱乐股份有限公司近三年内不能上市。证监会审查时，凯乐集团公司曾打算利用集团公司的利润来为凯乐美食城娱乐股份有限公司"润色"，因该做法涉嫌违规，凯乐集团公司最终放弃了这一想法。

（3）凯乐美食城娱乐股份有限公司于2009年开始正式营业，在这之前只有一些投资收益，无主营收入，故近三年每股仅派发红利0.12元人民币。

（4）本着对广大股东负责的态度，公司打算回购原先售出的股份，而对公司的持续发展有足够信心的股东，也可以继续持股，公司一定会以对股东负责的态度运作公司的业务，力争给股东好的回报，也不排除三年以后上市的可能。

（5）凯乐美食城娱乐股份有限公司本着"励精图治、艰苦奋斗、勇于开拓、自强不息"的精神，继续努力，争取为社会做出应有的贡献。

（6）公司对于广大股东多年来给予公司的支持和帮助表示深深的感谢，希望股东们一如既往地支持公司。

最后，贺前乐董事长要求王健根据上面的六条意见起草一份报告，由董事长在凯乐美食城娱乐股份有限公司股东大会上作报告。

思考讨论题

董事长将在股东大会上向全体股东作报告，请为董事长撰写一份书面报告。

要求：在报告中综合运用所学过的沟通技能和方法，根据沟通的目标安排报告的内容和结构；报告要有清晰的脉络和逻辑，具有较强的说服力。

进一步学习

推荐看

《好好说话》

访一访

找多个访谈对象（熟悉的人与不熟悉的人均可），采用面对面沟通、音视频沟通、书面沟通和网络沟通等沟通方式，围绕一个话题展开访谈，体会这四种沟通方式的区别。

反思一下

回顾自己的人生经历，写下或者口述自己受到沟通方式的影响而失败和成功的沟通经历，并总结经验和收获。

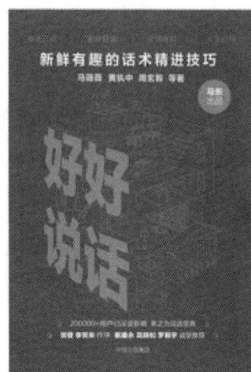

第四章 沟通策略

【学习要点及目标】

1. 了解双向沟通的策略。
2. 掌握换位沟通的策略。
3. 了解理性沟通的策略。
4. 掌握目标沟通的实施要点。

【核心概念】

双向沟通　　换位沟通　　理性沟通　　目标沟通

引导案例

上门解决故障

在大家的共同努力下，经过紧张的投标和一系列艰难的谈判，某区域的重点客户——××大学，终于与我公司成功签订合同。该校是我公司在该区域合作的首家高等院校，相关决策人表示此次合作过程中的服务和设备状况对于后续采购有决定性作用。我公司负责该校业务的销售人员王大义了解到该校正在建设一个新校区，后续采购量会非常大，所以公司的客户支持部门、销售部门负责人都把该校定为我公司在该区域的重点示范单位，给予优先支持。销售部门向客户承诺：服务人员随叫随到；网络故障保证两天内解决；如果该项目的核心设备出问题，我公司直接更换设备，力争为客户提供满意的服务。公司客户支持部门指定技术能手陈高超专门负责××大学的项目。

一个周四的晚上，陈高超出差回来，感觉非常疲惫，领导安排他在家休息一天。

第二天上午10点整，陈高超还没起床，就接到销售人员王大义的电话，听起来他非常着急："哥……哥们儿，××大学的网络出问题了！全校网络都瘫痪了，无法上网！他们早上打电话告诉我，后来我连续接了几个电话就把这事给耽误了。他们打电话催，我就马上给你打电话了。你现在赶紧过去，一定要替我顶住啊，兄弟！"

接到电话以后，陈高超感到非常郁闷，好不容易休息一天，觉都睡不好！陈高超不由地抱怨起王大义："这小子平时为人一般，做事情粗枝大叶，而且这家伙最坏的一个习惯就是在客户面前拍胸脯打包票，只想把东西卖出去，出了问题就由我们客户支持工程师帮他顶着。最可气的是上回另一个客户的网络出了问题，他叫我赶过去，我去晚了一点，他就数落我。他算老几？不就是凭着业绩好一点，在公司里趾高气扬的。这次有问题又来找我了，还要我帮他顶，真不够意思！为什么这些难处理的事情总是要我们客户支持工程师去搞定啊！"

陈高超给××大学的艾老师打电话询问情况，刚一接通，他自报姓名以后，对方就发火了，那架势仿佛要吃人一样："你们的设备稳定性太差了，才用了半年就出问题！设备差就算了，服务也差，早上8点多打电话报故障，过了两个小时才有人打电话问情况，这就是你们承诺的服务吗？什么烂公司、烂服务啊！你们售后服务人员都是吃干饭的吗？打个电话过来都要这么长时间吗？"

听到对方这样不分青红皂白地指责，陈高超心里非常紧张，一方面不知道问题究竟有多严重，另一方面又有些生气，网络出了问题大家都着急，别的客户也没你这么大脾气，最起码也要尊重我的人格啊！你是客户没错，可是我又不是天生欠你的呀！虽然生气，但陈高超还是尽量克制着脾气，试图在电话里了解更多信息。可是对方更加不耐烦了，直接讲："你废话少说，马上过来，到了这边什么情况你就都知道了！"

最怕遇到这种技术不行、脾气不小的客户，今天遇到这件事情，陈高超感觉真倒霉！

案例导学

"客户永远是对的"是服务行业遵循的基本信条，在面对客户的投诉和抱怨时，客服人员一定要有一个良好的心态。客服人员要转换立场，站在客户的立场上感同身受地体会客户遇到的实际困难，并给予及时、周到的服务。客户可能会出言不逊，但作为客服人员，一定要遵循理性沟通的原则，不与客户争执，做到对事不对人。在处理客户投诉时，客服人员可以采用双向沟通策略，多倾听，给客户情绪降压；多询问，了解事情的真实状态；最后拿出切实可行的处理方案。客服人员处理投诉时一定要围绕消除客户不满这样的沟通目标进行，凡是有利于提高客户满意度的方案，都是应该采用的。本案例中的客服支持工程师陈高超应该娴熟掌握沟通技能，与客户进行有效沟通。

第一节　双 向 沟 通

沟通是每个人都应该学习的课程，每个人都应将自己的沟通技能提升到战略高度。每个人都应该高度重视沟通，重视沟通的主动性和双向性。只有这样，才能够取得良好的沟通效果，达到沟通的目的。

双向沟通是指信息发送者和信息接收者之间的位置不断交换，信息发送者以协商和讨论的姿态面对信息接收者，在信息发出以后，信息发送者还需及时听取对方反馈意见的沟通形式。

一、双向沟通的形成过程

无论沟通双方采用的是面对面沟通、音视频沟通，还是其他沟通形式，双向沟通都分为八个步骤，如图 4.1 所示。

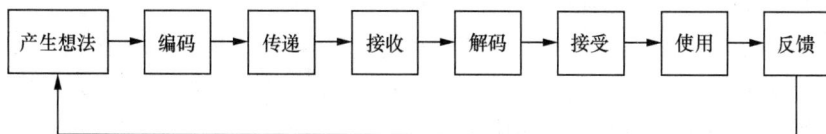

产生想法 → 编码 → 传递 → 接收 → 解码 → 接受 → 使用 → 反馈

图 4.1　双向沟通的步骤

（1）产生想法。信息发送者有需要沟通的信息，产生沟通的想法。这是一个关键的步骤，如果沟通的信息对信息接收者无价值，那么后面的所有步骤都是无用的。

（2）编码。信息发送者把要传递的信息编码（转换）为恰当的文字、图表或其他符号，以便进行传递。这时信息发送者需要确定信息的传递方式，以便编码得到的文字等符号能够符合信息传递方式的要求。

（3）传递。按信息发送者确定的方式传递信息。信息发送者要选择合适的传递渠道、合适的传递时间，并避免传递渠道出现障碍或干扰，从而将要传递的信息不失真地传递给信息接收方，并引起信息接收方的关注。

（4）接收。在接收信息这一步骤中，主角是信息接收者，他已准备好接收信息。如果是口头沟通，信息接收者就需要做一个好听众。如果信息接收者不处于接收状态，双向沟通过程就会中断。

（5）解码。信息接收者需要对接收到的符号进行解码，以便正确的理解。理解符号的过程只能发生在信息接收者的头脑里。信息发送者可以把编码后的符号发送给信息接收者，但无法代替信息接收者理解这些符号。是否正确理解传递的符号取决于信息接收者。很多人在发出指令或进行解释时都忽视了这一点。实际上，如果信息接收者没有正确理解传递的符号，沟通的目标就没有实现。解码之前，信息接收者只是接收了信息发送者传递的符号，解码过程是信息接收者真正接收信息的过程。

（6）接受。信息接收者收到信息发送者传递的符号并进行解码之后，可以决定是否接受这些信息。当然，信息发送者希望对方能够按预想的方式接受信息，以便实现沟通的目标。但是，信息接收者接受这些信息是有选择性和目的性的，信息接收者可以决定对收到的信息是完全接受、部分接受还是不接受。影响信息接收者接受信息的因素有：对信息准确性的知觉，信息传递者的权威性和信誉，以及接受信息对信息接收者行为的影响等。

（7）使用。信息接收者不仅可以对接收的信息置之不理、按照这些信息开展工作、为将来存储信息，还可以采取其他措施。这是一个关键的行动步骤，信息接收者决定是否采取行动，以及如何采取行动。

（8）反馈。信息接收者对收到的信息是否接受，是否采取行动，如何采取行动等情况向信息发送者做出回应，就构成了反馈。反馈意味着完成了一个完整的沟通回路，在这个沟通过程中，形成了一个信息流动的封闭渠道。这个渠道从信息传递者开始，到信息接收者后，再反馈给信息发送者。

二、双向沟通的优缺点

双向沟通相较于单向沟通有以下几个优点：①信息有反馈；②传递和理解信息的准确度较高；③信息接收者有参与感；④有助于信息发送者、信息接收者的信息沟通和双方的情感联络。

双向沟通除了有以上几个优点以外，还有下面几个缺点。

（1）沟通双方建立起双向沟通后，往往会发现彼此之间在某些方面存在很大的分歧。当人们表露自己的不同观点时，往往会变得更极端。由于害怕输掉辩论而难堪，人们往往会抛弃逻辑和理性，进行防御式推理，互相指责对方。防御式推理是用来规避风险和掩饰无能的，但它通常受控制欲和好胜心的推动。这样就会妨碍有效沟通的进行。

（2）认知失调。认知失调是指当人们接触到与内在价值观、先前的决策或其他已知信息不一致的信息时所产生的内心冲突和焦虑。由于人们对这些失调感到不舒服，因此他们会设法消除或减少它们。这种情况下，人们往往会设法获得新的信息，或者改变自己的理解，或者改变原有的决策，或者改变自己的价值观。人们甚至会拒绝相信不和谐的信息，或者以某种预期的方式使其合理化。

（3）信息发送者必须谨慎地进行沟通，因为沟通不仅为他人提供了可能的评价依据，还是一种自我表露形式。当我们说话时，就是在袒露自我，其他人就有可能对我们的言论进行评价。双向沟通的这一特点迫使我们必须设法保全面子——使自己所看重的自我概念免受攻击。当别人说出了我们不希望听到的话时，我们的自尊就受到了挑战。有时，对方也可能会为他们自己说过的有伤我们自尊的话感到懊悔。虽然对说这些令人懊悔的话常常并非有意，但还是会让听到的人感到不愉快或者痛苦，影响双方的顺利沟通。单向沟通与双向沟通的比较如表 4.1 所示。

表 4.1　单向沟通与双向沟通的比较

因　素	结　果
时间	双向沟通比单向沟通需要更多的时间
接收和理解信息的准确程度	在双向沟通中，信息接收者理解收到的信息与信息发送者意图的匹配程度大大提高
信息接收者和信息发送者置信程度	在双向沟通中，信息接收者和信息发送者都比在单向沟通中更相信自己对信息的理解
满意	在双向沟通中，信息接收者和信息发送者的满意度一般都比在单向沟通中高
噪声	由于与需要沟通的信息无关的信息容易被带入沟通过程，故双向沟通中的噪声比单向沟通中的要大得多

三、单向沟通、双向沟通的应用范围

结合上述对单向沟通和双向沟通的比较，下面对单向沟通和双向沟通的应用范围进行归纳。

（1）一个组织如果更加重视工作的速度与工作秩序，宜采用单向沟通。

（2）例行公事、直接的命令传达，可采用单向沟通。

（3）如果要求工作的正确性高，重视成员之间的人际关系，则宜采用双向沟通。

（4）处理陌生的新问题时及在上层组织的决策会议上，采用双向沟通的效果较佳。

（5）领导者如果经验不足，无法当机立断，或者不愿被下属指责、质疑，想保全权威，采用单向沟通是更有利的。

四、双向沟通的策略

（一）高层管理者的双向沟通策略

有效的沟通能使员工对组织产生信任感和认同感，并使员工建立与组织一致的价值观，愿意为组织的发展而努力。沟通是组织发展和员工取得成功的重要手段。实践证明，在组织与员工之间建立有效的沟通不是一件容易的事，因为组织与员工的关注点往往并不一致。一项针对美国 500 多家企业所作的调查表明，企业领导者最希望做出的改变是"与员工的沟通方式"。那么，组织管理者应该如何建立有效的双向沟通呢？下面给出几种具体的方法。

（1）为员工提供多种沟通渠道，让员工能及时提出心中的疑问。员工会对组织的许多问题有自己的看法，如果他们的疑问不能得到及时解答，小问题就会积累成大问题，从而影响组织的发展。组织应该为员工提供提出意见的渠道，并采取匿名的方式，保证每个员工都能没有顾虑地提出意见并得到答复。如丰田公司等国际大公司就设立了"讲出来"沟通热线，让员工通过这个热线表达他们的想法。公司保证员工提出的所有问题都能得到全面的解答。如果其他员工对某问题也感兴趣，公司会把问题和答复一起贴在公告栏里。

（2）对员工做定期的匿名调查，了解员工对组织、管理者以及工作、生活的看法。管理者应在汇集调查结果之后进行讨论，分析员工的关注点，找出解决问题的办法，并积极付诸实施。另外，管理者还可以根据分析结果进一步制订提高员工敬业精神的工作方案。

（3）让员工通过多种沟通方式随时了解组织情况。管理者应该努力使组织内的每一位员工都知道组织的目标、经营业绩以及前景。内部通信、视频会议、经常性的讨论会等都是让员工了解组织动态的有效方式。如果组织需要进行变革，最好的沟通方式是召开座谈会。管理者应亲自向员工传达管理层的目标。信息沟通不是一件简单的事，而是一个提出和采纳意见的过程。很少有什么建议一经提出就能被大家接受，而是可能会经历倾听他人的意见，对提出的主张进行讨论，提出新主张，再进行讨论，直至沟通各方取得共识或者达成协议的过程。

（二）中层管理者的双向沟通策略

中层管理者既是不良等级关系的建立者，又是受害者。对下级，既要发挥他们的积极主动性，有时候又不得不用命令和控制的方式来实现团队合作；对上级，有时候要压抑个人观点，避免冲突，回过头来有时又会郁闷不已。这种不良的等级关系导致很多不好的结果：沟通难以顺利进行，团队不能协同合作，员工互相推诿责任，问题难以解决，员工士气降低，甚至造成冲突和对立，员工把取悦上级作为加薪、获得好的工作任命和事业发展的主要原则。这些都会导致管理效率的下降。

1. 对下级负责

中层管理者要与下级建立良好的关系。

（1）向下级提供他们胜任工作所需的信息，承担帮助下级完成工作的责任。特别是在下级遇到挫折和困难时，中层管理者要帮助他们完成工作，而不应只进行责备、控制和命令。

（2）促进团队协作。应保证下级的声音能够被倾听，不同的观点能够被讨论，并采取措施帮助下级完成工作任务并实现团队目标。

（3）主动沟通。不要猜测下级在做什么，要主动询问下级的想法，并试图了解形成不同想法的根本原因。在采取行动前先找出不同意见，为下级提供必要的条件，以进行公开、诚恳的讨论。应对制定的决策做出解释。管理的有效性表现为人们能坦率地表达自己的观点，而不必担心说真话会对自己的薪水、职位或职业发展等产生不利影响。

（4）建立起负责机制。要建立清晰、明确的负责机制，给负有责任的人以相应权力，给其他人以监督负责人的手段。

（5）鼓舞士气。帮助下级正确面对挫折，相信下级的能力。当下级的表现不像期望的那样好时，一定要在询问并十分了解下级是如何看待和描述这些表现后，再对此发表看法和意见。

2. 对上级负责

中层管理者如果只是按照最高管理者的命令做事，不一定能产生良好的效果，应参考以下原则，与上级进行良好的沟通。

（1）积极工作。

（2）尽量坦率地表达自己的意见。觉察到上级有不同意见时，要主动询问，并本着虚心、开放的态度认真倾听。

（3）先征求上级的意见再制订计划。先了解上级的观点与目标再开展自己的工作，这样做的效果与不知道上级的意见就自我行事的效果是截然不同的。上级在潜意识中会以自己的观点为标准对下级进行评价。

（4）对上级的意见做出积极响应。以上级制定的目标为核心，在实施的过程中可以在不偏离目标的前提下采用对自己和公司最有利的行动方案。

（5）主动询问上级对困扰自己的问题的想法。对于自己难以解决的问题，要争取上级的合作和帮助来解决问题。上级的工作职责包括关注下级的工作和发展，为下级的个人发展和任务执行提供条件。

例 4.1

墨子训徒①

春秋战国时期，耕柱是一代宗师墨子的得意门生。不过，他老是受墨子的责骂。有一次，墨子又责骂了耕柱，耕柱觉得非常委屈，因为在众多门生之中，耕柱是公认的最优秀的一个，但偏偏耕柱又经常遭到墨子的指责，这让他在面子上很是过不去。一天，耕柱愤愤不平地问墨子："老师，难道在这么多学生当中，我竟如此差劲，以致要时常遭您老人家责骂吗？"墨子听后，丝毫没有生气，说："假设我现在要上太行山，依你看，我应该用好马来拉车，还是用老牛来拉车？"耕柱回答说："再笨的人也知道要用好马来拉车。"墨子又问："那么，为什么不用老牛呢？"耕柱回答说："理由非常简单，因为良马足以担负重任，值得驱遣。"墨子说："你答得一点也没有错。我之所以时常责骂你，也是因为你能够担负重任，值得我一再地教导与匡正你。"

【解析】沟通是双向的，不必要的误会往往可以通过沟通消除。沟通是双方的事情，如果一方积极主动，另一方消极应对，那么沟通是不会成功的。试想故事中的墨子和耕柱，如果他们忽视沟通的双向性，结果会怎样呢？在耕柱主动找墨子沟通的时候，墨子要么推诿很忙，称没有时间沟通，要么不积极地配合耕柱进行沟通；或者墨子在耕柱没有来找自己沟通的情况下，主动与耕柱沟通，然而耕柱不积极配合，也不说出自己心中真实的想法，那结果会怎样呢？双方可能会因误会逐渐加深，最终分道扬镳。所以，加强组织内部的沟通管理时，一定不要忽视沟通的双向性。组织的管理者应有主动与下级沟通的胸怀；下级应该积极与管理者沟通，说出自己心中的想法。只有大家真诚地进行沟通，彼此密切配合，组织才可能更好、更快地发展。

---

① 本故事出自《墨子》第四十六篇《耕柱》。

第二节　换位沟通

在沟通的过程中，适当地换位思考，可以使沟通更有说服力，更容易达到沟通的目的。人们的立场不同，所处环境不同，有时就很难了解对方的感受。换位思考其实就是为了理解他人的想法和感受，站在他人的立场上思考问题。换位思考是人际交往和沟通中的一项重要技能。要想成为一位沟通高手，换位思考是基础。

换位思考是指沟通过程中双方发生矛盾时，能互相站在对方的立场上来思考问题，通过运用同理心来解决矛盾。同理心是指想象自己站在对方的立场上，借此了解对方的感受与看法，然后思考自己怎么做。同理心与同情心不同。同情心是指对他人的遭遇心生怜悯与感到遗憾，而不是理解对方的情感或观点。同情心会唤起安慰与理解。同理心始于理解，但不是简单地对他人说："我了解你的感受和想法。"这只是第一步，一旦有了足够的理解，同理心会要求人们付诸行动。表达同理心并不是一步接一步的"这么说""那么做"的简单步骤，它还包括准确地理解他人的情绪，并在回应时重视每个人与情境的特殊性。同理心是一种能够理解和感受他人情感、体验他人处境、关注他人需求的心理能力。

一、有效进行换位思考的前提

换位沟通的基础是换位思考，而进行换位思考需要有以下几个前提。

（1）尊重对方，与对方保持平等关系是进行换位思考的前提。根据马斯洛的需求层次理论，人们在生理需求得到满足的前提下，会逐步产生对尊重、安全、社交及自我实现的需求。人们想进行换位思考必定要尊重他人，尊重他们是谁、他们的经历、他们的出身、他们的现状……尊重的态度让我们确信，我们所看到的就是他们真实的样子，尊重让我们听到他们所在乎的，注意到他们所拥有的，消除他们害怕的……

（2）良好的沟通氛围也是运用换位思考的前提。如今，人们对自主、独立、被尊重更为看重，往往容易陷入"为显示独立而排斥异己"或者"为追求自主而产生逆反心理和反抗行为"等误区，常常陷于以自我为中心、本位主义而不自知、不承认。创造良好的沟通氛围、学会换位思考对我们摆脱这些误区、提高我们的社交能力是十分重要的。

（3）真正转换角度，感同身受。在现实社会中，人们都想让别人理解，也想理解别人，但人们面临的困境是不知道如何进行换位思考。还有些人觉得，我已经换位思考了，我能理解对方，对方为什么就不能理解我？真的是这样吗？你真的理解对方了吗？其实，他们或是站在自己的立场上去"猜"对方的想法及感受，或是站在局外人的立场上去想对方"应该"有什么样的想法及感受，却忽略了对方真正的想法及感受。这种换位思考并非真正地为他人着想，也并不是真的换位思考，而是以本位主义来了解他人的想法及感受，所谓的"好心办坏事"就是这样。

例 4.2

曾有媒体刊载了这样一件事，××市××居民家里的彩电发生了爆炸，使该居民受到物质上的损失和精神上的伤害。记者采访该事件当事人时，该家庭的女主人说："当时我正在厨房洗菜，彩电在客厅放着，突然听到'砰'的一声响，过去一看，家里的彩电不知道怎么就炸了……幸亏当时我正在厨房，否则说不定还会闹出人命来。"当日的报纸还刊登了彩电爆炸现场的照片。该事件引起了各媒体和广大市民的极大关注，有媒体明确表示，将对该事件进行跟踪报道。第二天，多家彩电生产厂家对这个事件做出了快速反应：H彩电厂表示对该事件"密切关注"；M彩电厂表示将以最快的速度组织专家对这次爆炸事件进行调查，如果是厂家的责任，厂家将赔偿全部损失；B厂家则在看到报道后马上派专人免费为该居民送上一台25英寸的彩电，并表示慰问。X厂家、P厂家等也都表了态。

【解析】这些彩电厂家均站在消费者的角度来看待这个问题，因此处理得都比较得当，事件的处理结果令人满意。他们的换位思考在事件的处理过程中起到了很大的作用。

二、换位沟通的策略

换位沟通的具体策略涉及以下几方面内容。

（1）有好奇心。好奇心是换位思考的一个基本元素。好奇心会引发我们去了解他人真实的想法和感受。好奇心使我们暂时放下自己的观点，站在他人的角度上来理解他人的观点。理解他人的观点之后，我们才能真正地开始"换位"。好奇心会使我们愿意了解对方内心的真实世界到底是怎样的。换位思考往往是从有好奇心开始的。

（2）学会宽容。宽容就是在人际交往中有较大的相容度。如果一个人和别人的相容度高，就能接纳和团结更多的人，在顺利的时候和他们共奋斗，在困难的时候和他们同患难，进而增加他们战胜困难的勇气，为他们创造更多、更好的机会。反之，如果一个人的相容度低，则会使人与之疏远，减少与之合作，增加成功的人为阻力。在这个世界上，每个人都是不一样的，不同的人对同一件事情有不同的看法是很正常的，即使是最相爱的人，也不可能意见完全一致，宽容会让我们看待世界的视野变得更宽阔。

（3）尊重对方，求同存异。每个人都拥有自己的个性特点，因此我们要尽可能地了解别人的需要，尊重别人的兴趣爱好，承认别人与自己的差异，不要贬低别人。我们不能依据自己的好恶来认识、判断别人，也不能以自己的标准来衡量、要求别人，更不能因为别人的一个缺点就否定别人的一切，这是不理性的。

（4）要有谦逊的态度。谦逊能够帮助我们与他人更好地沟通，帮助我们认识自己是什么样的人或者不是什么样的人。同理心引导我们要以谦逊的态度专注于行为背后的真实思想，善意地看待我们周围的一切，平和、平等地与他人沟通。假使我们认为自己与众不同，或者觉得自己"高高在上"，我们便会变得缺少同理心。同理心能帮助我们与别人更靠近，提醒我们彼此互相需要。事实上，没有人可以脱离他人的协助而取得成功。

（5）放慢脚步。同理心会使我们放慢脚步，通过深刻的反省来调整我们的情绪。激动的情绪对表达同理心没有任何帮助。放慢脚步，可以让我们的思绪赶上情绪的脚步，在情绪剧烈起伏的时候为我们注入平静与理性。放慢脚步，理性地看待情绪，是我们表达同理心很有效的方法。

（6）替他人设身处地地思考，体谅他人。在人际交往中，最要紧的也是最容易被人忽视的修养，莫过于"设身处地"地为他人着想。一般人遇事往往本能地会从自己的需要和愿望出发，只顾自己，因为这样做最省力、最省事、最直接。要知道，我们生活在世上，并不可以对别人想说什么就说什么，想干什么就干什么，一切得根据时间、场合等条件去调整自己。人只有学会替别人设身处地地着想，约束自己，才能避免陷入被动，做好事情，逐步进入沟通的更高境界。

（7）学会问开放式问题。开放式问题有助于我们表现同理心，因为这样的问句表示你尊重别人独特的反应与回答。当你问一个开放式问题的时候，便传达出一个事实：你希望从别人口中获知更多的信息，你对他的观点很感兴趣。你想让别人引导你到他想去或者他希望你去的地方，而不是试图将对话转移到你所提出的主题上。如果说封闭式提问等于当着人们的面猛然关上门，那么开放式提问则是告诉对方——我们把分歧和矛盾置于一边，以包容的态度来听取他人的观点。

（8）避免草率判断。快速决定与草率判断都不利于我们表现同理心。同理心发生在人与人之间建立连接与亲密关系的时候，我们必须知道且明白过去发生的事情，这并不是为了努力引导此时此刻的互动，或是为了预测未来，而是为了让我们了解过去的行为模式、判断、理论是如何影响现在发生的事情的。

小贴士

换位思考的语言技巧

（1）不要强调你为对方做了什么，而要强调对方能获得什么。以正面的或中立的立场为对方提供他想要知道的信息。

（2）参照对方的具体要求或愿望为其提供信息。

（3）除非你有把握使对方感兴趣，否则尽量少谈自己的感受。

（4）在选择话题的时候，要选择能让对方往下说的话题，也就是开放式话题。

（5）涉及褒奖的内容时，多用"你"而少用"我"；褒奖的内容与你和对方都有关系时，尽量用"我们"。

（6）涉及贬义的内容时，避免使用"你"，以保护对方，要用被动句或无人称表达法，避免有归咎于对方之嫌。

第三节　理 性 沟 通

理性沟通是指在沟通过程中以一种客观、冷静、非情绪化的态度对待沟通对象和内容，以较好的心态与对方沟通，思考问题，领会听到的话，而不是情绪化地对待对方。

一、理性沟通的策略

理性沟通可采用以下策略。

（1）有情绪时不要沟通。带有情绪的沟通常常无好话，既理不清，又讲不明。沉浸在情绪中时，双方很容易冲动而失去理智，如吵得不可开交的夫妻、反目成仇的父母与子女、对峙已久的上司与下属。尤其是不能够在有情绪时冲动地做出决定，这很容易让问题更加棘手，甚至造成不可挽回的后果，令人后悔。

（2）不批评、不责骂、不抱怨、不攻击、不说教。批评、责骂、抱怨、攻击、说教这些都是沟通的禁忌，这样做只会使事情恶化，使沟通中断或者终止。

（3）互相尊重。只有给予对方足够的尊重，才会有良好的沟通。如果对方不尊重你，你应适当地要求对方给予尊重，否则很难进行沟通。

（4）倾听谈话。过激的反应并不是我们想要的，对方有过激言论时，我们可以暂时保持沉默，倾听他的谈话，仔细分析他所说的话，考虑怎么恰当地回应。

（5）给出反应但不对抗。沟通时，不管对方的反应如何，我们都应尽量保持清醒的意识、平和的心态、礼貌且亲和的态度，不随意使用对抗性的语言，更不要打断别人。在听完对方的谈话后，再恰当地提出自己的疑问，并且明确地表达自己的观点。

（6）明了对方的意图。对方的意图、愿望和关注的焦点，都隐藏在谈话的背后。我们可以询问对方"你是否关心××事情"或者"你最关心的事情是什么"之类的问题，这样不仅可以转变谈话的方向，还可以洞悉对方的真实想法，继而把谈话拉到正题上来，掌握谈话的主动权。

（7）说明沟通的目的。平息争辩的一种有效方法是表明沟通的目的，如"我认为这次谈话的目的不是争论，而是互相交流想法，对谈论的事情做出决定"。

（8）延期交流。如果沟通双方不能将谈话拉回正题，也不能达成共识，那么延期交流是一个有效的方法。这可以让沟通双方都冷静下来，避免产生冲突或者不可挽回的后果。

（9）表达谢意。不管双方的沟通是否有成效，都要向对方诚实、积极地进行沟通表达感谢，为下一次的沟通打好基础。

（10）承认错误。承认错误是沟通中的"消毒剂"，可以"解冻""改善"并转化沟通中的问题。一句"我错了"能让对方豁然开朗，重新进行沟通。承认错误可以使沟通中的问题有更大的回旋余地。

二、理性沟通的模式

美国非暴力沟通专家马歇尔·B. 卢森堡（Marshall B. Rosenberg）提出了非暴力沟通（Nonviolent Communication，NVC）的四种模式，这些模式可以使人友爱互助。卢森堡提出的非暴力沟通模式具体如下。

（1）区分观察和评论，能够不带预设地仔细观察正在发生的事情，并指出正在影响我们的具体行为和事物。

（2）区分感受和想法，能够识别和表达内在的身体感觉和情感状态，且不包含评判、指责等。

（3）体会与正在发生的事情和感觉相关的需要（所有人共通的需要，如食物、信任、理解等）是否得到满足。

（4）提出具体、明确的请求（要什么，而不是不要什么），而且确实是请求而非要求（希望对方的行为出于由衷的关心，而不是出于恐惧、内疚、惭愧、责任等）。

非暴力沟通理论认为沟通应专注于澄清彼此的观察、感受、需要和请求，而不是分析和评判，发现自己内在的善念；强调深入地倾听——倾听我们自己以及他人。非暴力沟通有助于促进沟通双方相互尊重、关注和理解，进而激发双方互助的愿望。

非暴力沟通

2003 年，联合国教科文组织将非暴力沟通列为全球正式教育和非正式教育领域非暴力解决冲突的最佳实践之一。非暴力沟通在亲子关系、亲密关系、商业领域、社会工作等许多领域中都得到了运用。

非暴力沟通强调我们应对自身的感受、行为及对他人做出反应时的选择负责，以及如何更有效地建立协作性的人际关系。读者可登录国际非暴力沟通中心网站，了解非暴力沟通的更多信息。

第四节 目 标 沟 通

有效沟通应该具有明确的沟通目标，没有沟通目标，就不能把握与衡量沟通的效果。沟通目标不明确，必将造成信息发送者所传递的信息混乱、模糊、含混不清，而信息接收者只能靠经验和场景猜测对方的用意，从而导致沟通误差或沟通失败。

任何一个沟通者在沟通行为发生之前，都必须明确自己的沟通目标。沟通目标可以分为三个层次，分别为总体目标、行动目标和沟通目标：①总体目标是指沟通者期望实现的根本目标；②行动目标是指在沟通中为实现总体目标而提出的具体、可度量、有时限的子目标；③沟通目标是指沟通者就受众对书面沟通、口头沟通产生何种反应的期望。

例如，为了实现研究开发部门、制造部门和市场部门的有机协调，某公司总经理决定组织这三个部门的负责人每月召开一次例会，共同讨论研究开发、生产、市场三个部门之间高效协调的对策。在这个例会上，总经理的总体目标是实现公司内部三个部门之间的沟通；行动目标是三个部门每月讨论研究一次；而沟通目标是三个部门的负责人能够了解各个部门的实际工作情况，并且能够领会公司每个阶段的意图。表 4.2 所示为总体目标、行动目标、沟通目标的比较示例。

表 4.2 总体目标、行动目标、沟通目标的比较示例

总 体 目 标	行 动 目 标	沟 通 目 标
协调三个部门的工作	每月召开一次会议	三个部门负责人领会公司的意图
巩固客户基础	每隔一定时间与若干数量的客户签订合同	与客户签订合同
建立良好的财务基础	保持不超过×的年负债与资产比率	读完这封电子邮件后，会计将为我的报告提供确切信息；这份报告的结果是董事会将采纳我的建议
增加聘用的女工人数	在某月之前聘用×个女工	通过这次会议我们将构思一种宣传策略，至少有×个女性将报名参加我们公司的面试
保持市场份额	在某日之前市场份额达到×	通过这一备忘录，老板将同意我的市场计划；通过这次报告，销售代表将了解我们产品的发展

一、目标沟通的准备

若要保证高效、顺利地沟通，充分准备是必不可少的。这里的充分准备要视具体沟通情

况而定，有可能几分钟就能做好，也有可能需要消耗很长时间。目标沟通准备可以从以下几方面着手。

（1）明确自己的沟通目标，如你最终想要说明什么，你想要得到什么。在沟通中要明确自己的沟通目标，沟通目标要比总体目标和行动目标更具体、更贴合情境。

（2）分析目标沟通对象的特点。首先要清楚自己是和谁进行沟通，对方有什么习惯，是什么性格，有哪些思维、语言特点，甚至对其经历也要了解，以便在沟通时与对方有共同的话题，使得沟通能够顺畅地进行下去。不同的沟通目标一般对应着不同的沟通方式和沟通行为。如果你想得到同事的支持，要特别注意发展你们关系中友好、合作的一面，但如果你不想让他们给你增加额外的工作，可能会想方设法地减少关系中的友好成分。这些不同的沟通目标会影响沟通的行为与效果。

（3）根据沟通对象的特点来拟订方案。以沟通对象为普通同事为例，最重要的是引起他的重视，让他没有推脱的余地。比如，你可以说明这是哪位领导安排的工作，必须执行，然后列出详细条目，逐条说明。

（4）在沟通中进一步明晰对方的意图和目的。只有明晰了对方的意图和目的，我们才能更好地引导沟通顺利进行下去，最终得到沟通双方都能接受的结果。如果在沟通过程中出现争论，要及时表明自己的态度，告诉对方大家是在互相交流想法，是要实现各自的目标，而不是为争论而来。

例 4.3

可口可乐的体育赞助

可口可乐赞助体育活动是从1907年赞助美国棒球比赛开始的。1928年，1 000箱可口可乐和参加第9届奥运会的美国代表团一道抵达阿姆斯特丹，揭开了可口可乐赞助奥运会的历史篇章。后来，可口可乐的体育赞助足迹遍布奥运会、世界杯等各大国际体育赛事。

可口可乐是世界上最先把赞助当成企业营销组合来看待和运作的企业之一。之所以特别重视赞助体育活动，是因为可口可乐特别推崇行为学家洛伦茨的一句名言：说了，不等于就听；听了，不等于就理解；理解了，不等于就同意；同意了，不等于就会照着做；照着做了，绝不等于就能持之以恒。

【解析】这表明，企业沟通的最终目标应该是通过别出心裁、引人入胜的诉求，让更多的人来倾听、理解、认可自己，从而购买自己的产品，直至成为自己的忠实顾客。可口可乐的多年实践证明，要想达到这一目的，仅仅依靠传统的沟通手段是远远不够的，必须建立一种能够置身于公众之中和沟通对象直接对话的机制和通道，其中最有效的方法莫过于赞助体育活动。以1996年为例，可口可乐支出的体育活动赞助费高达6.5亿美元，占当年公司沟通总预算13亿美元的一半，约占当年公司总销售额185亿美元的3.5%。当然，需要指出的是，可口可乐在平常年度在这方面的花费并没有这么高。这一年的奥运会有点特殊，既是百年大庆，又适逢在可口可乐总部所在地亚特兰大举行。可口可乐的体育赞助目标是"哪里有体育活动，哪里就有可口可乐"。

二、目标沟通的模式

基于情境理论的沟通策略模型 SRSG（Situation-Reaction-Strategy-Goal，情境—反应—策

略—目标）的基本原理是在设定工作中的典型情境的基础上，根据谈判对象、反应、情况的不同设计不同的沟通策略和路线，最终达到殊途同归的沟通目标，如图4.2所示。

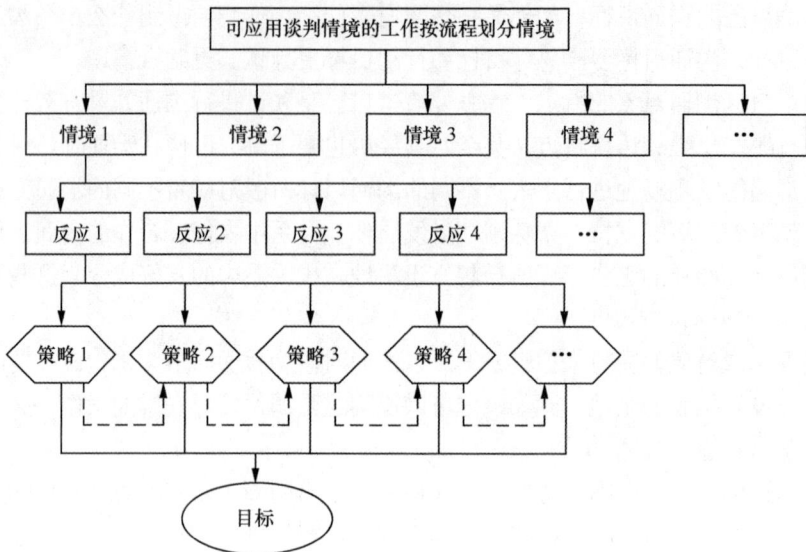

图 4.2　基于情境理论的沟通策略模型

1. 界定情境

商务活动中有大量工作会运用到商务沟通、谈判技能。比如，销售环节中，销售人员与顾客需要进行沟通与谈判；组织内部推行新政策时，上级需要借助沟通说服下级实施。这些工作表面上看来往往是杂乱无章、没有规律的，但借助情境理论就能将这些工作转化、概括为情境。一个完整的情境主要有几个维度，如表4.3所示。

在界定情境时应遵循以下几项原则。

（1）具有典型性。情境具有典型性是指界定的情境在沟通、谈判中会经常或必然发生。

（2）遵循流程和顺序。应遵循沟通、谈判的流程和顺序界定情境，一个情境的结束即另一个情境的开始，所有情境涵盖整个沟通、谈判流程。

（3）设定条件和假设。设定条件和假设时，要对该情境下的主要维度作一般性说明，但不要过分细化。

（4）制定情境指导策略。脱离沟通、谈判的情境而空谈策略技巧是没有意义的。

表 4.3　情境维度说明

含　义	说　明
时间	情境发生与结束的时间，可以对时间的重复性作进一步描述
空间	情境所处的地点，通过地点特征、地点的相对关系进行描述
人员	参与沟通、谈判的人员
流程	情境可以划分的步骤、阶段
目标	情境所要解决的问题
资源	情境所涉及的各种资源
对方的反应	沟通、谈判对手对己方的态度

2. 预估对方反应

沟通、谈判至少涉及两方，在沟通、谈判的过程中一定要考虑对方的反应。虽然面对同一问题时不同的沟通、谈判对象的反应不同，但在一定情境下，沟通、谈判对象的不同反应是有共同规律的。虽然我们无法准确预测对方的具体反应，但可以预测对方的可能反应。在任何一次沟通、谈判前，对对方可能反应的估计和准备都会迅速增强己方的沟通、谈判实力。

预估对方在沟通、谈判中的反应时应遵循以下几项原则。

（1）归类。归纳出对方几种典型的反应类型，而不是反应的细节。

（2）有主线。按照一条主线归纳对方各种类型的反应，如对方的接受程度、心理或性格类型、客户类型等。

（3）全面。尽量考虑对方所有可能的典型反应。

（4）互不交叉。使对方的典型反应类别之间没有交叉的地方。

3. 策略组合

在充分理解情境特征和考虑沟通、谈判对象反应的基础上选择沟通、谈判策略，预测对方在沟通、谈判中产生不同反应的可能性，确定优先使用哪种沟通、谈判策略。要有针对性地而不是泛泛地设计沟通、谈判策略，以有效影响对方。所有沟通、谈判策略都要针对一定的情境和对方的反应来运用。一定情境下的有效应对策略不会很多，很多沟通、谈判策略都是相似的，具有一定的系统性，关键在于分析和总结。记住特定情境下的一系列有效沟通、谈判策略，可以快速提升我们的沟通、谈判实力。

设定沟通、谈判策略组合时，应考虑以下几项原则。

（1）有针对性。明确使用某一种策略来应对对方的某一种反应，一种策略可能用于应对对方的多种反应。

（2）归类。归纳出策略的类型，而不是具体的细节。

（3）互不交叉。使不同类型的策略之间没有交叉的地方。

（4）灵活应对。沟通、谈判中会出现各种状况，情况多变，难免会出现我方判断或估计失误的情况。在沟通、谈判中发现某一策略没用或者对对方的反应估计失误的时候，要马上改换策略。

4. 设定目标

每个情境下都有具体目标（阶段目标），要自我设定沟通、谈判目标，避免在沟通、谈判中被对方牵制。沟通、谈判不可能一蹴而就，可能需要经过多个阶段。沟通、谈判前应该正确设定每个阶段的目标和期望结果，设定了目标的沟通、谈判的绩效会超过没有设定目标的沟通、谈判。设定目标时应参考以下几项原则。

（1）简单明确。各阶段的沟通、谈判目标不要超过两个。

（2）有层次和梯度。设定的目标可以分为最优目标、次优目标或最差目标，或简单分为好结果和坏结果。

（3）互换原则。目标设定第一阶段的结果可以作为第二阶段设定的情境。

（4）情境适用。要与情境紧密结合，细化目标，不要跨越情境。

小贴士

沟通中最大的错觉是，人们总是假设它会有效地进行。　　——亚瑟·贝尔

语言是心灵秘密的忠实反映。　　——约翰·瑞

📖 本章小结

本章主要介绍了双向沟通、换位沟通、理性沟通、目标沟通等沟通策略的定义及其特点，

我们应在日常生活及工作中勤加运用，以求尽早掌握。

综合练习

一、单项选择题（在每小题的四个备选答案中，选出一个正确的答案，将其序号填在括号内）

1. "信息接收者收到信息并进行解码之后，可以决定是否接受信息"是双向沟通的（　　）阶段。

    A. 编码　　　　　B. 使用　　　　　C. 接受　　　　　D. 反馈

2. 一个组织如果更加重视工作的快速与成员的秩序，宜采用（　　）。

    A. 双向沟通　　　B. 单向沟通　　　C. 电话沟通　　　D. 网上沟通

3. 非暴力沟通的提出者是（　　）。

    A. 哈姆·瑞森　　　　　　　　　B. 杰勒德·尼伦伯格

    C. 威廉·尤里　　　　　　　　　D. 马歇尔·B. 卢森堡

二、多项选择题（在每小题的五个备选答案中，选出二至五个正确的答案，将其序号填在括号内）

1. 下列选项中，属于双向沟通的缺点的有（　　）。

    A. 某些方面存在分歧　　　　　B. 认知失调

    C. 谨慎进行沟通　　　　　　　D. 信息有反馈

    E. 受众有参与感

2. 管理者与下级建立良好关系的策略包括（　　）。

    A. 向下级提供胜任工作所需信息　　B. 促进团队协作

    C. 主动沟通　　　　　　　　　　　D. 建立起负责机制

    E. 鼓舞士气

3. 有效运用换位思考的前提为（　　）。

    A. 平等　　　　　B. 良好的沟通氛围

    C. 感同身受　　　D. 好奇心　　　E. 学会宽容

4. 换位沟通的策略包括（　　）。

    A. 有好奇心　　　B. 学会宽容　　　C. 求同存异

    D. 设身处地　　　E. 表达谢意

5. 非暴力沟通的模式包括（　　）。

    A. 区分观察和评论　　　　　　B. 做出评判

    C. 区分感受和想法　　　　　　D. 感觉相关的需要

    E. 提出具体、明确的请求

6. 目标沟通模式包括（　　）。

    A. 情境　　　　　B. 反应　　　　　C. 策略

    D. 目标　　　　　E. 对手

7. 设定沟通目标的原则包括（　　）。

    A. 简单明确　　　B. 有层次和梯度　　C. 互换原则

    D. 间接原则　　　E. 情境适用原则

三、名词解释题

双向沟通　　换位沟通　　理性沟通　　目标沟通

四、简答题

1. 简述双向沟通的形成过程。
2. 简述双向沟通的优缺点。
3. 简述换位沟通的策略。
4. 简述理性沟通的策略。
5. 简述非暴力沟通模式。
6. 简述目标沟通模式。

五、综合案例分析

某大型国有银行B市分行近年来工作出色，在圆满完成存贷任务的同时，服务态度和客户满意度都比较高，成为全行的样板单位。取得这些成绩除了依靠B市分行上下同仁的共同努力外，与分行领导层善于学习创新也有很大关系。其中，最值得提倡的就是分行领导运用企业管理原理，引入了一套"神秘客户"的察访机制，即各级领导及其指定人员会装成客户或兄弟单位的工作人员，通过电话咨询、走访等方式，对下属各支行的工作进行不定期随机检查，出现问题一律严肃处理，而且长年坚持，使分行上下从领导到一线工作人员都有紧迫感，逐步养成了良好的工作习惯。

分行下属××支行在全市连年评比中一直领先。该支行主任周文庄是一名年富力强的中年干部，他处事干练、领导有方。一直以来他都以自己的支行为骄傲。周文庄的得力搭档是副主任高林发。老高是支行元老，从基层一步步地干到现在的职位，按理说他应该有更高的职位，但几次提拔机会他都因为学历不过关而错失，最终屈居副主任的位置。但老高威信不差，很多事情周主任都要征求他的意见。周主任不在的时候就由老高全权负责、决策。支行领导体恤老高年纪大、事情多，需要有人帮助分担琐事，而且老高经验丰富，善于带教下属，所以刚入职的新人一般都交给老高管理。

吴馨是刚毕业的大学生，刚进该支行，给老高做助理。与其他职场新人一样，吴馨表现得勤奋、认真，虽然处理事情难免稚嫩，但总体来看很有发展前途。老高对吴馨也比较满意，因为吴馨属于那种踏实干事、不爱说话的人，与老高年轻时非常相似，所以老高给了吴馨很多锻炼机会并亲自指导。吴馨本人也虚心学习。

该支行最近还来了一位下基层挂职锻炼的青年干部王阳飞。王阳飞获得了货币银行学专业硕士学位，在工作中一直表现得很优秀，是分行内小有名气的才子。分行领导对王阳飞寄予厚望，所以把他放到基层挂职锻炼半年，预备今后提拔重用。因为××支行成绩突出，所以王阳飞被分派到这里，分管个人客户业务，级别与老高相当。王阳飞工作勤勤恳恳，决心做出成绩，为自己今后的职业发展添彩。但他的一些思路和作风与老高有些不同，明显体现出青年干部特有的简明、重绩效、重制度等特点。支行员工也能明显感觉到这些差别，私下评价时好坏各半。但两人因为工作没有交叉，所以打交道的机会不多，也就不存在什么冲突。但有时两人的下属会暗中较劲，总觉得自己的领导好、对方的领导有问题。

某个周二，周主任去分行开会，不在支行。老高正好上午外出办事。就在这时发生了一件事情……

这天上午王阳飞正在工作，接到一个转过来的电话，原来是客户投诉。客户投诉说他们因为办公地点搬迁，所以想把企业账户转到同一银行的另一家支行，还想提高每日支出额度，故打电话咨询具体规定。可是第一个接电话的人说不管这一块，转给了第二个人，第二个人吞吞吐吐，说不清楚，才转到了王阳飞这边。客户非常恼火，批评他们工作不专业、"踢皮球"。王阳飞一听便知这是老高分管的工作，虽然不归自己管，但王阳飞还是耐心地向客户解释。毕竟王阳飞知识功底深厚，又在银行系统内工作多年，客户对他的解释还算基本满意。挂了电话后王阳飞在想，老高再继续这样领导，企业客户部肯定要出问题。

没想到，一个小时后，周主任就打电话来了，说刚才分行领导对支行进行"神秘客户"抽查，对结果不太满意。他正好在分行开会，相关领导见到他就说了此事，但按规定没有详细讲，需要支行内部进行追查。他打电话给老高，而老高正好在外办事，所以只好打电话让王阳飞追查此事，而且表示下午回来要马上听他的汇报。

从电话中可以听出来，周主任非常恼火，语气很严厉，而且正好他在分行开会，各支行领导都在，此事让周主任很丢面子。这下子事情就不简单了，王阳飞知道按照周主任的性格，没有一个清晰、满意的结果他是绝不会罢休的。老高正好也不在，这是王阳飞表现的好机会！他既要通过此事让老高知道应该改变他那种好好先生式的管理方式，又要让周主任和大家看到自己的应变能力。

王阳飞挂了电话以后马上开始追查此事，详细询问事情的来龙去脉，结果发现第一个接电话的是自己的下属小李，他确实不管企业客户的业务。小李说当时正好很忙，所以没太在意沟通方式，可能语气生硬了一点。王阳飞觉得既然这不属于小李的工作职责，不应该责难他，就没有多说什么。第二个接电话的人是老高的下属吴馨。他见到吴馨以后，询问刚才接电话的情况，结果她好像根本不在意此事，只是简单说了经过，并表示自己刚来，对业务不熟，这事老高才能定，他正好又不在，确实没有办法才转给王阳飞的。吴馨说的时候还有点理直气壮和委屈，这让王阳飞非常恼火，这样的下属不批评怎么行！所以他严厉地批评了吴馨工作态度不端正，明确地告诉了她此事的来龙去脉，而且周主任和分行领导都已知道，影响很坏。吴馨一听吓坏了，急得哭起来。

王阳飞大概了解情况之后，先给周主任打电话，汇报了一下事情的经过。周主任显然还没有消气，也说了他两句，意思是你们这么多人，连一个客户电话都接不好，并表示先让王阳飞和老高协调，下午他回来以后要听王阳飞和老高的汇报。

接下来王阳飞给老高打了电话，老高接到电话说，他已经知道此事，正在返回支行的路上。老高表示此事虽然影响不好，但是大家也不要过于紧张，对新人要多帮助爱护，不能一味指责，同时暗示王阳飞也要管好自己的下属。老高的话让王阳飞非常恼火，一方面，此事根本不是自己和小李的责任，他们完全在替人受过；另一方面，老高不但不领情，好像还觉得自己在有意找事，推脱责任，包庇下属，真有点倚老卖老的味道！王阳飞心想，怪不得老高的下属吴馨对此事如此不在乎，都是老高教出来的！但是王阳飞还是压抑住了怒火，决定等老高回来后面谈此事。

王阳飞想，和老高沟通时要达到以下目标。

（1）明确告诉老高自己对此事的态度，责任不在自己的部门，而在老高的部门。

（2）让老高知道他的领导风格有问题，太放任下属，太不在乎客户。

（3）要和老高商议好如何向周主任和分行领导汇报。

中午，王阳飞在办公室，老高进来了，面谈开始……

思考讨论题

1. 王阳飞的沟通有什么问题？
2. 老高的沟通有什么问题？
3. 如果你是王阳飞，此时应该如何和老高进行沟通？

（可由教师扮演老高，学生扮演王阳飞，组织开展两三组一对一模拟沟通训练，时间为5～10分钟，每组训练结束后应进行讨论和点评）

进一步学习

推荐看

《非暴力沟通》

访一访

寻找一个访谈对象（熟悉的人或不熟悉的人均可），采用聊天或者模拟正式访谈的形式，请对方说一个失败或者成功的沟通事例，分析访谈者当时运用了怎样的沟通策略。

反思一下

回想自己的人生经历，写下或者口述自己一个失败的沟通事例，分析当时运用了怎样的沟通策略。

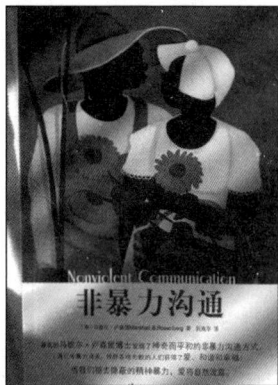

第五章 沟通技能

【学习要点及目标】

1. 掌握商务沟通技能的各种类型。　　　2. 学会灵活运用各种商务沟通技能。

【核心概念】

倾听技能　　演讲技能　　阅读技能　　书面沟通技能

引导案例

卖水果的三个小贩

一天，一位老太太拎着篮子去楼下的菜市场买水果。她来到第一个小贩的水果摊前，问道："这李子怎么样？"

"我的李子又大又甜，特别好吃。"小贩回答。

老太太摇了摇头，没有买。她向另外一个小贩的水果摊走去，问道："你的李子好吃吗？"

"我这里专卖李子，各种各样的李子都有。您要什么样的李子？"

"我要买酸一点儿的。"

"我这篮李子酸得咬一口就流口水，您要多少？"

"来一斤吧。"老太太买完李子，继续在菜市场里逛，又看到一个小贩的摊位上也有李子，又大又圆，非常抢眼，便问水果摊后的小贩："你的李子多少钱一斤？"

"您好，您问哪种李子？"

"我要酸一点儿的。"

"别人买李子都要又大又甜的，您为什么要酸的李子呢？"

"我儿媳妇怀孕了，想吃酸的。"

"老太太，您对儿媳妇真体贴。您要多少？"

"我来一斤吧。"老太太被小贩说得很高兴，便又买了一斤李子。

小贩一边称李子一边继续问："您知道孕妇最需要补充什么吗？"

"不知道。"

"孕妇特别需要补充维生素。您知道哪种水果维生素含量高吗？"

"不清楚。"

"猕猴桃含有多种维生素，特别适合孕妇。您要天天给您儿媳妇吃猕猴桃，她心里肯定高兴，生下的孩子身体也肯定特别健康。"

"是吗？好啊，那我就再来一斤猕猴桃。"

"您人真好，遇上您这样的婆婆，儿媳妇真有福气。"小贩一边给老太太称猕猴桃，一边嘴里也不闲着，"我每天都在这儿摆摊，这些水果都是当天从批发市场上批发来的，非常新鲜，您儿媳妇要是觉得好吃，您再来。"

"行。"老太太被小贩说得高兴，边付账边答应着。

案例导学

老太太给儿媳妇买水果补充营养，第一个小贩没有认识到老太太的购买需求，所以没有成交；第二个小贩通过询问，得知老太太要买酸李子，给她推荐了她想要的酸李子；第三个小贩进一步引导老太太购买维生素含量高的水果，又成功地卖出了一斤猕猴桃。

设法了解并满足顾客的需求，这是销售的核心出发点。顾客的潜在需求会决定表面需求，只有抓住顾客的潜在需求，才能够引导顾客的采购意向，最终促成顾客购买。通过这个故事，我们可以看出掌握商务沟通技能和了解顾客需求的重要性。

第一节 倾 听 技 能

一、倾听概述

倾听，就是集中精力，认真听取对方的发言。在所有的商务沟通中，倾听都占有非常重要的地位。人们在商务沟通中花在倾听上的时间远远超出花在读、写、说上的时间。美国明尼苏达大学的尼科尔斯教授和史蒂文斯教授认为，一般人每天大约有70%的工作时间用于各种形式的沟通。人们在商务沟通上花费的时间中，约45%的时间用于倾听，约30%的时间用于交谈，约16%的时间用于阅读，只有约9%的时间用于书写，如图5.1所示。

因此，我们可以看出，人们至少应花与提升读、写、说能力相当的时间，像提升读、写、说能力一样来提升倾听的能力。

具体来说，倾听的重要性主要体现在以下几个方面。

（1）通过倾听可获取重要的信息。交谈中有很多有价值的信息，它们可能源于说话人一时的灵感，说话人本人也没意识到，但对听者来说却颇有启发。实际上，就某事的评论、交换的意见、各地的需求等，都是有用的信息。一个会认真倾听他人讲话的人，在与别人的闲谈中就可能发现很多有用的信息。通过倾听，我们不仅可以了解对方要传递的信息，还可以理解对方的情感，或者据此推断对方的性格、目的和诚恳程度。通过提问，我们可以了解不明之处或启发对方提供更充分的信息。多倾听可以帮助我们养成以己推人的习惯，锻炼我们的思考力、想象力和客观分析能力。

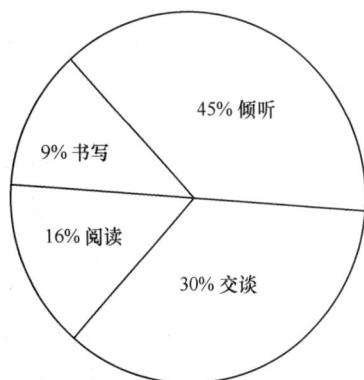

图 5.1 沟通行为占用的时间比例

（2）倾听可掩盖自身的弱点。言多必失，沉默可以帮助我们掩盖自身的若干弱点。如果你对别人所谈的问题一无所知或未曾考虑过，保持沉默便不会暴露自己的弱点。

（3）善听才能善言。让我们回想一下，在听别人说话时，你是否有过迟滞发呆、冷漠烦闷，是否有过坐立难安、急于插言？我们常常因为急于表达自己的观点而根本无心倾听对方在说什么，甚至在对方还未说完话的时候，就在心里盘算自己下一步该如何进行反驳。带着这样一种消极、抵触的情绪听别人说话，最终会使自己的发言毫无针对性和感染力，交流的效果可想而知。

（4）倾听能激发对方的表达欲。倾听让说话者觉得自己的话有价值，他们就会愿意说出更多、更有用的信息。好的倾听者还会促使说话者的思维变得更加敏捷，启迪说话者发表更深入的见解，使谈话双方皆受益匪浅。

（5）通过倾听能发现说服对方的关键。如果你沟通的目的是说服他人，多听他人的表述会更加有效。你可以从他人的谈话中发现其诉求和弱点，明白是什么原因让他坚持己见，这也就为你说服对方创造了机会。如果对方觉得你充分尊重了他的需求和感受，那么他会更容易接受你的劝说。

（6）倾听有助于我们获得友谊和信任。几乎每个人都喜欢发表自己的意见，如果你愿意倾听，给别人发言的机会，别人就会觉得你容易相处、值得信赖。

二、倾听的障碍

坚持长时间倾听并不容易，倾听的障碍常受以下几方面因素的影响。

（1）环境的封闭性。谈话场所的空间大小、有无遮拦设施、光照强度（暗光给人更强的封闭感）、有无噪声等干扰因素决定了环境的封闭性。封闭性决定着信息在传送过程中的损失程度。

（2）氛围。氛围是环境的主观性特征，它会影响人的心理接受习惯，也就是人的心态是开放的还是封闭的，人是否容易接受信息，对接收到的信息如何看待和处置等。氛围是指温馨和谐还是火药味浓，是轻松还是紧张，是生机勃勃还是死气沉沉，它会直接影响人们的情绪，从而作用于心理接受程度。

（3）对应关系。说话者与倾听者在人数上存在着不同的对应关系，可分为一对一、一对多、多对一和多对多四种。对应关系的差异会导致不同的心理角色定位、心理压力和注意力集中度。倾听者在教室里听课和与同事谈心、听下属汇报时会产生完全不同的心境。与同事谈心、听下属汇报时最不容易走神，因为一对一的对应关系会使倾听者感到自己角色的重要性，心理压力也较大，注意力自然集中；而在教室里听课时说话者和倾听者是明显的一对多关系，倾听者认为自己在此场合中并不重要，压力很小，所以可能会经常开小差。如果倾听者只有一位而说话者为数众多，比如原、被告七嘴八舌地向法官陈述，或者多家媒体的记者争着向新闻发言人提问，倾听者就会更加全神贯注，丝毫不敢松懈。

（4）急于发言。人们往往有喜欢发言的倾向。发言在沟通上常被视为主动的行为，倾听则是被动的。前美国参议员 Hayakwa 曾说过："我们都倾向于把他人的讲话视为打乱我们思维的烦人的东西。"在这种思维习惯下，人们容易在对方还未说完的时候就迫不及待地打断对方，或者心里早已不耐烦了，往往不会把对方的意思听懂、听全。

例 5.1

美国知名主持人林克莱特有一次采访一名小朋友，问他："你长大后想要做什么呀？"小朋友天真地回答道："嗯……我要当飞机驾驶员！"林克莱特接着问："如果有一天，你的飞机飞到太平洋上空时，所有的引擎都熄火了，你会怎么办？"小朋友想了想，说："我会先告诉坐在飞机上的人系好安全带，然后我背上我的降落伞跳出去。"在场的观众笑得东倒西歪，林克莱特继续注视着这个孩子，想看他是不是个自作聪明的家伙。没想到，接着孩子的两行热泪夺眶而出，这使得林克莱特发觉这个孩子的悲悯之心远非笔墨所能形容。于是林克莱特接着问他："你为什么要这么做？"孩子的答案透露了他真挚的想法："我要去拿燃料。"

【解析】这就是听的艺术：一是听话不要听一半；二是不要把自己的意思投射到别人所说的话上。要学会聆听，用心听，虚心听。

（5）排斥异议。有些人喜欢和与自己意见一致的人讲话，偏向于和自己观点相同的人。这种拒绝倾听不同意见的人，不仅放弃了许多通过交流获得信息的机会，而且在倾听的过程中注意力不可能集中在讲逆耳之言的人身上，也不可能和任何人都交谈愉快。

（6）厌倦。由于我们思考的速度比说话的速度快得多，前者是后者的三五倍（一般情况下，人说话的速度是每分钟160～180字，理解的速度是每分钟500～900字），故我们很容易在倾听时感到厌倦。我们在接纳一个人说的话的同时，大脑还有很多空余的时间，很容易中断倾听过程，去思考别的事情。"寻找"一些事情，占据大脑空闲的空间，这是一种不良的倾听习惯。

（7）消极的身体语言。你有没有在听别人说话时东张西望，双手交叉抱在胸前，跷起二郎腿，或者用手不停地敲打桌面等不良习惯？这些动作都会被对方视为你在发出这样的信息："你有完没完？我已经听得不耐烦了。"不管你是不是真的不愿听下去，这些消极的身体语言都会大大妨碍你们的沟通。

（8）生理差异。倾听是感知的一部分，倾听的效果会受到听觉器官、视觉器官的限制。听觉器官的严重缺陷会使沟通变得很困难或者几乎不能完成，视觉器官的缺陷会使自己无法看到对方在交流过程中的行为、表情等身体语言，这些都会影响有效沟通的进行，也必然会影响倾听的效果。

（9）选择倾向。人人都有评估和判断所接收信息的天然倾向。我们往往选择那些我们爱听、熟悉、有兴趣、喜欢听的部分，而漏掉很多有用的信息。这无疑会影响倾听的效果。

（10）过于专注细节。有时候，我们倾听时过于专注细节，这时我们会把对方说的每一个字都听进去，认为每一个字都同样重要。我们会努力记住所有听到的名字、日期、地点。在这个过程当中，我们可能会错过对方话语中的要点，因为我们将这个要点淹没在汪洋大海一般的细节里了。更糟糕的是，我们最后有可能会把事实弄错。

三、改善倾听效果的方法

要想改善倾听效果，我们可以从以下几个方面来锻炼。

1. 认真对待倾听

做到有效倾听的第一步是培养自我意识，找到自己作为倾听者存在的不足，并下定决心改正这些问题。好的倾听者不是天生的，也不一定要有很高的智力水平、受教育水平及社会地位。跟其他任何习惯一样，良好的倾听习惯来自实践和自律。我们可以把倾听看成一个主动的过程。现代生活中的被动倾听作为人们听取他人观点的方式普遍存在，已经成为一种习惯。当然，主动倾听同样可以成为一种习惯。如果真心投入成为有效倾听者的练习活动中，你会在学业、人际关系、家庭关系以及事业当中得到这种练习相应的回报。

一位客人向松下幸之助请教经营的诀窍，松下幸之助说："首先要耐心倾听他人的意见。"

一位曾经拜访过松下幸之助的客人这样说："拜见松下幸之助是一件轻松愉快的事，根本没有感受到他是日本首屈一指的'经营大师'。他一点也不傲慢，对我提出的问题听得十分仔细，还不时亲切地附和'啊，是吗'，毫无不屑一顾的神情。见到他如此和蔼可亲，我不由得想探询松下幸之助先生的经营诀窍到底是什么。调查之后，我终于得出了结论：善于倾听。"

2. 排除分心的事情

在一个理想的世界里，我们可以消除所有生理和精神上的干扰，但在现实世界里这是不可能的，因为我们思考的速度比对方说话的速度要快得多，很容易在倾听的时候走神。特别是在某些特定的情况下，比如教室太热，窗外有建筑机械轰隆作响，或者说话者讲得不太生动，倾听者都很容易走神。哪怕是在最理想的环境下，我们的注意力也很容易分散。我们不太容易长时间保持专注，也不太容易让自己的注意力一直保持集中，这可能是其他种种原因造成的。

每当我们意识到这样的事情发生时，一定要有意让自己的注意力转到对方所说的事情上来，强迫自己将注意力集中在对方所说的内容上。有一种办法可以帮助我们做到这样，那就是猜测对方下一句话会说什么或者接下来要说的内容。上述方法会使我们愿意听对方说话，并且会拿对方所说的话跟自己的猜测进行对比。

让思想集中在倾听对方说话上的另一种办法就是，在心里回顾对方刚刚说过的话，并确保自己理解了对方的真实意思。还有一种办法就是，听字里行间的意思，分析和领悟对方用语言暗示及行为、表情表达出来的真实意思。

3. 要有良好的精神状态

在许多情况下，倾听者之所以不能认真倾听对方讲话，往往是因为身体和精神状态不够好。倾听是调动肌体、感情、智力的综合性活动，人在情绪低落和烦躁不安时，倾听效果不会太好。

4. 搁置判断

除非只听与我们的思想一模一样的人说话，否则，我们就一定会听到与自己意见相左的内容。出现这样的情形，我们天然的倾向是在心里与对方进行争论，或者根本不再听对方讲话。这两种反应都是不正确的，对对方、对自己都是不利的。在这两种情况下，我们不能正确理解对方的意思，对方的话也没有被我们听进去。因此，我们在倾听时，应搁置对对方所说内容的判断，静下心来倾听。

5. 明确倾听的目的

倾听的目的越明确，就越能改善倾听的效果。事先的考虑会使我们积极参与人际交流，也会使我们的记忆更加深刻，感受更加丰富。

6. 使用开放性动作

一个人的身体姿势、行为、表情都会暗示出他对谈话的态度。自然和开放性的姿势、行为、表情代表着接受、包容、尊重与信任。根据达尔文的观察，交叉双臂是日常生活中应用普遍的姿势之一，一般会使人显得优雅、富有感染力，使人自信十足。但这种姿势也是一种常见的防卫姿势，当倾听者采取此姿势时，大多是对对方持戒备或者对立的态度。

7. 及时用动作和表情进行回应

倾听者可以用对方能理解的各种姿势、动作与表情，如微笑、皱眉、摇头等，表达自己对对方所说的内容的理解，给对方提供准确的反馈信息，以使对方及时调整所说的内容；还可以通过某些姿势、动作与表情表达自己的感情，表达出自己对谈话内容和谈话者的兴趣，如鼓掌、欢呼等。

8. 适时、适度地提问

倾听者适时、适度地提问，可以把自己没有听到的或没有听清楚的信息了解清楚，同时有利于对方更有针对性地陈述、表达。

倾听效果能够通过学习来改善。但是，倾听能力的培养还需要在实践中不断锻炼。

小贴士

国际倾听协会

国际倾听协会（International Listening Association，ILA）把倾听定义为接收、理解对方传递的信息并用口头或身体语言给对方反馈的过程。国际倾听协会网站提供了该领域的教学、研究和实践资料，读者可以登录该网站了解相关信息。

第二节 演 讲 技 能

演讲是演与讲的结合。为了达到沟通的目的，演讲者在特定的时间、环境中借助语言和非语言的手段，面对受众发表意见，抒发情感。演讲是感召大众的一种现实的、技巧性的社会沟通活动。

一、演讲的特征

演讲者要想使演讲达到预期的目的，就需要掌握演讲的特征。一般来说，演讲具有以下几个特征。

（1）从演讲的性质来看，演讲具有真实的特征，不属于表演艺术的范畴。演讲的"演"和表演的"演"不一样，它代表演讲具有引申、阐释或演绎的性质。演讲首先强调的是真实性而不是艺术性，演讲不是朗诵。当然，演讲可以借用一些表演艺术的手法来增强效果，如相声般的幽默、故事般的悬念和诗歌般的激情等，但这些手法的应用都要以不影响演讲的真实性为前提。

（2）从演讲的受众来看，演讲有听众多的特征。演讲大多表现为一人讲、多人听，这与小组讨论和个别谈话不一样。讨论会上的发言、讲课、竞选演说、面向大众推销产品等，都是演讲的形式，商业活动中的很多商务沟通都需要进行演讲。

（3）从演讲的表现形式来看，演讲以口头语言为主、身体语言为辅。演讲所表达的内容主要作用于受众的听觉系统。

（4）从演讲的作用来看，它具有传播演讲者的观点和主张的作用。演讲和播音或者话剧等不同，演讲者不管搜集了多少别人的资料，都要经过自己的理解与加工，使之为自己所用。

（5）从演讲的结构来看，它具有阐述系统性的特征。演讲与谈话不同，谈话可以根据语境边想边谈，不强调前后谈话内容的连贯性、系统性；而演讲是一人讲、多人听，演讲者会从头到尾按照一定的顺序讲完。所以，为了使演讲的内容层次清楚、中心突出，演讲应具有完整性和系统性。哪怕是即兴演讲，准备的时间很短，也应做到层次清楚、中心突出。

（6）从演讲的过程来看，它具有受众能反馈信息的特征。当演讲者把信息传递给受众时，受众将会反馈演讲者一些信息。现代演讲更加注重演讲者与受众之间的交流。一方面，演讲者会根据受众的反馈，及时调节演讲内容和结构，在一定时间内输出合适的信息量；另一方面，受众会更有效地接收演讲者传达的信息。

二、演讲的种类

演讲有多种，勒德洛和潘顿（1992 年）把商务活动中的演讲归纳为以下几种：①说明服务项目，介绍产品；②创立形象，制订行动计划；③取悦同事、组织和外部人员；④使人接受概念、观点，了解产品；⑤代表小组、公司和部门发表演讲；⑥表明态度，说明工作方法；⑦建议解决问题的方法，提出新概念。

由于这种分类方法在标准上不够明确，因此我们根据进行商务演讲的主要目的，把商务演讲归纳为教育性演讲、鼓励性演讲、说服性演讲、报告性演讲和娱乐性演讲等五类，如图 5.2 所示。

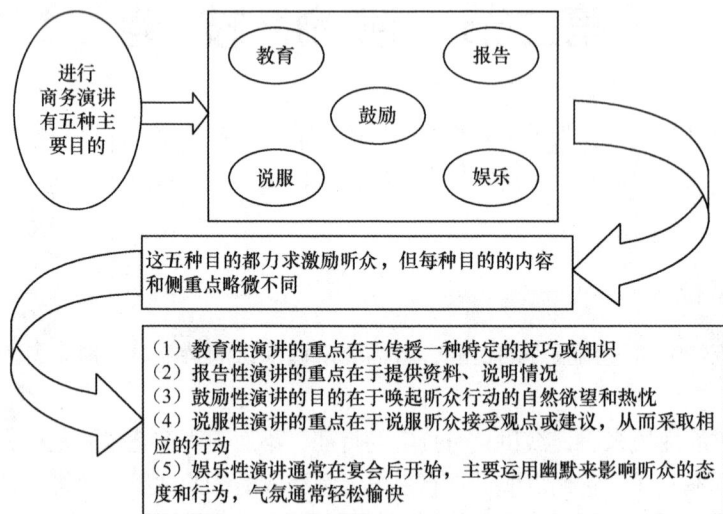

图 5.2　演讲的目的

1. 教育性演讲

演讲的目的是教育时，演讲者应当集中精力于知识面的宽度和广度，以及解释的逻辑性，并借助图表等开展演讲，注意事项如下。

（1）演讲内容的思维逻辑要由浅入深，层层递进。

（2）要说明事物是如何发展的，要解释事物产生的原因和方式。

（3）应充分利用图表，帮助听众领会演讲的内容。

（4）要充分利用演绎、归纳等逻辑推理方式，强化演讲的条理性。

（5）要侧重于准备最新的理念、思想、方法，给听众以最新知识的熏陶。

2．鼓励或说服性演讲

演讲的目的是鼓励或说服时，应重点思考如何改变听众的信念、态度和行为。为此，演讲者应解决好四个关键问题：一是如何吸引听众的注意力；二是如何了解听众的需要和兴趣；三是如何满足听众的需要；四是如何激发听众给予适当的反应和赞同。这种演讲应注意以下四个方面。

（1）深刻地感染听众，通过引用听众接受的事实、观点来支持自己的观点，如统计资料、可靠的观点、别人的经历等，但这些依据必须是准确的、与自己的观点有关联的。

（2）避免泛泛而谈，避免使用太夸张及感情色彩浓重的语言。如果演讲者的观点是基于假设的，就应该合理地解释这些假设，并给出可信的依据。

（3）通过演示案例来赞同或反对某个结论。这些案例可以用于正面支持，也可以用于反面佐证，如可以通过某个案例来反映某种观点的缺陷。

（4）演讲的结构必须有严密的逻辑，以归纳等逻辑推理方式增强说服力。

3．报告性演讲

演讲的目的是报告时，演讲者应该了解受众目前的知识水平和认识水平，注意事项如下。

（1）使用恰当的语言，并考虑是否使用术语。如果受众对术语不了解，就要解释这些术语的含义。

（2）使用轶事、实例进行生动的说明。

（3）运用演绎和归纳的逻辑推理方式，安排合理的逻辑顺序，推敲用词，以保证演讲内容的准确性。

4．娱乐性演讲

娱乐性演讲最有艺术性。这种演讲一般应注意以下几个原则。

（1）应具有感召力和鼓动性，能调动、活跃气氛。

（2）内容应简短，并适当运用幽默手法，比如引用别人的幽默故事。

（3）讲话时要适应听众的口味和场景，别具一格。

小贴士

TED演讲

TED（为 technology、entertainment、design 三个英文单词的首字母缩写，即技术、娱乐、设计）是美国的一家私有非营利性机构，该机构以它组织的 TED 大会著称，这个会议的宗旨是"传播一切值得传播的创意"。TED 诞生于 1984 年，发起人是理查德·索·乌曼。2001 年，克里斯·安德森接管 TED 后，创立了种子基金会（The Sapling Foundation），并运营 TED 大会。它邀请世界上的思想领袖与实干家来分享他们最热衷从事的事业。"科技""娱乐""设计"这三个广泛的领域共同塑造着我们的未来。事实上，TED 大会涉及的领域还在不断扩展，展现着几乎各个领域的各种见解。

国内演讲类节目

近年来国内受关注比较多的演讲类节目有《开讲啦》《少年说》《超级演说家》《我是演说家》《精彩中国说》等，读者可通过相关视频平台加以关注。

三、演讲的准备

演讲之前，演讲者首先要做好心理准备，以适应环境；其次，要分析解决为什么演讲、为谁演讲、演讲什么、何时演讲、何地演讲、怎么演讲等基本问题。

1. 了解和适应环境

不管是演讲的组织者还是参与者，都应在演讲开始之前充分了解演讲的环境。因为在不了解演讲环境的情况下，精心准备的材料、工具、辅助手段等很可能在演讲时无法正常使用，影响演讲的效果。在任何一种情况下，都可能产生理想环境和实际环境之间的落差，这就需要演讲者尽早地修正环境或适应环境。

选择演讲方式时，听众人数是一个非常重要的考虑因素。如果某场演讲的听众约为 20 人，就可以考虑让听众参与到整个演讲过程中来，在演讲时可以采用适当的激励方式让听众参与互动。但是，如果你只为 20 人的演讲做了准备，可实际的听众人数达到了 60 人，就需要调整演讲方式了。

另一个非常重要的环境因素是房间和讲台的安排以及视觉辅助仪器的配备。在房间的安排上，应充分考虑座位的安排、窗户的位置、灯光的配置等要素。在座位的安排上，一般来说，听众与演讲者的距离越近，越容易产生共鸣；半圆形布局好于传统的"教室形"布局。在窗户位置的方面上，既要使空气流通，又要防止穿堂风。在灯光的配置上，要提前了解灯光开关的位置，避免使用演讲者背后的灯光。在讲台布局上，要考虑移动空间、话筒和椅子等情况（如果演讲者需要坐下的话）。在视觉辅助仪器的配备上，要检查和了解投影仪的状态及使用情况，检查粉笔（白板笔）和板擦是否备好。

2. 演讲内容的准备

演讲内容的准备可以概括为"5W1H"的准备。

为什么演讲（why）——演讲者应关注为什么要演讲，也就是演讲的意图和目的。只有明确演讲的目的，才能有的放矢地准备演讲内容。

为谁演讲（who）——演讲者应分析听众的喜好、层次、需求、人数等因素，以选择合适的演讲素材、恰当的演讲方法。

演讲什么（what）——演讲者应准备演讲的具体内容。演讲什么是非常关键的，一方面演讲的主题一定要提前与组织者充分沟通，另一方面要注意演讲的知识面和知识点是否符合听众需要。只有根据听众的需要安排演讲内容，才能吸引听众的注意力。

何时演讲（when）——演讲者应确保有充足的准备时间，包括书面准备时间和演示材料的准备时间。

何地演讲（where）——演讲者最好在演讲之前到现场看看，如未能提前到演讲现场看看的话，也要先了解演讲的环境和设施状况。

怎么演讲（how）——演讲者应提前弄清楚是正式演讲还是讲座，或是引导性的讲话，是否有提问和讨论环节。如果演讲中有提问和讨论环节，则要留出足够的时间给听众提问和讨论，同时还要预估听众可能提出的问题，并做相应的准备。

3. 演讲材料的准备

确定好演讲的内容后，演讲者应按下面三步开展工作。

第一步，整理思路，设计演讲的逻辑结构。要利用各种可能的时间对演讲的主题进行思考，并与自己周围了解或熟悉这个主题的人交流看法，借鉴他人的想法。要养成随时记录灵感的习惯，这些灵感可能是突然冒出来的，要及时记录下它们。这些灵感来临时我们可能在路上，也可能是在我们睡觉前或早晨起床时。我们应及时把这些灵感用简单的文字记录下来，以便在准备演讲时加以整理利用。

第二步，查阅和收集资料。杂志、报纸、书籍、网络是有效的资料来源，平时要有意识地收集有关资料，丰富自己的知识库和信息库，如图 5.3 所示。

第三步，设计演讲提纲。演讲提纲主要包括开头、主体和结尾。其中要特别注意设计主题的引入方式和结尾，这里有一个忠告：关注开头和结尾，主体自会照顾好自己。在主体部分，要列出演讲的主要观点，以及对每个观点的论证方法，提出支持自己观点的材料和理由，同时还要考虑听众可能会提出的反对意见，以及应对的措施。

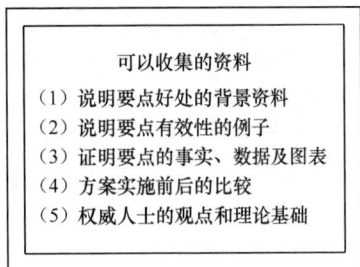

可以收集的资料
（1）说明要点好处的背景资料
（2）说明要点有效性的例子
（3）证明要点的事实、数据及图表
（4）方案实施前后的比较
（5）权威人士的观点和理论基础

图 5.3　资料收集

四、演讲的语言

演讲的语言可以分为开场白、主体和结尾三部分。

1. 演讲的开场白

演讲的开场白有以下四个作用：一是使听众更感兴趣；二是让听众意识到这场演讲与他们的关系；三是让听众明白演讲者是有资格和实力来进行这次演讲的；四是把开场白作为自己和听众之间建立友善关系的机会。演讲开场白的准备可参考如图 5.4 所示的几种方式。

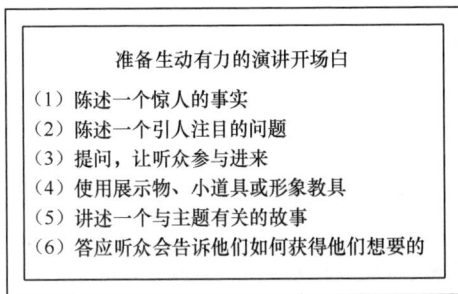

准备生动有力的演讲开场白
（1）陈述一个惊人的事实
（2）陈述一个引人注目的问题
（3）提问，让听众参与进来
（4）使用展示物、小道具或形象教具
（5）讲述一个与主题有关的故事
（6）答应听众会告诉他们如何获得他们想要的

图 5.4　演讲开场白的准备

2. 演讲的主体

在展开演讲的主体部分前，应简要介绍演讲内容的框架（以下称为"演讲预览"），如演讲内容的目录、议程表和提纲，让听众了解演讲内容的轮廓及提纲。

在演讲主体内容的组织上，要明确阐述主要的论点。具体来说，应注意以下四个问题。

（1）要严格遵循演讲预览时的次序，讨论的问题应与预览内容次序一致，不能只讲其中一部分内容或打乱次序讲，否则会让听众感觉没有条理。

（2）要限制主要论点的数量，一般以三五个为宜。这是因为听众获取信息与演讲者输出信息相比要困难得多。论点多了，听众不易领会，而且容易忘记。

（3）使用清晰的连接词。讲话比写文章更需要使用清晰的连接词。清晰的连接词是指能清楚地帮助听众理清演讲内容条理的词语。

（4）做阶段性小结。对演讲的每一个观点要提纲挈领地归纳，让听众有机会简略整理听到的信息。阶段性小结还有利于以适当的方式把话题过渡到下一个观点上。

演讲前的反复演练

演讲实例分析

一场成功的演讲离不开演讲前的反复演练，我们看到、听到的一些成功演讲，演讲者基本都演练过数遍甚至数十遍。演练不仅能让演讲者熟悉演讲内容，也能检验演讲结构的合理性，进而查漏补缺、纠错堵漏，还能促使演讲者提前进入角色，以保证正式演讲的圆满成功。

商务活动中即兴演讲较多，这时能否成功比拼的完全是演讲者的各种"储备"，只有日常多加演练才能使自己临阵不慌，进而达成自己演讲的目的。

3. 演讲的结尾

很多演讲者在主体内容讲完后会接着说："我就讲这些，谢谢大家。"听众很可能记住的就是演讲者最后说的话，而你却没有说出重点。所以，不要用"好了，该讲的都讲完了"之类的话作为结尾。

在演讲即将结束时，应该用简短、有力、语气较强的句子作为结尾。有效的结尾形式有以下几种。

（1）做总结。总结一下演讲的主要论点，尤其在解释、说明或指导、教育性演讲中，结尾的总结是必需的。

（2）前后呼应。再回到开场白中提到的问题、事例、数据、故事等，与开场白前后呼应。

（3）以行动方案结尾。根据演讲的内容，以号召行动结尾，使听众清楚地知道"我们下一步该做什么"。

（4）以强调听众可获得的好处结尾。在结束语中，演讲者可以强调一下，如果听众听从了演讲者的建议，可以获得什么样的好处。

演讲者的体态、风貌、举止、表情都应给听众以协调平衡乃至美的感觉。　　——曲啸

使用得当的话，道具能使演讲者的话更清晰、更有趣，也更容易被记住。　　——卢卡斯

演讲，不仅仅是一种职业，而且是一种事业，一种伟大的事业。演讲，不仅仅是一种科学，而且是一种艺术，一种卓越的艺术。
　　　　　　　　　　　　　　　　　　　　　　　　　　　　——李燕杰

口才是社交的需要，是事业的需要，一个不会说话的人，无疑是一个失败者。
　　　　　　　　　　　　　　　　　　　　　　　　　　　　——林肯

中国演讲协会

中国演讲协会是我国演讲界联系面最广、影响力最大、演讲人才最多（该协会拥有我国著名演讲专家、教授学者和演讲精英等大批演讲人才）的演讲社团组织。中国演讲协会的官方网站上有大量演讲比赛、培训、学习资料等，读者可以登录该网站了解更多有关演讲的信息。

第三节　阅读技能

阅读，是人们充分运用眼睛和大脑，从文字中获取信息的一种手段。阅读是人类社会生

活中不可缺少的一种活动，是人类汲取知识的有效手段和认识世界的重要途径，也是培养人才的必需手段。阅读的主要任务是培养人们读书和读文章的能力，提高人们认识世界、改造世界的能力水平，同时，阅读还是写作的基础。

一、阅读的作用

阅读对于人们来说，主要有以下三个作用。

（1）获取知识。阅读是人类获取知识的主要手段之一。人才成长的一项重要素质修养就是阅读文献情报资料。据测算，人类的知识总量在 19 世纪，每 90 年翻一番；到 20 世纪初，每 10 年翻一番；到 20 世纪 70 年代，每 5 年翻一番；到 20 世纪 80 年代，已达到每 3 年翻一番。最近几十年，人类取得的科技成果已超过了人类以往数千年的总和。由此看来，阅读对于人们的重要性不言而喻。

（2）愉悦精神。人生有两大享受，一是物质享受，一是精神享受。阅读是人生的重要内容，是阅读者的一种精神享受。阅读是照亮人们精神、洗涤人们灵魂的一种活动。阅读会丰富人们的精神世界，满足人们精神生活的需要。人们阅读的作品是作者思想活动的产物，阅读的过程是人们与作者思想交流、心灵碰撞、灵魂对话的过程。因而，自主状态下的阅读是一个人们的精神需要得到满足的过程，也是一个促进精神自我发展的过程。阅读使人们能够以一种自然的心境和自由的态度与文字对话。在这样的对话中，既有思想的砥砺和碰撞、情意的体悟与交流，又有美感的激发与生成，能让人在阅读中至于"真"，达于"善"，臻于"美"，获得精神享受。

（3）创造新知识。人们在掌握前人创造的知识的前提下，能更快、更有效地有所创新、有所发展，阅读在其中发挥着不可替代的作用。

二、阅读的分类

按不同的目的，阅读可以分为学习性阅读、工作性阅读、研究性阅读和生活性阅读四大类。

1. 学习性阅读

学习性阅读的目的是学习知识，发展能力。它又可以细分为以下三类。

（1）积累性阅读。积累性阅读是指为了实现一定的学习目的，通过熟读、熟记和理解，积累与掌握专业知识和有关文化知识的阅读。

（2）理解性阅读。理解性阅读是以弄懂、领会与掌握读物中的基本理论知识等为目的的阅读。

（3）发展性阅读。发展性阅读是指人们为了更好地阅读，提升阅读能力、培养阅读基本技能的阅读。

2. 工作性阅读

工作性阅读的目的是适应与胜任工作的需要，其带有显著的职业性和专业性的特点。

小贴士

冯仑论读书（有改编）

经商最重要的是判断大势，历史观能助你培养大局观。人类历史的大部分内容是人物的冲突与权力之争，人类社会是一个群居的社会，这一点到现在也完全适用。此外，用历史的眼光拉长时间来看问题，能使人们不拘泥于小的事情上，跳出小圈子，培养大格局，稳定心性，更有利于做成事情。

　　读书是人们认识和理解世界的重要手段，但有一句话是"尽信书，则不如无书"。人们要让书围着自己转，而不是自己围着书转。读书的时候，要把书中的知识拿来，为己所用。人们可以从自己感兴趣的某个领域出发开始阅读，渐渐积累，建立自己的知识框架。久而久之，再阅读其他领域的文章，就可以触类旁通。总之，要慎思之，明辨之，笃行之！

3. 研究性阅读

　　研究性阅读是指为了得出研究成果而进行的阅读，包括检索、评论、考证、提炼、创造五个步骤。要特别强调的是创造这一步骤，它是指读者带着一种创造性的新见解去阅读，从读物中寻找和发现未曾出现过的知识。

4. 生活性阅读

　　生活性阅读是指人们为了追求高尚的精神生活而进行的消遣性阅读和鉴赏性阅读。消遣性阅读是指人们在工作或学习之余，利用闲暇进行的以消遣为目的的阅读；鉴赏性阅读则是指在阅读文艺作品的过程中，对作品进行鉴别和欣赏的阅读。

三、阅读的方法

　　在现代经济社会中，很多人每天都在阅读，而对于一个商务工作者来说，更会将大量精力投注在各种文件、报告等文字资料的阅读和处理上。正是在阅读中，商务工作者完成了信息的商务沟通，从而为管理工作的顺利进行提供了保障。人们行之有效的主要阅读方法如下。

　　（1）积累性阅读方法。积累性阅读方法是指人们通过熟读和背诵，对字、词、句、篇等语言表达形式方面的知识进行积累，同时对文章中包含的思想内容、语言知识和自然社会知识进行积累。

　　（2）理解性阅读方法。理解性阅读方法是指人们在全面且深入地理解字、词、句、篇的基础上，进一步理解文章的思想内容，形成一个由模仿到独立、由单项到全面、由浅显到深刻的综合分析过程的思维程序。

　　（3）比较性阅读方法。比较法是辩证法中经常运用的分析方法，把比较法运用到阅读中，会形成一种新的阅读方法，即将两种或多种材料对照着阅读。比较性阅读可以激发人们的学习兴趣，扩大知识视野，培养创造性思维。通过比较性阅读，读者可以充分发挥学习的主观能动性，运用自己的聪明才智去鉴别、去欣赏，达到举一反三的目的。比较性阅读还可以帮助人们将新旧知识联系起来，达到更好的学习效果。

　　（4）扩展性阅读方法。扩展性阅读方法是指人们以某篇作品（或某本书）为阅读基础，向有关方面进行扩展的阅读方法。扩展性阅读方法对于拓展人们的知识视野，启发人们的思维，增加人们理解的深度与广度，有着极为重要的作用。

　　（5）评价性阅读方法。评价性阅读方法是指人们带着独立性思维和批判性思想，对文章进行阅读和评价。阅读只有发展到这个阶段，才算真正达到了目的。

　　（6）互动性阅读方法。读者模拟与文章（作者）进行对话，看能否与文章（作者）产生情感的碰撞、心灵的共鸣。

4S阅读技巧

一个灵活、成熟、高效率的读者能通过调节阅读速度来适应阅读的目的和所读材料。我们可以先浏览一下材料全文，然后略读、寻读，最后研读。

（1）浏览。在正式阅读之前，通过浏览，我们可以初步了解材料的内容。浏览将使我们了解阅读材料的组织形式，确定要采用的最佳阅读方式，快速、高效地组织思考过程，以完成阅读目标。

（2）略读。略读是指在没有充足时间、足够兴趣，或根本没有必要仔细阅读某些材料的时候，以很快的速度进行阅读，并略去部分内容，来获取材料要旨和自己所需要内容的阅读方式。对某个课题进行大量略读，通常比细读一两本书要有效得多，能帮助我们在短时间内获得比较多的信息。

如果是四五千字的文章，我们应该以最快的速度读第一段或前两段，以便弄清文章的整体背景，然后快速扫视每段的首尾句或前后几行，因为主题句通常位于段落的首尾处。对于中间的几段可以略去许多句子，最后一段通常是对全文的总结，一定要完整阅读。

略读的速度大致为普通阅读速度的两倍以上，但理解效果较差，因为略读的目的是以最快的速度获取文章的主题。

（3）寻读。寻读主要用于从材料中找出某些信息，而不需要阅读全部材料，如在报纸上寻找电视节目、查找电话号码、翻词典查生词等。寻读的目的是快速、准确地找出自己所需的信息，寻读时应在心中默记提示词，避免无关的词汇、思想的干扰。找到所需的信息后，应仔细进行阅读。为了节省时间，人们在寻读前必须熟知材料的排列顺序。有的材料是按字母进行排序的，像词典、索引之类；有的材料是以时间顺序排列的，如节目表、史料等。

（4）研读。德国科学家普朗克曾说过："读书而不思考，等于吃饭而不消化。"当人们需要对作品做出评价，或者吸收全文的观点、理论时，应进行细致、思辨性的研读。研读材料时，必须细心，有时需要停下来重读或思考、记忆，仔细体会字里行间的言外之意，以便完全理解材料。

国际阅读协会

国际阅读协会（International Reading Association，IRA）是面向全球阅读教育从业人员和各年龄段阅读学习者的非营利性专业组织，始创于1956年。该协会由众多教师、阅读专家、顾问、行政人员、研究员、心理学家、图书管理员、媒体专家、普通读者等组成，会员超过10万人，遍布全球99个国家和地区，有分布于世界各地的1 250个分会，在国际舞台上有很大的影响力。

国际阅读协会的宗旨和目标是借助研究阅读过程及教学方法提升人们的阅读水平，使每个人都拥有阅读的能力，并鼓励终身阅读。正如国际阅读协会首任会长威廉斯所说的，"全世界都知道教育的重要性，而要被教育就一定要拥有阅读的能力"。

国际阅读协会每年定期举办年会，每两年举行一次世界大会，还定期召开区域性年会，为会员及参与者提供交流的机会。国际阅读协会每年出版约 20 种新书及电子读物，还有 5 种专业期刊：*The Reading Teacher*，内容以学龄前及小学教育相关的议题为主；*Journal of Adolescent & Adult Literacy*，以中学、大学及成人教育者为主要读者群；*Reading Research Quarterly*，以阅读理论及研究为主的论文期刊；*Lecturay vida*，西班牙文期刊，在拉丁美洲出版；*Reading Online*，电子期刊，适合各级阅读启蒙教育者；另有一份双月刊会讯 *Reading Today*，专注于报道阅读界的出版品及会议信息等。

第四节　书面沟通技能

写作是一种高级的交流方式，作者通过文字展示自己的观点，表达自己的思想，勾勒和丰富人们心目中的印象和形象。写作之后形成的互动，可以说是一种"高质量的社交方式"。如果写作在工作中不可回避的话，究竟怎样才能写得准确、写得生动、写得有价值、写得有品位、写得通俗易懂？这是人们需要用心琢磨的一件事。

一、书面沟通的语言逻辑

书面沟通的语言逻辑、信息的结构安排远比口头沟通考究。书面沟通的语言逻辑性可以分为以下三个层次。

（1）最高层次。整篇文章的前后逻辑性要强，要融为一体。写作一篇文章时首先要确定所要达到的目标。为达到这个目标，要充分收集各方面具有说服力、与主题紧密相关的材料来佐证或论证自己的观点。论据的逻辑组织也要具有说服力，应采用提出问题、分析问题、解决问题的逻辑思路，统筹设计整篇文章的结构。

（2）中间层次。在整篇文章的展开过程中，每一个论点都要有其系统的逻辑结构。每提出一个论点，就必须对这个论点按照"论点—论据—论证"的结构组织写作。

（3）基础层次。文章中每个完整的句子都要有逻辑性。在一个句子没有表达出完整意思之前，不要轻易断开。一个段落内部不要出现前一个句子和后一个句子意思完全不同或不相关的情况。书面沟通更强调连贯性。

为增强文章的说服力，一种行之有效的办法是在文章中运用演绎、归纳等逻辑推理方式。一篇文章的语言逻辑，直观地反映出了作者的思维方式和写作技巧。

二、书面沟通的写作过程

书面沟通的写作过程可以划分为收集资料、组织观点、提炼材料、起草文稿、修改文稿五个阶段。不管花多少时间，也不管写作的难易程度如何，我们在写作过程中都会经历这五个阶段，只不过不同的作者在不同的写作阶段上花费的时间和精力不同而已，有时也可能会在次序上出现颠倒，但总体的写作过程就是如此，如图 5.5 所示。

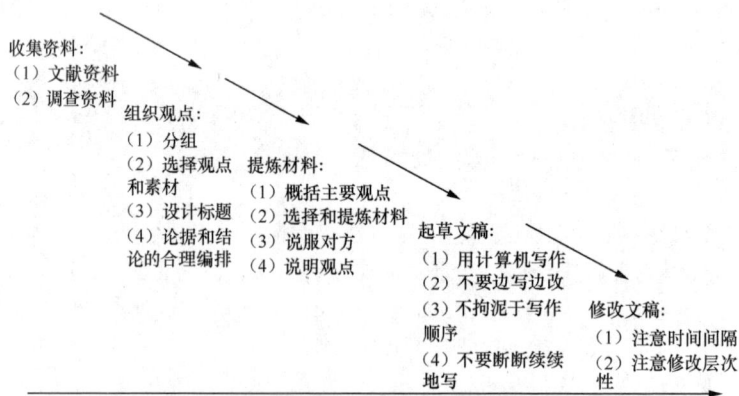

图 5.5　写作过程的五个阶段

1. 收集资料

资料主要分为两大类：一类是文献资料，另一类是调查资料。文献资料是指已有的信件、文章、数据、财务报告、网络下载资料等；调查资料包括与各类人员面谈、电话访谈获得的资料、个人笔记，或采用头脑风暴法得到的信息等。在收集资料时，要训练自己的两个基本功：一是做笔记的基本功，每当有新的想法和灵感出现时，要尽快记录下来；二是带着问题与人沟通的基本功。

2. 组织观点

组织观点是写作过程中最重要也是最困难的阶段之一。如果在起草文稿之前能把观点组织好（也就是平时说的打好腹稿），写作的效率将大大提高。尽管在文稿修改过程中可以修改文稿的观点结构，但如果有一个系统的观点结构，将非常有利于提高写作效率。观点的组织可按以下四个步骤进行。

（1）分组。以问题和原因、时间和步骤、主要观点和次要观点的逻辑顺序将相似的观点和事实进行分组。

（2）选择观点和素材。根据分组的结果，选择写作所需要的观点和素材。

（3）设计标题。结论可以设计为一个简短明了的标题，也可以设计为一个与观点有关，但是更吸引人们注意的标题。

（4）论据和结构的合理编排。对于不同的文章及商务沟通对象，要采用相应的编排次序。如公司的高层领导没有太多时间来阅读上万字的长篇报告，就应该先把结论提出来，放在报告的开头；如果是公司内部具体操作人员阅读的报告，可能他们更关心的是依据、具体操作方式，因此，要把报告的依据放在前面。

3. 提炼材料

在材料的提炼上，首先，要概括文章的主要观点，要善于用一两句话来概括整篇文章的观点，同时分清主要和次要观点；其次，要根据不同的对象选择和提炼材料，如有的人喜欢理论性的材料，有的人喜欢实证性的材料，要根据不同对象的特点来提炼材料，以增强文章的说服力；再次，要以尽可能严密、合理的逻辑推理来表达观点，说服对方；最后，用最精练的词句说明观点，做到简洁、通俗易懂。

4. 起草文稿

在文稿起草过程中，我们要注意以下四个事项。

（1）不断训练自己用计算机直接写作的能力。在计算机上直接写作可以大大提高写作效率，最大的好处在于修改方便。

（2）不要一边写一边改。文章的写作过程是一个创造性过程，在这个过程中连续的思路比语句的润色更为关键。如果边写边改，就会将思路局限于细节性问题上，削弱你的创造力。

（3）不要拘泥于写作顺序。可以从结尾开始写，也可以从中间开始写，总体来说，应该从自己最有把握的地方开始写。

（4）不要断断续续地写，最好能够一气呵成。"打补丁式"的写作风格会使你的思路经常中断，逻辑性下降，写作效率降低。

5. 修改文稿

文稿的修改要注意时间间隔。当文章写完后，最好放一两天，使自己有时间思考新的观点或更好地理清自己的观点。另外，注意修改文稿的层次性，先从整体上修改文稿的观点、逻辑性，然后修改文稿的词句，要避免出现啰唆重复的语句，也要注意文体，最后修改文稿的具体措辞、语法和标点符号。在措辞上，要尽量避免使用"我认为"和"笔者提出"这样的措辞，尽可能采用中性的表达方式。

《写出我心：普通人如何通过写作表达自己》简介

《写出我心：普通人如何通过写作表达自己》是美国作家娜塔莉·戈德堡 1986 年出版的作品。

娜塔莉·戈德堡是作家、诗人、画家、书写教练，她倡导用写作来修行，这使她成为写作名师。她认为写作是一种修行的过程，写作过程也是一个内心的自我建设过程。

这本书并没有教授写作技巧、如何提升写作水平，对修辞、语法、构思的讲解等统统都没有，它最重要的是告诉读者：要开始去写。

常常有人说，我也很想写，但是我不知道写什么、不知道怎么写。很多人还没有开始写就已经放弃了，但还是有很多人坚持下来了，我们说得最多的就是"先完成再追求完美"。

本章小结

本章主要介绍了倾听技能、演讲技能、阅读技能与书面沟通技能等四种商务沟通中最常见的沟通技能。

倾听，就是集中精力，认真听取对方的发言。倾听的重要性主要体现在：①获取重要的信息；②掩盖自身的弱点；③善听才能善言；④激发对方的表达欲；⑤发现说服对方的关键；⑥获得友谊和信任。倾听的障碍的影响因素包括：①环境的封闭性；②氛围；③对应关系；④急于发言；⑤排斥异议；⑥厌倦；⑦消极的身体语言；⑧生理差异；⑨选择倾向；⑩过于专注细节。改善倾听效果的方法包括：①认真对待倾听；②排除分心的事情；③要有良好的精神状态；④搁置判断；⑤明确倾听目的；⑥使用开放性动作；⑦及时用动作和表情进行回应；⑧适时、适度地提问。

演讲是演与讲的结合。演讲是感召大众的一种现实的、技巧性的社会沟通活动。根据演讲者进行商务演讲的主要目的，商务演讲可分为教育性演讲、鼓励性演讲、说服性演讲、报告性演讲和娱乐性演讲等五类。演讲的准备工作：演讲之前，首先要做好心理准备，以适应环境；其次，要分析解决为什么演讲、为谁演讲、演讲什么、何时演讲、何地演讲、怎么演讲等基本问题。演讲的语言包括开场白、主体和结尾三部分。

阅读是人们充分运用眼睛和大脑，从文字中获取信息的一种手段。按照不同的目的，阅读可以分为学习性阅读、工作性阅读、研究性阅读和生活性阅读等四大类。

书面沟通的写作过程可以划分为收集资料、组织观点、提炼材料、起草文稿、修改文稿等五个阶段。

综合练习

一、单项选择题（在每小题的四个备选答案中，选出一个正确的答案，将其序号填在括号内）

1. 一般来说，人们花时间最多的商务沟通方式是（　　）。

A. 阅读　　　　　B. 写作　　　　　C. 演讲　　　　　D. 倾听

2. 下列不是娱乐性演讲特点的是（　　　）。

    A. 具有感召力和鼓动性　　　　　B. 简短运用幽默

    C. 适合听众的口味和场景　　　　D. 感染听众

3. "模拟与文章（作者）进行对话，看能否与文章（作者）产生情感的碰撞、心灵的共鸣"的阅读方法是（　　　）。

    A. 互动性阅读方法　　　　　　　B. 评价性阅读方法

    C. 扩展性阅读方法　　　　　　　D. 比较性阅读方法

4. 阅读着重于出研究成果，包括检索、评论、考证、提炼、创造五个阶段的是（　　　）。

    A. 学习性阅读　　　B. 工作性阅读　　　C. 研究性阅读　　　D. 生活性阅读

二、多项选择题（在每小题的五个备选答案中，选出二至五个正确的答案，将其序号填在括号内）

1. 商务沟通中最常用的技能包括（　　　）。

    A. 倾听技能　　　B. 演讲技能　　　C. 阅读技能

    D. 书面沟通技能　　E. 谈判技能

2. 倾听的重要性体现在（　　　）。

    A. 获取重要信息　　　　　　　　B. 善听才能善言

    C. 倾听能激发对方的表达欲　　　D. 倾听能发现说服对方的关键

    E. 倾听可以获得信任与友谊

3. 演讲的特征包括（　　　）。

    A. 真实　　　　　B. 听众多　　　C. 以口头语言为主、身体语言为辅

    D. 阐述系统性　　E. 受众能反馈信息

4. 演讲的目的可以归纳为（　　　）。

    A. 报告　　　　　B. 教育　　　C. 鼓励

    D. 说服　　　　　E. 娱乐

5. 阅读可分为（　　　）。

    A. 学习性阅读　　B. 工作性阅读　　C. 研究性阅读

    D. 生活性阅读　　E. 娱乐性阅读

6. 书面沟通的写作过程包括（　　　）。

    A. 收集资料　　　B. 组织观点　　C. 提炼材料

    D. 起草文稿　　　E. 修改文稿

三、名词解释题

    倾听　　演讲　　阅读

四、简答题

1. 简述倾听的重要性。

2. 简述倾听的障碍。

3. 简述改善倾听效果的方法。

4. 简述演讲的特征。

5. 简述演讲的目的。

6. 简述阅读的类型。

7. 简述书面沟通的写作过程。

五、综合案例分析

20世纪30年代，罗伯特·盖茨于底特律创办了一家收音机、电视机制造厂，而后这家小厂成为称雄全美国的最大的一家收音机、电视机公司。1965年，它的销售额达到约3亿美元，雇员约有1.5万人，拥有10个加工制造点。在该公司的整个成长过程中，创始人始终保持积极、富有想象力和主动进取的风格。公司在创办初期，每个主管和工人都认识盖茨，而盖茨也能叫出其中大多数人的名字。即使公司壮大到具有相当的规模以后，员工们也觉得他们了解公司的创始人和最高层管理者。这家公司从未有过工会组织，这与员工个人对公司怀有强烈的忠诚感有着密切的关系。

但是，随着公司的发展壮大，盖茨先生担心公司会丧失"小公司"精神。他也担心公司的信息沟通受到阻碍，导致公司员工不能理解他的经营目标和哲学，因对公司其他部门从事的工作不清楚而产生大量无效的重复劳动，其结果是新产品的开发和市场营销活动都会受到损失。同时，他还担心自己失去同员工们的接触和联系。

为了解决信息沟通问题，他聘用了一位信息沟通主管，并且将其他公司正在使用的各种信息沟通手段在本公司加以运用，如在每个办公室和分布在全国的工厂中安装公告栏；创办一份刊载公司新闻和个人新闻的公司报；发给每个员工《公司实况》一书，以提供关于公司的重要信息；定期公布公司的利润分配书；由公司出面主办讲授信息沟通的课程；在公司总部每个月举行一次由100名高层管理人员参加的例会；每年在知名景区举行为期3天的、由1 200名各层次主管参加的例会；为讨论公司事务召开大量特别委员会会议等。

在付出了大量时间、精力和费用以后，盖茨先生感到失望了。他发现公司信息沟通不畅的问题依然存在，而且他的计划从执行结果上看并不十分成功。

（苏勇　等，2021，已改编）

思考讨论题

1. 你认为盖茨先生为什么会失望？他面对的问题是什么？
2. 你认为这家公司在信息沟通方面存在的真正问题是什么？
3. 为改进这家公司的信息沟通，你会提出什么建议？
4. 盖茨先生认为，沟通要解决现在的大公司需要保持"小公司"精神的问题，你认为他的这种想法正确吗？为什么？

📖 进一步学习

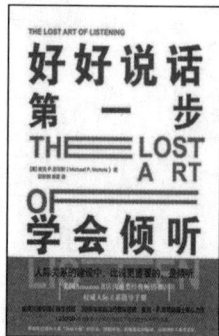

推荐看

《好好说话第一步　学会倾听》

访一访

寻找一个访谈对象（熟悉的人或不熟悉的人均可），采用聊天或者模拟正式访谈的形式，倾听他人的感受。

反思一下

进行一次公开演讲，总结演讲的收获和体会。

第六章　跨文化沟通

【学习要点及目标】

1. 了解文化差异。
2. 掌握跨文化沟通的策略。

3. 了解沟通与谈判胜任力模型。

【核心概念】

文化差异　　跨文化沟通

引导案例

万达集团西班牙项目受阻

综合媒体报道，万达集团2014年以2.65亿欧元的价格收购了位于西班牙马德里广场的西班牙大厦。西班牙大厦共有25层，高117米，总占地面积4 655平方米。万达集团计划将西班牙大厦重建为容纳200间客房的豪华酒店、高级零售空间及大约300间住宅式公寓的综合物业，预计总建筑面积约为83 228平方米。

万达集团承诺重建该项目将重振这个地区，并会产生约3 400个工作岗位。当时执政的西班牙人民党马德里政府为促成该项目，让地方历史遗产委员将西班牙大厦的历史保护级别从一级下调至二级，万达集团的改建工程只要维持建筑主立面和侧立面的原始风貌即可正常实施。然而此后万达集团表示出于安全考虑，要完全拆除大厦，一砖一瓦地重建。

此后，西班牙经历了政府换届选举，原来的执政党下台，新上任的马德里市长要求对上一任政府批准的建筑项目重新进行监管，对前任市长给万达集团的承诺一概不予承认。就在万达集团准备拆除西班牙大厦并重建时，一位马德里市民联合了近7万名马德里当地群众，一起向政府抵制万达集团对西班牙大厦的拆除重建计划。此后该项目的工作陷入停滞。2017年万达将持有的西班牙大厦股权全部出售，项目终止。

案例导学

在这个案例中，当地居民在文化保护方面的观念与很多国家和地区不同。在欧洲，很多城市的建筑都保留了上百年，除了维护，几乎一点都没变样，当地居民不接受古迹被拆除。西班牙法律规定，西班牙大厦的产权可以买卖，但外形不能随意改动。新上任的市长不是对万达集团的投资抱有成见，而是顺从民意。

万达集团在西班牙的项目遭受挫折，带给赴海外投资的企业一些启示：一定要了解当地的法律和文化，学会融合文化，这样投资才能真正取得成功。

第一节 文 化 差 异

十里不同风，百里不同俗，千里不同情。无论是在国内还是去国外，我们和交往对象之间常常会有一定的文化差异。虽说入乡随俗可帮我们在一定程度上规避文化差异带来的问题，但商务工作者还是要擅于分析文化差异，这样才有可能做到随俗而不失己，促进商务活动的成功。

一、跨文化沟通的特点

跨文化沟通（cross-cultural communication）通常是指具有不同文化背景的人之间发生的沟通行为。地域不同、种族不同等都会导致文化差异。一般而言，跨文化沟通有以下一些特点。

1. 文化对接的难度大

文化对接是指沟通者和被沟通者在使用同一个文化符号时能获得一致的信息。只有实现文化对接，沟通双方对同一个文化符号的认知才会相同，从而达到理解和沟通的目的。跨文化沟通是在两种或两种以上的不同文化之间进行的。由于生产方式、生活方式、地理环境、历史传统等不同，各种文化均具有个性和特殊性，其中的精神体系、思维体系、规范体系、组织体系、符号体系、编码体系和解码体系等都有很大的不同，这就造成沟通者在进行跨文化沟通时共享性差、认同性差、对接能力差，因而在沟通中容易遇到种种障碍。

2. 文化距离不同使跨文化沟通的难度不同

文化距离是由文化间的共性与个性决定的。文化间的共性越多，则文化间的距离越小；文化间的个性越突出，则文化间的距离越大。

同一文化中的地域亚文化之间的文化距离较小，它们的跨文化沟通难度较小；同一文化中的群体文化之间的文化距离较小，它们的跨文化沟通难度较小；同一文化中的职业文化之间的文化距离较小，它们的跨文化沟通难度较小；同一文化中的性别文化之间的文化距离较小，它们的跨文化沟通难度较小；同一文化中的年龄文化之间的文化距离较小，它们的跨文化沟通难度较小；同一文化中的组织文化之间的文化距离较小，它们的跨文化沟通的难度较小。

在同一文化中的组织，共性较多，个性较少，它们之间的文化距离小，跨文化沟通的难度也较小。

不同文化间的文化距离不同。有的文化与某种文化间的文化距离可能很大，与其他文化间的文化距离可能相对较小。例如，日本文化与韩国文化间的文化距离较小，与新加坡文化间的距离更小，它们同属儒家文化圈，跨文化沟通的难度就相对小些。而日本文化和美国文化则是文化距离很大的两种文化，前者属于集体主义文化，后者属于个人主义文化，它们之间的跨文化沟通难度很大。美国文化与英国文化间的文化距离较小，与加拿大文化间的距离更小，它们同属个人主义文化，因而跨文化沟通的难度较小。

一般来说，文化距离的大小与跨文化沟通的难度正相关。

3. 习惯与传统的冲突大于理解的冲突

人们自幼生活在自己的文化环境中，受到本土文化的长期熏陶和教化，形成了根深蒂固的价值体系和行为模式。这些价值体系和行为模式在没有外来文化的干扰下会形成习惯，久而久之会形成传统。传统作为一种集体无意识，会蕴藏在每个人的无意识层中，时刻产生作用。习惯和传统是文化的固化和深层积淀，是很难改变的。

在跨文化沟通中，人们不仅要认识对方的文化特征，还要适应对方的文化特征，这是进行沟通和文化对接的要求。但是理性的认识并不妨碍沟通者依然按自身文化的习惯和传统办事，从而造成沟通中的文化矛盾和冲突。

4. 跨文化沟通的成本高于一般沟通的成本

跨文化沟通的成本比一般沟通的成本要高得多。在商业交流中，沟通的目的之一是达成共识，降低交易成本。跨文化沟通是在两种不同的文化之间进行沟通，克服文化差异造成的障碍将会耗费更多的物资、使用更多的手段和方法、花费更多的时间。跨文化沟通需要沟通双方进行更频繁的双向沟通，在沟通中还要花费更多的精力去理解文化差异，处理文化矛盾和冲突。跨文化沟通失败会导致沟通达不到预期的目标，不能取得沟通成果，因此跨文化沟通的成本比一般沟通的成本要高得多。

二、跨文化沟通的意义

在经济全球化的大背景之下，人们有越来越多的机会与有着不同文化背景的人进行沟通，因此跨文化沟通有着重要的现实意义。通过学习跨文化沟通的技巧，人们会对不同文化保持开放的态度，增强对不同文化的包容能力，改善自我主义文化意识和霸权文化意识。另外，人们还可以增强进行跨文化沟通时的适应能力，避免情绪化障碍的出现，以更好地进行跨文化沟通。最重要的是，人们可增强跨文化交往能力，通过顺利进行跨文化沟通为自己的工作开创一个新的局面。在当今社会，跨文化沟通的能力已经成为新型综合能力的重要组成部分。

要理解跨文化沟通，首先必须理解人们一般沟通的情况。尽管跨文化沟通的诸方代表不同的文化，但他们沟通的基本途径和方式，还是与文化背景相似的人们沟通时的途径和方式一致，如口头交谈、书信往来、刊物、书籍、告示牌、广播电视、录音录像、网络交流等。在跨国企业或国际组织中，跨文化沟通也是通过以上方式实现的。另外，我们要注意各国的文化具有多样性的特点，无论是表层的语言、礼仪，中层的建筑、饮食，还是处于核心层的民族价值观、文化思想等，都存在很多的差异。这就决定了我们在进行跨文化沟通的时候，既要考虑不同文化间的共性，又要了解不同文化间的差异，这样才能有效地进行跨文化沟通。

三、跨文化沟通分析

荷兰管理学专家、荷兰文化协作研究所所长吉尔特·霍夫斯泰德用"文化维度"这个概念对跨文化沟通进行了分析，他认为文化维度主要包括以下五个。

吉尔特·霍夫斯泰德（Gerard Hofstede，1928—2020），1928年生于荷兰，是当代著名的心理学家、管理学家。他的学术专著《文化的重要地位》于1984年在美国出版。他是不同文化比较研究的创始人，他的理论在世界范围内得到了广泛应用。

1. 第一维度，个人主义与集体主义

个人主义与集体主义维度是指社会是更多地关注个人的利益还是集体的利益。

个人主义文化的主要特征有：关键单位是"个人"，重视个人自由，对个人空间和隐私有更高的要求，人们之间的沟通倾向于直接、明确和个人化，商业被看作一种竞争性的交易。

集体主义文化的主要特征有：关键的单位是"集体"；个人行动和决策的起点是群体；个人空间和隐私都没有集体重要；人们之间的沟通是直觉式的、复杂的和根据印象进行的；商业是相互关联、相互协作的，人们认为促成结果的是集体而不是个人。

以美国文化和中国文化为例，美国文化具有典型的个人主义色彩，而中国文化具有典型的集体主义色彩。

2. 第二维度，权力距离

权力距离是指权力在社会或组织中不平等分配的程度。具体来说，文化分为高权力距离文化和低权力距离文化。高权力距离文化往往会导致人们之间的沟通受到各种限制，因为高权力距离文化倾向于具有严格的层级权力文化结构，下级往上沟通会严重受阻。相反，在低权力距离文化中，有权力的人和没权力的人之间的距离更小，人们之间的沟通既可以向上进行，也可以向下进行，低权力距离文化的组织更倾向于扁平化和更民主的层级结构。

3. 第三维度，是否回避不确定性

是否回避不确定性是指人们在自己的利益受到不确定的事件和模糊的环境威胁时，是否通过正式的渠道来避免和控制不确定性。

霍夫斯泰德认为，人们抵抗未来的不确定性的手段主要有三种：科技、法律和宗教。人们用科技来抵抗自然界的不确定性，用法律来抵抗来自其他社会成员方面的不确定性，用宗教来化解不可抵抗的死亡产生的不确定性。

霍夫斯泰德的调查表明，不同民族的文化在不确定性状态的回避倾向上有很大的不同。有的民族把生活中的未知、不确定性视为大敌，千方百计地加以避免；有的民族则对此采取坦然接受的态度，"是福不是祸，是祸躲不过"。

鼓励其成员战胜和开创未来的社会文化，被视为强回避不确定性的文化；反之，那些教育其成员接受风险，学会忍耐，接受不同行为的社会文化，被视为弱回避不确定性的文化。

拥有强回避不确定性文化国家的人们往往更忙碌，常常坐立不安，喜怒形于色，积极活泼，其文化对法律、规章的需要是以情感为基础的，这不利于产生一些根本性的革新想法，但可以培养人们精细、守时的特质，因而有利于人们将别人的创意付诸实施，使其在现实生活中生效。

拥有弱回避不确定性文化国家的人们大多更沉静，也更矜持，具体表现为随遇而安、怠惰、喜静不喜动、懒散，对于成文法规，人们在感情上是不接受的。除非绝对必要，社会不会轻易立法。其文化能容忍各种各样的思想和形形色色的主意，因而有利于产生一些根本性

的革新想法，但人们不善于将这些想法付诸实施。

4. 第四维度，刚性与柔性倾向

刚性与柔性倾向是指社会是否对男性特征持欣赏态度，例如是赞赏"攻击性""武断"，还是赞赏其他特征。此倾向还涉及对男性和女性职能的界定。

霍夫斯泰德把以社会性别角色的分工为基础的"男性化"倾向称为男性或男子气概所代表的文化。在具有这种文化特征的社会中，两性的社会性别角色差别明显，男人表现得自信、坚强，注重物质成就，女人表现得谦逊、温柔，关注生活质量。而与此相对应的"女性化"倾向则被称为女性或女性气质所代表的文化。在具有这种文化特征的社会中，两性的社会性别角色互相重叠，男人与女人都表现得谦逊、恭顺、关注生活质量。

刚性与柔性倾向用男性度指数来衡量。这一指数的数值越大，说明该社会的男性化倾向就越明显，男性气质越突出（最典型的代表是日本）；反之，这一指数的数值越小，说明该社会的男性化倾向就越不明显，男性气质弱化，而女性气质突出。

在男性气质突出的国家中，社会竞争意识强烈，衡量成功的标准就是财富和功名，社会鼓励和赞赏"工作狂"，人们崇尚用一决雌雄的方式来解决组织中的冲突。其文化强调公平、竞争、注重工作绩效，人们信奉的是"人生是短暂的，应当快马加鞭，多出成果"，对生活的看法则是"活着是为了工作"。而在女性气质突出的国家中，人们更为看重生活质量，人们一般乐于采取和解的、谈判的方式解决组织中的冲突。其文化强调平等、团结，人们认为人生中最重要的不是物质上的占有，而是心灵上的沟通，信奉的是"人生是短暂的，应当慢慢地、细细地品尝"，对生活的看法则是"工作是为了生活"。

5. 第五维度，长期观与短期观

长期观与短期观是指一个人在生活中的长期观念与短期观念。

在这个维度中，长期观念是儒家观念的集中体现，表现为一种积极的创业精神。创业精神最主要的特征是坚韧、不屈不挠地追求目标，而不管实现目标会有多大困难。短期观念与长期观念不同，它包含另一些儒家观念，如"个人恒常性"，它指人们的行为要守常，不能过于变幻莫测。

现在，西方国家有一些人已开始重视东方国家重节俭、坚韧的精神，也把传统、礼尚往来、面子等作为一种社会风尚。

长期观和短期观侧重于区分对目标的长期投入或短期投入。以美国和日本为例，美国喜欢把经商比喻为"打猎"，日本则把经商比喻为"种植水稻"。从中我们可以看出，美国侧重于短期投入，追求立竿见影的效果；日本则侧重于长期投资，以获得长期发展。

在现实交流中，这五个维度往往不会单独出现，而会交叉混合在一起，这和文化的一体性和交融性有着密切的关系。

小贴士

跨文化沟通研究专家——拉里·萨莫瓦尔

拉里·萨莫瓦尔（Larry Samovar）是美国圣地亚哥州立大学的退休教授，在美国普渡大学获得博士学位，曾受邀到日本进行学术交流。作为一名国际知名的跨文化沟通研究学者，他受美国多所大学之邀发表演讲，并参与多家企业与其他组织的沟通管理咨询工作。他写了14本关于跨文化沟通的书，已经被翻译成多种语言在国外出版。

第二节　宗教文明与国家文明

在造成不同群体文化差异的诸多因素中，宗教信仰当属最重要的因素之一，国家（地域）也是一个较重要的因素。虽然不能将宗教信仰差异、国家差异作为文化差异（或个人差异）的全部来源，但从宗教信仰、国家角度探讨文化差异的精确度相对高一些。

基督教、伊斯兰教和佛教是世界三大宗教。以下尝试从宗教、国家的角度概述不同文化的主要特点，以期对读者开展跨文化沟通与谈判有所帮助。

一、基督教文明

西欧、北美各国人民主要信仰基督教，其文明中也包含希腊文明、罗马文明、犹太教文明。

小贴士

基督教的国家分布

基督教有三大流派，分别是天主教（又称罗马公教、加特力教）、东正教、新教（又称誓反教、抗罗宗，新教有很多流派，在我国统称其为新教）。

天主教占主导的国家主要有意大利、法国、比利时、卢森堡、奥地利、爱尔兰、波兰、捷克、匈牙利、斯洛伐克、立陶宛、克罗地亚、斯洛文尼亚、西班牙、葡萄牙、列支敦士登、摩纳哥、圣马力诺、马耳他、安道尔等国家和尼日利亚等许多非洲国家，以及南美洲的巴西、智利等国家。其中，捷克和匈牙利两国国内的新教势力很大，捷克的新教教徒数占国家总人口的30%左右，匈牙利为25%左右。

新教占主导的国家主要有英国、美国、澳大利亚、新西兰、丹麦、挪威、瑞典、冰岛、芬兰、爱沙尼亚、拉脱维亚等。其中，美国和澳大利亚两国国内的天主教的势力也很大，美国的天主教教徒数占国家总人口的35%左右，澳大利亚为28%左右。新西兰和英国的天主教教徒人数也较多。

天主教和新教势力相当的国家主要有德国、荷兰、瑞士、加拿大等。

东正教占主导的国家主要有俄罗斯、乌克兰、白俄罗斯、罗马尼亚、摩尔多瓦、保加利亚、塞尔维亚、黑山、马其顿、希腊、亚美尼亚、格鲁吉亚等。

文化上的共同渊源使基督教文明国家的社会文化有一些共同点。

（1）追求自我是这些国家社会文化的共同特点，这也是基督教文明与佛教和伊斯兰教文明的主要区别。个人主义强调，每个人都有独立的个性特征，个性的存在应得到承认和强调。个人的自我被看作与其他人、整个世界分离的独立整体，它强调个人的能动性和独立性、行动和利益、责任心和自尊心。这种价值观念也会在商业和国际经济活动中表现出来。在美国和其他西方国家，很少有人在经济上受到某种损失时会自认倒霉，他们总会采取各种措施来弥补这种损失。例如，曾有媒体报道，美国的一名儿童因燃放烟花而炸伤左眼，这名儿童的家属向当地法院上诉，要求烟花厂商赔偿600万美元。最后双方通过律师调解，取得庭外和解，原告撤销上诉，烟花厂商向这名儿童支付了95 000美元的救济金。

（2）每年一个月的休假和星期日休息是西方人不可侵犯的个人权益。每年8月，在巴黎、罗马、伦敦等大城市很难找到当地人，这些城市中的人大多是来自世界各地的旅游者，当地人多半都到乡间或海滨度假了。一个月的休假常常使一些商业谈判因此中断。西方人认为星期日休息是必需的。

由于不同社会组织、组织结构、价值观和政治经济制度之间的差异，基督教文明国家之间也有很大差异。这些差异在商业贸易、跨国公司等开展的国际经济活动中的影响，需要得到人们的重视。

小贴士

读者可通过中国基督教网"教义简介"和中国天主教官网"教会礼仪-教会节期"等栏目了解更多信息。

1. 持重而善于助人的英国人

英国人推崇的五种美德分别是正直、宽容、尊重他人、利他主义、服从和忠诚。由于气候的关系，英国人很少主动过问不相识的路人的事，因此有人误认为英国人冷漠无情。其实英国人既持重又满怀恻隐之心。他们的持重表现在商业上为坚守信约。在国际交往中，大部分英国人的一个突出弱点是只会讲英语。把英语当成母语的人总要受到这样的束缚，他们设想世界上的其他人都会讲英语或想学会英语，因为许多国家都把英语作为第一外语。

2. 有责任感的德国人

德国人推崇的五种美德分别为正直、有责任感、独立、宽容并尊重他人和举止文雅。欧洲人普遍认为有责任感是一种美德，德国人尤其突出强调这一点。除此之外，德国人对独立比较重视。受这种观念的影响，德国人在国际经济活动中表现出的特点是严格、讲求效率。

小贴士

中央电视台2015年纪录片《与全世界做生意·第7集 未来的利润》中14分13秒—23分59秒讲述了江西婺源茶叶出口欧洲的故事，其中涉及对德国代理商的评价，读者可从纪录片中体会德国人的风格是否符合正文所述。思考一下，如果我们的谈判对手是德国人，我们应该注意哪些问题。

在经商上，德国人非常珍惜商权。例如，日本一家厂商与德国某公司谈妥了分销事宜，日方对德方说："假如业绩好，也可以让你做总代理。"德方则认为，不做人才和资本的先行投资，则无法使业绩突出，而做了这种投资后，与日本的交易一旦停止，就等于无偿投资，因此德方坚持在得到总代理权后才开始工作。

德国人非常擅长商务谈判，即使对于自己急需购买的具有独特价值的产品，德国人也表现得非常冷静，不让对方看出这一点。一旦他们决定购买，就会想尽办法使对方让步，如降低价格、严限交货日期、严格约定索赔条款。对一些稍有风险的生意，德国人则表现得格外谨慎。

3. 灵活多变的意大利人

意大利人推崇的五种美德分别是正直、举止文雅、有责任感、忠诚、宽容和尊重他人。从这一点上看，意大利人仿佛与欧洲其他各国人的价值观无大的区别，但从其他方面却可以看出差异。

意大利人既主张宽容、尊重他人，又不强调利他主义；既赞赏有责任感，又不注重专心工作；相比于欧洲其他各国人，他们突出地强调忠诚，但不坚持克制自己。巴尔吉尔在其所著的《难以对付的欧洲人》一书中这样写道："那些在意大利逗留的外国人感到意大利人表里不一，意大利人说话的含义和字典上所说的并不是一成不变的，他们没有较稳定的法规。但在时机成熟时，他们表现得异常诚实、准时、忠诚、廉洁、果敢、真实⋯⋯"

意大利人有一句格言："信任固然好，不信则更佳。"

这种不一致性也体现在语言上，标准意大利语是在公开场合或写文章时才用的，而方言的使用频率更高。意大利的南方与北方也存在着很明显的不一致，高度工业化的北方，其商业行为接近于欧洲的标准水平，而农业人口更多的南方仍是一个内向型社会。

南方的意大利人很重视家庭，对他们来说家庭是个人的避难所，是应对敌对环境的堡垒，是救生艇、保险公司、职业介绍所。为了替某个亲戚还债和不让他破产，意大利人会倾囊相助，这一点和美国人有明显不同，和东方传统家庭观念却有某种相似性。

在同事、朋友面前，意大利人一般闭口不谈自己的生意。

4. 幽默而又诚恳的法国人

法国人推崇的五种美德分别是正直、宽容、尊重他人、礼貌、有责任感和忠诚。他们虽然没有更多地强调举止文雅的重要性，但更注重礼貌。他们认为专心工作和忠诚同等重要，是仅次于有责任感的美德。

正如许多评论家所提到的，法国人一直以法国曾是欧洲的文化中心而骄傲。卢浮宫、凡尔赛宫、埃菲尔铁塔都是法国的标志。至今在国际交往中，会讲英语的法国人也坚持用法语谈话。这是那些法语讲得蹩脚的外国人在与法国人沟通交往时必须克服的第一道障碍。

法国人喜欢宏伟壮观，这意味着光荣、胜利、有力量和受到普遍承认对法国人来说是一种荣耀。在生活中，法国人是幽默的，在谈生意时也是如此。他们常常一边谈生意，一边加入文学、戏剧、音乐、绘画方面的内容。这样既能使谈判妙趣横生，使谈判的双方不致过分紧张，又能加强个人之间的亲密关系。在法国，个人之间的关系往往比公司之间的关系更重要。

正如他们重礼貌而轻文雅——礼貌侧重于表现对他人的尊重，文雅则侧重于表现自己的修养——法国人在与他人交往时也很诚恳。正如戴高乐敢于组织公开普选总统，并在选举失败时勇于引退，法国商人做事绝不勉强。他们不喜欢含糊其词，做错了事就会勇于承认，也会勇于改正。

5. 谨慎而正统的荷兰人

许多与欧洲人打过多年交道的外国人都会得出这样的结论，荷兰人是欧洲人中最"正统"的。这一点从荷兰人推崇的五种美德中可以看出来——他们的选择与大多数欧洲人的选择相吻合。除此之外，他们比较注重克制自己。

由于地理位置的原因，荷兰人的注意力总是离不开国际贸易和金融，与大海进行无情的斗争成就了荷兰人的性格和独创精神，也使他们具有沉着、勤俭、诚挚、富有条理、精明细致和自力更生的品质。荷兰人较早地接受了自由贸易、市场经济、个人制造权、法治和自由等观念。

荷兰人一般都会讲几种外语，如德语、法语、英语，因此在与荷兰人的交往中你不必担心不会讲荷兰语。荷兰人善于赚钱，善于理财，善于进行贸易谈判，也善于建立国际商务关系，具有很强的竞争力。欧洲最大的几家公司都与荷兰有密切的关系，如飞利浦、壳牌和联合利华。荷兰人是欧洲共同体（欧盟前身）成员国中最赞成欧洲一体化的国家之一。

6. 沉默冷静的斯堪的纳维亚人

严格来说，挪威、瑞典、丹麦、芬兰和冰岛这些北欧国家在文化和社会制度方面与西欧和北美国家有很大的差异，仿佛有全然不同的文化。但由于它们同属基督教文明，并在某种程度上更严格地遵守基督教的道德规范，所以这些国家也被列入基督教文明国家的范畴。

在欧洲价值体系研究小组的问卷调查中，北欧各国中只有丹麦参与了，其推崇的五种美德依次为正直、有责任感、独立、宽容、尊重他人和礼貌。此外，丹麦人也注重利他主义。北欧人在初次交往时常常显得沉默寡言，不易激动，讲起话来慢条斯理。但随着交往的深入，人们会发现，他们富有哲理性，思想丰富，并且几乎每个人都能讲几种语言，但他们不喜欢在贸易谈判中讨价还价。

斯堪的纳维亚人喜欢桑拿浴，就像西班牙人、希腊人喜欢午睡一样，这已经成了他们生活中一部分。

小贴士

欧　盟

欧洲联盟（European Union，EU），简称欧盟，总部设在比利时首都布鲁塞尔（Brussel），是由欧洲共同体发展而来的，其创始成员国有 6 个，分别为法国、德国、意大利、荷兰、比利时和卢森堡。2020 年初英国"脱欧"后，欧盟还有 27 个成员国，正式官方语言有 24 种。1991 年 12 月，欧洲共同体马斯特里赫特首脑会议通过了《欧洲联盟条约》，通称《马斯特里赫特条约》（简称《马约》）。1993 年 11 月 1 日，《马约》正式生效，欧盟正式诞生。

7. 热情外露的美国人

美国不同于欧洲任何一个国家，是一个独具一格的国家。美国人性格外露，热情奔放，注重实际的物质利益。

美国人喜欢新事物，认为新的总比旧的好。哪怕是同样质量、同样规格的产品，只是换了新的包装、新的颜色，对美国人也会产生更大的吸引力。

美国人在贸易谈判中精于讨价还价，充满自信，在业务上兢兢业业。美国人在国际交往中的一个最大弱点是很少有人会讲英语以外的其他语言。

小贴士

《与全世界做生意·第 1 集 去远方》中 12 分 51 秒—17 分 50 秒讲述的是李昌宪与美国人保罗的合作故事，建议观看该片段并仔细体会纪录片中美国人的风格是否符合正文所述。

二、伊斯兰教文明

我国有多个民族信仰伊斯兰教，东南亚、非洲、欧洲的穆斯林也很多，穆斯林最集中的国家当属中东各国。鉴于此，以下主要以中东各国为例简要介绍伊斯兰教文明。

在居民主要信仰伊斯兰教的国家中，伊朗 90%以上的居民都是伊斯兰教什叶派信徒，但伊朗不属于阿拉伯世界。阿拉伯世界中的各国之间讲阿拉伯语，但各国内部普遍流行自己的方言。

尽管伊斯兰教有多种派别，伊斯兰教文明国家的语言也不相同，但它们之间仍存在着很强的凝聚力，存在很多共同点，那就是阿拉伯语和伊斯兰教。共同信仰能使当地人民在精神上保持某种统一性。

受这种共同的宗教信仰的影响，伊斯兰教文明国家在文化上表现出以下一些特点。

1. 互助精神

在中东各国，人们普遍认为，"向朋友借钱是丢脸的，但是有钱的人施舍穷人是应该的"。一些设在中东各国的外国公司经常遇到这样的事情：穿着整洁的当地人来到公司要求施舍。这些外国商人常常不理解这些本地人为什么会找上门来要求施舍。其实在伊斯兰教内部，这是正常的事。富人施舍穷人体现了教义中的互助精神。了解这一点的外国公司，可以给穷人一些施舍，尊重他们的要求，从而与当地人建立良好的关系。当然外国公司要注意区别求舍与勒索行为，如遇到大额的求舍，需要谨慎行事。

2. 等级观念

在中东各国中，等级观念仍存在，等级观念的明显表现是不同等级的人不通婚。在有些国家和地区，不同等级的人甚至不能同桌吃饭。曾有媒体报道，一位日本商人有一次受客户邀请参加宴会，他在征得主人同意后，把一个曾在美国留学的当地密友带去赴约。按主人的安排，宾主落座后，这位日本商人又征得主人的同意，请带他赴约的司机一同用餐。司机刚一落座，那位当地密友就起身走了，因为他们是不同等级的人，不能同席用餐。

3. 大家庭

中东人都很看重对家庭成员和朋友所承担的义务，互相之间经常提供帮助、支持和救济。家庭关系在社会生活中占统治地位，或至少起着支撑作用。

4. 宗教的至尊地位

多数西方人信仰基督教，阿拉伯人主要信仰伊斯兰教。这看起来只是信仰的区别，但实际上宗教在不同国家有不同的地位。

文艺复兴之后，大多数西方国家政教逐渐分离，但少数中东国家仍实行政教合一的体制，或者宗教在社会生活中影响巨大。这就使得宗教在中东少数国家中用政策、法律的形式固定并沿袭下来，取得了至尊的地位。

礼拜、斋戒和朝圣是伊斯兰教神圣不可侵犯的宗教仪式。穆斯林每日都要做 5 次礼拜，日出前后各一次，中午一次，日落前后各一次。对于虔诚的信徒来说，礼拜的时间一到，无论正在做什么事，都要停下来开始礼拜。

斋戒也是穆斯林的一项重要活动。伊斯兰教历九月，人们在日出至日落的时间内不喝水、不吃东西，日落之后才能进食。

在伊斯兰教中，麦加朝圣表现出了信徒之间的团结和友情。人们对参加过朝圣的人非常敬重。朝圣季节在斋期后两个月，即伊斯兰教历的第十二个月。

> **小贴士**
>
> 读者可通过中国伊斯兰教协会中文官网"友好交往－世界伊斯兰教概况"栏目了解更多信息。

例 6.1

20世纪70年代，在中国与科威特的贸易活动中，曾发生过这样一起贸易纠纷事件。中国某公司向科威特出口了北京冻鸭200箱，合同规定要用伊斯兰教的方式宰鸭。中方出口公司在实际操作中没有注意此点，为保证鸭外体完整洁白、无毛而采用了现代方法进行处理。结果这批货物运到科威特后检验时，发现不符合合同的约定。最终科威特检验当局通知买方拒收这批货物，并责令该进口商出具保证书，把这批货物或就地销毁或退回原出口国。结果以原货退回中国了结此案，此次交易失败，中方出口公司承担了运费等损失。

【解析】这个贸易失败的案例是跨文化沟通的不成功所引发的，穆斯林对宗教信仰非常虔诚，所以与穆斯林进行商务往来时一定要尊重其宗教信仰。

三、佛教文明

佛教起源于古印度（今尼泊尔境内），主要分布于东亚和东南亚地区。

佛教按语系可分为北传佛教、南传佛教、藏传佛教三大体系。北传佛教即汉传佛教，指自北印度经亚细亚传入中国、朝鲜、日本的大乘佛教，以中国为中心；南传佛教是指盛行于斯里兰卡、缅甸、泰国、柬埔寨、老挝及我国云南省傣族聚居地区等的小乘佛教，以斯里兰卡为中心；藏传佛教是在我国西藏、青海、内蒙古，以及现在距离西藏较近地区等处流行的一种大乘佛教。亚洲各国在文化的各方面也有很大的差异。佛教、印度教、神道教、道教在有些国家独立存在，在另一些国家则交融并处。这些宗教有些是有神论，有些是无神论。在过去的一两个世纪中，亚洲有些国家不同程度地沦为殖民地、半殖民地或托管地，这使得亚洲各国在文化上表现出许多复杂之处。

小贴士

读者可通过中国佛教协会官网了解更多信息。

《与全世界做生意·第6集 看不见的博弈》中 13 分 41 秒－24 分 34 秒讲述的是北京青青树动漫科技有限公司到访日本动漫界的故事，建议读者观看该片段并仔细体会纪录片中日本人的风格是否符合正文所述。

日本是受到佛教影响较大的国家，但同时又有其文化的独特特点。日本员工对企业、小企业对其所属的大企业及企业对同业协会的依附与忠诚，同业协会对企业、大企业对小企业及企业对员工的保护，至今仍是维系日本社会的主要纽带。整个日本社会就像一个大的"株式会社"，企业对员工的终身雇用现象也体现着这种依属与保护的关系。

日本人讲话比较婉转，不轻易下结论。公司的一项决定要经过上上下下反复磋商才能做出，政府的一项政策也要经内阁及各省上下反复磋商几次才能制定。日本人认为这样做出的抉择是经过上上下下一致同意的，所以执行起来就比较容易实现步调一致。

日本人特别注重礼节。对日本人来说，礼节不仅仅是礼貌。在传统社会中，礼节表现出了每一个人在社会上的等级地位和尊卑秩序。当人们与自己所处等级的成员相互交往时，他们的行为方式表现出了对同等级成员地位的相互承认。当人们同其他等级的成员交往时，礼节可以使人们相互承认对方在对方等级中的地位。一个家庭的成员相互之间的行为举止有一定的规矩，不同家庭成员之间的交往也要遵循一套礼节。礼节可以促进人们之间的交往，不论是在家庭里、公司里、政府里或其他场合的交往中，礼节都可以维护已确立的尊卑秩序。

小贴士

"金砖五国"指印度、巴西、俄罗斯、南非和我国，我国和其他金砖国家的经济交往越来越密切，相较于欧美发达国家，多数读者对其并不熟悉，受篇幅所限本书未介绍。

推荐读者观看 2012 年中央电视台九集纪录片《金砖之国》，体会、总结、讨论与这四个国家进行商务谈判时应注意的事项。建议读者自行查询金砖国家成员有何变化。

日本人不喜欢同不尊重他们的人做生意。在业务交往中，个人关系对日本人来说非常重要。他们总是给"老朋友"留有特殊的地位。同时，日本人特别注意颜色和数字。

文化是复杂的，各民族、各国家的文化都不是单一的，也不是刻板不变的。具体到每个人，每个人又有各自的个性特点，在进行跨文化沟通或谈判时要特别注意这一点。

前面分析文化差异时，指出了各种文化的不同特点。这种刻板印象是社会化的结果，是同一群体中的个人经历相似的社会化过程，自然会形成类似的刻板印象。这种共有的刻板印象对同一群体来说有团结、巩固团体的功能，使同一群体易于沟通，易于形成共同的意见。

但刻板印象也是群体之间发生冲突和难以沟通的原因，例如前面提到的意大利人灵活多变，德国人有责任感，英国人善于助人，荷兰人谨慎等特征。这些刻板印象是对这些群体主体文化特征的反映，可以帮助我们认识这些群体。但如果我们只限于这些已有的印象，用预期的心理处事，放弃沟通的机会，往往会出问题。

例 6.2

在日法贸易中，一位法国白兰地酒出口商在日本参加了一次广告大赛活动。他为其产品设计了一个宣传标志，为表明其产品具有高贵、优质、历史悠久的特点，他拍摄了一张沾满灰尘的酒瓶的照片，以表明其产品年代久远和质量优良。这位法国出口商在广告面世之前，向有关专家征求意见，最后了解到在日本人看来，沾满灰尘的酒瓶被视为不洁之物。于是这位法国出口商重新以雪白的木制酒桶为背景拍摄了干净的酒瓶，在大赛活动开始前，更改了宣传标志，为自己的产品在日本树立了良好的形象，为以后的日法贸易活动开创了良好的开端。

【解析】这是一个跨文化沟通的成功案例。针对不同国家的文化习俗，我们要及时从不同的文化中寻求共识，认识自己，改变自己，尊重对方，提升跨文化沟通能力。

小贴士

跨文化沟通组织

为了搞好国际经济活动中的跨文化沟通，许多官方和私人的跨文化训练机构纷纷成立，如可口可乐公司、IBM、美国花旗银行、雀巢公司、海湾石油公司、商业联盟保险公司等大型国际商业组织都设有跨文化沟通训练机构。

第三节 跨文化沟通的障碍和策略

一、跨文化沟通的障碍

综合来说，人们经常遇到的跨文化沟通障碍有以下几种。

（1）自我文化中心主义。这种跨文化沟通障碍形成的原因在于，在与他人进行沟通时，习惯性地以自我的文化观念、价值观念、道德体系为标准来看待他人。这种障碍通常会造成：漠不关心距离，例如，对对方的要求（如特殊的节假日不工作）不加理睬；回避距离，例如，因不了解对方的文化礼仪而回避与对方的交流；蔑视距离，例如，因不了解对方的宗教信仰而对对方的行为进行无理干预与批评。

（2）文化霸权主义。在进行跨文化沟通时，沟通双方的地位往往不是平等的。处于优势的一方往往容易把自己的一套文化准则强加在弱势一方的身上，并强行要求对方遵循自己的文化准则。处于劣势的一方往往在沟通中会有文化自卑感，在沟通时消极地应对强势一方的无理要求。在这种情况下，处于劣势的一方也会有强烈的反叛意识，在沟通中会阻挠沟通的进程或者破坏双方建立的关系。

（3）语言冒犯。跨文化沟通中，语言是首要的工具。不同的语言代表着不同的文化背景。同一句话，在不同的场合，甚至采用不同的语调，含义可能相差甚远（这点在汉语中表现得尤为突出）。在专业的翻译人员眼中，准确翻译对方的言语是一件相当困难的事，更不用说在沟通中我们往往不是专业的翻译。

（4）非语言行为冒犯。非语言行为在沟通中的重要性丝毫不逊于语言。非语言行为的表达方式十分丰富，如肢体语言（如眼神、手势、站姿）、服饰（如有些服饰只允许特定身份的人或者在特定时间、场合穿着）等。

例 6.3

在中国，竖起大拇指往往表示夸奖。在世界上的很多其他国家，包括欧美国家，人们在表达强烈赞赏对方或为对方叫好时，也会竖起大拇指，以表示赞美之意。然而，在伊朗竖起大拇指却被视为一种挑衅行为。

【解析】"入国问禁、入乡随俗"是涉外交往的重要原则。在跨文化沟通中多观察、多了解他国文化，及时做出沟通调整是非常关键的。

（5）核心文化的冲突。在跨文化冲突中，核心文化的冲突最不容易被发现，但往往是破坏力最强的。典型的核心文化是宗教信仰，在宗教信仰者的眼中，宗教是神圣不可侵犯的。进行跨文化沟通时，侵犯对方的宗教信仰所产生的冲突是最不容易化解的。

（6）情绪化障碍。在跨文化沟通中，如果沟通双方事先没有进行过系统性跨文化沟通训练，就很容易在沟通中因不了解对方的价值观和社会规范，而感到强烈的不适应，从而产生情绪化障碍。产生情绪化障碍的人往往会对沟通产生抵触情绪，这在很大程度上会阻碍沟通的顺利进行。

二、跨文化沟通的策略

跨文化沟通主要采用以下几个具体策略。

1. 培养跨文化意识

跨文化意识就是导入要进行跨文化沟通的对象的文化要素，了解文化差异的意识。在有了该意识的基础上，沟通者要主动学习对方的语言、文化，练习听说能力，以便更好地与对方进行沟通。有了语言基础后，人们可以有针对性地比较对方的文化与自己母文化间的差异，提高对文化差异的认识水平。

2. 辨析文化差异

中外众多学者对跨文化沟通进行多年研究后达成了一个共识——文化差异是导致跨文化沟通障碍的根本原因。例如，美国倡导个人主义，东方国家则提倡集体主义，这两种导向的文化在决策过程中会起到截然不同的作用。"知己知彼，百战不殆"，提前了解不同文化的主要内容和特征，有助于减少沟通过程中的不确定性，也可以避免跨文化沟通障碍，消除沟通者的焦虑感。如果提前准备好相应的跨文化沟通策略，还有助于加快沟通的进程。沟通者投入一定的精力辨析文化差异，还有利于尽快认识到双方文化的特质和存在的隔阂，可以将文化差异转化为沟通动力。特别是在弱势文化和优势文化的沟通过程中，有针对性地采用相应的沟通策略和技巧，可使沟通活动顺利完成。

~~~ 例 6.4 ~~~

福耀集团在美国建厂

2014年，福耀集团第一家美国工厂落户代顿市。福耀玻璃是世界上最大的汽车玻璃供应商之一，也是美国多家汽车巨头的供货商。到美国设厂和把美国流失的制造业带回美国，并不能使福耀集团在美国一帆风顺。文化的冲突以及各种矛盾在建厂过程中层出不穷，质疑工厂原料、员工权益保障、卫生环境是否达标、公司是否遵从美式监督和标准来经营……几乎使得这个能给当地带来经济效益和就业机会的中国公司陷入僵局。

美国工人无法理解中国工人为什么能忍受长时间的机械化劳作，不顾风险和劳累。中国工人无法理解美国工人为什么不开心，为什么失业人员有了新工作、有了收入，还有人跟着工会闹事，为什么每天工作八小时，有午餐时间和工休时间依然不满意。福耀集团坚持以随俗而不失己的原则解决了一个又一个问题。

解决好文化融合问题，取得跨文化沟通的经验后，福耀集团在海外的发展走上了快车道。截至2023年上半年，其官方网站显示，福耀集团已在中国16个省市以及美国、俄罗斯、德国、日本、韩国等11个国家和地区建立起现代化生产基地和商务机构，并在中、美、德设立了6个设计中心。

【解析】企业文化对于一家企业的成长来说，看起来不是最直接的影响因素，却是最持久的决定性因素之一。福耀集团在美国设厂和之前设立销售部门的难度不同，面临着巨大的文化差异挑战。应该说，福耀集团较好地解决了文化融合的问题，BBC纪录片《美国工厂》中有不少有价值的信息，有兴趣的读者可自行查找观看。

3. 正确对待文化差异

正确对待文化差异包含两个认知层次。第一个层次是正确地意识到并承认文化差异的存在，第二个层次是正确地对待文化差异，积极地学习、适应、包容它。我们在这一过程中要注意保持不卑不亢的态度，既不能有文化霸权意识，又不应该有文化自卑意识。文化是否先进与国家或者地区的强弱并没有必然的联系。

4. 熟练掌握跨文化沟通技巧

在语言沟通中，要注意口语交流和书面沟通的不同。在与对方进行语言沟通的时候，要有足够的停顿时间，以使对方和自己进行语言转换。此外，还应注意在沟通时不能先假设对方已经理解了自己的意图，而应该先假设对方没有理解自己的意图，通过不断地检查来估计对方对你的表达的理解。在进行跨文化沟通的时候，还应该留意对方的肢体语言。沟通者可以通过观察对方的手势、面部表情等肢体语言来了解其意图。另外，沟通者要熟练地运用肢体语言。一方面，运用肢体语言能更好地表达意图，消除语言沟通不充分产生的障碍；另一方面，应避免运用有歧义的肢体语言，以免造成误会。

5. 遵循"文化交流、文化适应、文化融合"三阶段式跨文化沟通路径模式[①]

文化交流是指在正确认识和辨析跨文化沟通双方文化差异的基础上，通过各种途径向对方敞开心扉，展示己方文化的特征和主要思想、态度，同时客观、公正、深层次地了解和认识对方文化的主要内容以及其与己方文化的主要差异所在，达到开放自己、了解对方，增进彼此之间的了解与信任，避免不必要的冲突和矛盾的目的。在此阶段，沟通双方必须尊重对方。文化交流的方法或手段主要有人际交流、组织交流和媒体传播等。此阶段的作用可归纳为"开放自己，了解对方"。

文化适应是指经过第一阶段的文化交流之后，跨文化沟通双方在进一步认知文化差异的基础上，以包容的心态，尽可能允许和接受与己方不一致的思想和行为选择，互相谅解，互相学习，跨越各种沟通障碍，促进沟通双方在信息知识和技术方面的合作与交流，促进组织内部的团结与凝聚。此阶段的作用可概括为"接纳对方，促进合作"。

最后一个阶段是文化融合。经过前两个阶段的准备，沟通双方之间逐渐消除了隔阂，在相互理解的基础上，相互认同，都认识到对方文化的优势及己方文化的不足与短板，以相似点、共同点为突破口，求大同，存小异，及时发现隐藏的文化问题，共同探讨，提出合理的解决方案，适度创新，有所扬弃，将沟通双方共同认定的核心文化内容集中化、核心化，形成共同认可与遵守的文化理念与价值观体系，从根本上消除跨文化沟通障碍。此阶段的作用可归纳为"文化扬弃，消除障碍"。

"文化交流、文化适应、文化融合"三阶段式跨文化沟通路径模式如图 6.1 所示。

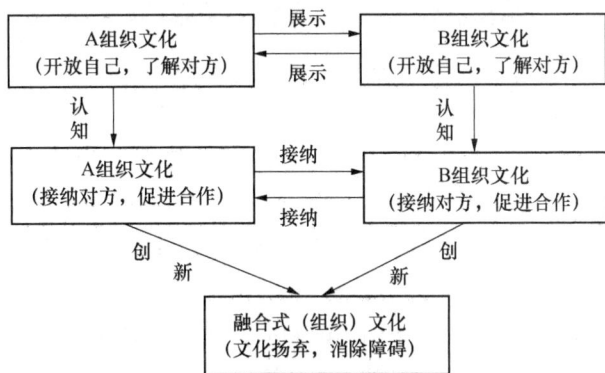

图 6.1　跨文化沟通路径模式

第四节　沟通与谈判胜任力模型

如何评判本课程的学习效果是一大难题，用考试成绩、模拟谈判比赛成绩作为评判标准不够全面。在没有找到更好的办法之前，学生（教师）可参考沟通与谈判胜任力模型建立自己的评判

---

① 该模式由长安大学经济与管理学院夏明学老师在《跨文化沟通中文化融合机制构建研究》一文中提出。

标准，以在后续商务谈判的学习、实践中全面、持续地评估自己（学生）的学习效果。

小贴士

胜任力

学术界对胜任力的定义还有争议，而且其含义还在不断丰富，但胜任力的三个特征受到多数学者的认可：一是它与工作绩效密切相关，是区分优秀者和平庸者的重要特征；二是它是知识、技能、动机、特质、价值观等素质的集合，通过它可以有效预测个体的行为和结果；三是它具有动态性，受工作任务、工作情景等因素的影响。

在谈判事务中，谈判胜任力是指能够达成高绩效谈判的能力。

胜任力模型

一般而言，胜任力模型是培训或者工作时，达成高绩效所需要的一组能力的集合。

胜任力模型中包含的能力要和组织的目标、战略高度匹配，当然它不仅仅是一组能力的集合，它还是一种工具，组织领导者可用它系统地、动态地评估成员的技能。

联合国未来胜任力模型

联合国未来胜任力模型包括三项核心价值观、八项核心胜任力和六项管理胜任力，共计 99 项阐述各项价值观或胜任力的行为指标。

三项核心价值观，针对员工：正直、有专业精神并尊重多样性。

八项核心胜任力，针对员工：交流、团队合作、计划组织、担负责任、考虑客户、不断创造、持续学习和更新技术。

六条管理胜任力，针对管理者：富有远见、领导力、赋权、绩效管理、建立信任和决策能力。

国际组织普遍把跨文化沟通与谈判能力作为其职员的核心能力之一。《联合国未来胜任力报告》（*United Nations Competencies for the Future*）中核心能力的第一项就是沟通能力，因为联合国系统内的工作人员来自世界各地，他们都有自己的文化背景、宗教信仰和风俗习惯，所以《联合国未来胜任力报告》中所指的沟通能力就是跨文化沟通能力。除了具备娴熟的语言技能外，联合国还要求员工都能在口头表达和书面表达中做到清晰、准确；能根据听众的不同选用不同的语言、语气、话语风格和形式；在沟通时能倾听他人想法，能通过提问去澄清并正确阐释别人表达的信息，能做出适当的回应；愿意与他人分享信息。联合国粮食及农业组织（FAO）所有职员都要参加谈判培训课程，并且职员需要具备内部有效沟通和外部谈判合作共赢的能力。

《联合国未来胜任力报告》认为沟通与谈判胜任力模型包括语言与情绪、沟通与谈判智商、建立信任与联系、道德与智慧（见图 6.2）等四大要素，这四大要素可帮助我们全面、持续地评估谈判者的表现，以培养学生和管理者成为更好的谈判者。

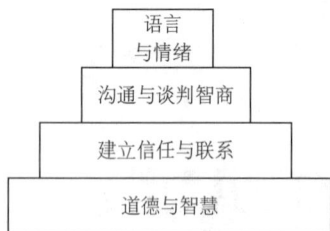

图 6.2 跨文化沟通与谈判胜任力模型

一、语言与情绪

语言与情绪是指沟通与谈判者表现出来的语言模式与情绪，我们可以通过观察对其进行评估。首先，语言模式是指沟通与谈判者构建的有关利益、目标、身份和关系的语言逻辑。沟通与谈判者可以通过语言与情绪极大地（或积极或消极）影响同事及对手的情绪，从而影响沟通与谈判的进程及结果。在语言与情绪范畴内的三种重要能力分别是表达的质量、积极倾听与提问、管理情绪。

（1）表达的质量。这个能力主要通过两个方面来判断：一是沟通与谈判者表达的清晰度和逻辑性——他们能否以清晰、有说服力和合乎逻辑的方式进行表达；二是沟通与谈判者是否有良好的语言风格，即在很紧张的情况下，沟通与谈判者和其他人沟通时也应该以积极（或至少中立）、合理的方式表达，而不以可能阻碍双方达成协议的威胁性方式表达。

（2）积极倾听与提问。倾听与提问是帮助沟通与谈判者了解对方利益和收集相关信息的重要技能。这一能力强调沟通与谈判者在对方以任何形式分享信息时，都能耐心、专注、积极地倾听，从而深入理解对方传达的信息；在有疑问时，能通过合适的提问来获取补充信息，避免混淆并探索其他选择。"合适的提问"既包括提问内容上的合适、形式上的合适（如直接提问和间接问题、开放提问和封闭提问等），还包括提问之后等待答复时的耐心和沉默。

（3）管理情绪。管理情绪是支持沟通与谈判者表现的潜在能力之一。沟通与谈判者应站在对方的角度理解其兴趣、情感需求和行为，并迅速调整自己的情绪，以平和的心态和对方探讨解决问题的合作方式，从而取得更好的沟通与谈判结果。

二、沟通与谈判智商

智力通常被定义为"学习、理解或处理或尝试新情况的能力"。沟通与谈判智商是指既能识别自己的沟通与谈判特征，又能识别对方的态度，并能在相应环境下有效地应用最优方法和技术的能力。

主要的沟通与谈判思路可分为价值主张和价值创造两大类：价值主张通常被认为是分配性和竞争性的，与谈判者立场有关；价值创造是综合性和合作性的，包括信息共享、共情和寻求互惠的机会。沟通与谈判智商较高者能灵活运用各种沟通与谈判技巧，在保证己方利益的前提下，在谈判中积极运用各种价值创造类技巧，提高合作的价值，寻求双赢的结果。

三、建立信任与联系

建立信任与联系，是一种行动、一种技能、一种态度和一种心态。信任与联系可以从双方第一次见面和握手开始建立，并可以通过其他能力进一步塑造。

沟通与谈判双方关系的强弱和信任的程度，极大地影响着谈判的实质性结果。在跨文化沟通与谈判中，建立信任与联系更为困难，一个好的沟通与谈判者必须能够理解由不同文化驱动的不同行为规范，以宽容和尊重的态度处理文化差异，选择合适的策略和对方建立信任与联系。

四、道德与智慧

作为沟通与谈判者行为模式中的最后一个类别和最根深蒂固的能力，道德与智慧揭示了沟通与谈判者的道德和价值观。沟通与谈判中的伦理是一个被广泛研究的问题，主要集中在欺骗、性别认知、权力动态和社会意识等方面。尽管一些学者认为欺骗或歪曲信息应该被认为是一种可接受的沟通与谈判策略，但因它可能破坏沟通与谈判结果，更多学者相信沟通与谈判者通过欺骗或歪曲信息得到某些利益时，会在道德和实质性层面上付出更大的代价。不道德的沟通与谈判行为会损害共同利益，破坏长期关系的建立，而同理心可以增加沟通与谈判双方的共同利益和促进双方间的长期关系。

沟通与谈判者的道德与智慧这一要素有两个核心：沟通与谈判者是否以道德的方式管理信息；沟通与谈判者是否能考虑对方的利益和感受。

沟通与谈判胜任力模型中，四种要素的顺序以其在沟通与谈判中观察这些技巧和态度的难易程度为准。语言与情绪是沟通与谈判行为中最容易被观察到的部分，它直接影响沟通与谈判者的风格和个性。沟通与谈判智商，即沟通与谈判者使用的具体技巧和战术，相对而言难观察一些。建立信任与联系、道德与智慧则更难观察，因为沟通与谈判者的动机和价值观通常隐藏在他们不同的语言模式和技能背后。这四个要素是不同且互补的，共同构成沟通与谈判胜任力模型。

📖 本章小结

本章介绍了跨文化沟通的基本问题，主要内容包括文化差异和跨文化沟通的策略等。

跨文化沟通通常是指具有不同文化背景的人之间发生的沟通行为。跨文化沟通有如下特点：文化对接的难度大，文化距离不同使跨文化沟通的难度不同，习惯与传统的冲突大于理解的冲突，跨文化沟通的成本高于一般沟通的成本。

文化主要有以下五个维度：第一维度，个人主义与集体主义；第二维度，权力距离；第三维度，是否回避不确定性；第四维度，刚性与柔性倾向；第五维度，长期观与短期观。

在造成不同群体文化差异的诸多因素中，宗教信仰当属最重要的因素之一，国家（地域）也是一个较重要的因素。

跨文化沟通的障碍主要有自我文化中心主义、文化霸权主义、语言冒犯、非语言行为冒犯、核心文化的冲突及情绪化障碍。

跨文化沟通策略有：培养跨文化意识，辨析文化差异，正确对待文化差异，熟练掌握跨文化沟通的技巧，遵循"文化交流、文化适应、文化融合"三阶段式跨文化沟通路径模式。

胜任力模型是一种工具，组织领导者可用它系统地、动态地评估成员的技能。沟通与谈判胜任力模型包括语言与情绪、沟通与谈判智商、建立信任与联系、道德与智慧等四大要素。

📖 综合练习

一、单项选择题（在每小题的四个备选答案中，选出一个正确的答案，将其序号填在括号内）

1. 权力距离是荷兰管理学专家霍夫斯泰德用文化维度对跨文化进行分析的（　　）。
   A. 第一维度　　　　B. 第二维度　　　　C. 第三维度　　　　D. 第四维度
2. 按照科技社会与文化差异的大小排列，文化差异最大的是（　　）。
   A. 西方人与亚洲人　　　　　　　　　B. 意大利人与沙特阿拉伯人
   C. 美国人与希腊人　　　　　　　　　D. 美国人与德国人
3. 下列对跨文化沟通的描述中，不正确的是（　　）。
   A. 文化距离不同　　　　　　　　　　B. 文化对接的难度大

C. 沟通成本低　　　　　　　　　　D. 习惯与传统的冲突大于理解的冲突

4. "在与人沟通时，习惯性地以自我的文化观念、价值观、道德体系为标准来看待他人的行为"是（　　）。

A. 自我文化中心主义　　　　　　　B. 文化霸权主义

C. 语言冒犯与非语言的冒犯　　　　D. 核心文化的冲突

5. 以下不属于三阶段式跨文化沟通路径模式的是（　　）。

A. 文化交流　　　B. 文化适应　　　C. 文化障碍　　　D. 文化融合

二、多项选择题（在每小题的五个备选答案中，选出二至五个正确的答案，将其序号填在括号内，多选、少选、错选均不得分）

1. 跨文化沟通的特点包括（　　）。

A. 文化对接的难度大　　　　　　　B. 文化距离不同

C. 习惯与传统的冲突大于理解的冲突　D. 沟通的成本高于一般沟通的成本

E. 不同国家的沟通

2. 跨文化沟通分析维度包括（　　）。

A. 个人主义与集体主义　　　　　　B. 权力距离

C. 是否回避不确定性　　　　　　　D. 刚性与柔性倾向

E. 长期观与短期观

3. 跨文化沟通障碍主要有（　　）。

A. 自我文化中心主义　　　　　　　B. 文化霸权主义

C. 语言冒犯与非语言的冒犯　　　　D. 核心文化的冲突

E. 情绪化障碍

4. 跨文化沟通的策略有（　　）。

A. 培养跨文化意识　　　　　　　　B. 辨析文化差异

C. 正确对待文化差异　　　　　　　D. 熟练掌握沟通的技巧

E. 遵循"文化交流、文化适应、文化融合"三阶段式跨文化沟通路径模式

5. 沟通与谈判胜任力模型包括（　　）等四大要素。

A. 语言与智慧　　　B. 道德与礼仪　　　C. 建立信任与联系

D. 情绪与礼仪　　　E. 沟通与谈判智商

三、名词解释题

跨文化沟通　沟通与谈判胜任力模型

四、简答题

1. 简述跨文化沟通的特点。

2. 简述跨文化沟通的五个维度。

3. 简述不同国家的文化差异。

4. 简述跨文化沟通的障碍。

5. 简述跨文化沟通的策略。

6. 简述三阶段式跨文化沟通路径模式的内容。

五、综合案例分析

某跨国公司的一名美籍人力资源副总裁与一位被认为具有发展潜力的中方员工进行交

谈，他很想听听这位员工对自己今后五年的职业发展规划以及期望达到的位置。中方员工只是谈论起公司未来的发展方向、公司的晋升体系，以及目前他本人在组织中的位置等，说了半天都没有正面回答副总裁的问题。副总裁有些疑惑不解，没等他说完就已经不耐烦了。同样的事情之前已经发生了好几次。

谈话结束后，副总裁忍不住向人力资源总监抱怨："我不过想知道这位员工对于自己未来五年的职业发展规划，他想要在公司达到什么样的位置而已，可为什么就不能得到明确的回答呢？"

"这位副总裁怎么这样咄咄逼人？"谈话中感受到压力的中方员工也向人力资源总监诉苦。

思考讨论题

1. 该案例中双方（美籍副总裁与中方员工）的沟通存在什么障碍？
2. 用霍夫斯泰德的文化维度概念对该案例进行分析。
3. 提出加强案例中美籍副总裁与中方员工双方沟通的策略。

进一步学习

推荐看

《文明的冲突与世界秩序的重建（修订版）》

访一访

访谈一名外国人（如条件不许可，可换为来自和自己家乡文化差异最大的其他地区的人），感受语言与文化的差异。

反思一下

如果曾经和外国人交往过，回忆自己与他们的交往经历；如果没有，听同学介绍相关经历，从中总结跨文化沟通的障碍。

下　篇

谈　判　篇

Communication and Negotiation

第七章　商务谈判概述

【学习要点及目标】

1. 理解商务谈判的特征和分类。
2. 掌握商务谈判的基本原则。
3. 熟悉突破型谈判和自我谈判的主要理论。

【核心概念】

商务谈判　　　"一揽子"谈判　　　突破型谈判　　　自我谈判

引导案例

　　假设你在一家中型公司任职，该公司专门制造和销售石化产品。你是负责生产塑料制品的经理，你向主管生产的副总裁汇报工作，他再向总裁汇报。

　　去年，为配合一种新型塑料制品的生产，公司成立了一个产品项目小组。该小组成员包括你以及工程、研发、销售部门的代表，工程部门代表被指定担任项目小组组长。新产品研发完成后，小组将讨论生产新产品的新工厂建设计划。

　　今天上午，产品项目小组召开了会议，由你介绍新工厂的建设计划。建设计划的内容包括材料、设备、项目等的投资费用以及建设进度时间表。你在建设计划里提出要使用一种新的加工设备，这种新设备将比现用的设备节约相当多的生产成本，但如果使用新设备进行生产，新产品的生产要比使用现在的设备推迟12个月。

　　在小组会上，销售部门代表对你的计划提出强烈反对，指出新工厂的建设重点应放在尽快销售新产品上。你指出采用新设备带来的长期利润远高于提前销售新产品获得的短期利润。讨论越来越激烈，你们都坚持自己的观点。工程部门代表认可你的观点，决定按照你的计划执行。研发部门代表赞同销售部门代表的意见。会议陷入僵局，无法做出决策。

　　会议过后你感到非常困惑、不安，你认识到你和销售部门代表的观点不单单代表个人的观点，而是代表了制造部门和销售部门各自的观点。你认识到这是两个部门之间的一个严肃问题，你一定要尽快做出决定来保证该计划的成功。你可以从下列几种做法中进行选择。

　　（1）你可以坚持反对销售部门代表的计划，尽可能做好长期节省制造成本的计划。

　　（2）你可以召集销售部门代表开会，强调计划的积极方面，指出新的设备能使公司的产品成为市场上最具竞争力的产品。

（3）你可以写信给总裁，辞去你在小组中的职位。

（4）你可以告诉销售部门代表，如果他赞同你的观点，你将于最近在小组内推荐并全力支持他的新销售计划。

（5）你可以到副总裁那里，请求他支持你的观点。

（6）你可以在下星期召开的小组会议上与销售部门代表讨论，解决你们之间的分歧，并做出一个抉择性的解决方案。

（7）你可以要求副总裁指派一个人以负责人的身份参加小组会议，并作为争议的裁决人。

（8）你可以写一封邮件给销售部门代表（并抄送给全体组员、副总裁和总裁），表示由于他对计划的反对阻碍了具有潜在利润的计划的实施。

（9）你可以请求副总裁出席下一次小组会议，目的在于强调应继续提高公司的利润。

（10）你可以立即到销售部门代表的办公室，再次表明你的观点是正确的。

问题讨论

（1）按照你的理解，将上述可供选择的10种方法从优到次重新进行排序。

（2）写出你这样排序的依据。

案例导学

商务谈判的目标是达成共识。商务谈判的过程就是不断地用沟通手段逐步缩小差异，从而达成共识的过程。按照现代冲突理论的观点，社会生活中个体与个体、群体与群体、个体与群体之间都存在着各种各样的利益冲突。解决冲突的手段从总体上可以分为暴力（武力）手段和商务谈判手段，而以现代文明以及暴力手段所取得结果的巩固都要求使用商务谈判手段来化解双方之间的利益分歧。因此，商务谈判是化解双方冲突的有效手段。

第一节　商务谈判的特征、构成要素和分类

一、商务谈判的特征和构成要素

商务谈判是关于商业事务的谈判，具体是指两个或两个以上从事商务活动的组织或个人，为了满足自身经济利益的需要，就涉及各方切身利益的分歧进行沟通，谋求取得一致和达成协议的经济交往活动（以下以双边谈判为例进行说明）。商务谈判也可理解为在商务活动中双方或多方为实现各自的目标，在多次沟通基础上朝共识方向努力的说服活动。

商务谈判是在商品经济条件下产生和发展起来的，它已经成为现代社会生活必不可少的组成部分。几乎可以说，没有商务谈判，经济活动便无法顺利进行。小到生活中的购物还价，大到组织之间的合作、国家与国家之间的贸易和经济技术交流，都离不开商务谈判。

（一）商务谈判的特征

1. 商务谈判总是以谈判双方某种利益需要的满足为目标，建立在人们实际需要的基础之上

需要的满足是人们进行商务谈判的动机，也是商务谈判产生的原因。曾任美国谈判协会会长的杰勒德·尼伦伯格指出：当人们想交换意见、改变关系或寻求同意时，就会开始商务谈判。这里，交换意见、改变关系、寻求同意都是想满足自己的某种利益需要。这些利益需

要的内容非常广泛，有物质上的、精神上的、组织的（单位的）、个人的，都要借助于商务谈判的方式来实现。而且，需要越强烈，进行商务谈判的要求就越迫切。商务谈判的这一特征要求商务谈判者在商务谈判过程中必须明确自己争取的实质利益是什么，要满足自己怎样的需要，不要在无谓的问题上争执，也不要抱住所谓的原则，忽视自己真实的需要。同时，商务谈判双方都要分析对方合理、真实的利益需要——对于对方的合理要求予以恰当让步，满足对方的合理需要；对于对方不合理的利益需要，要能够辨识。

小贴士

现代谈判学之父——杰勒德·尼伦伯格

杰勒德·尼伦伯格（Gerard Nirenberg，1923—2012），美国的律师、作家和杰出的谈判专家。1966 年，尼伦伯格创立了美国谈判协会，其代表作《谈判的艺术》于 1968 年出版。该书一经出版，就轰动了全世界，被译为 30 多种语言，发行量超过 2 000 万册。

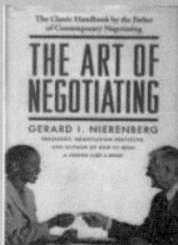

《谈判的艺术》一书被誉为"史上最畅销的谈判书"。

在该书中，作者通过一系列丰富翔实的案例揭示了适合现今社会状况的诸多有效的谈判策略和技巧，帮助读者分析谈判对手的动机、想法，使用谈判双方都能接受的沟通语言，不断增加自己的筹码，一步步取得谈判的成功。

尼伦伯格曾任美国前总统比尔·克林顿的首席谈判顾问，被《福布斯》杂志誉为"谈判训练之父"，被《华尔街日报》评为"全球八大智者"之一。

尼伦伯格共出版了 20 多本关于谈判及相关主题的畅销书，包括《哈佛谈判学》《高超的谈判者》《谈判的基本原则》等。

2. 商务谈判是一个沟通的过程

商务谈判双方在利益上既有联系又有分歧。利益的联系使谈判双方坐到了一起，从而产生了合作的关系；利益的分歧则使谈判双方积极地进行讨价还价，甚至可能产生激烈的冲突。谈判双方寻找利益的交集和对矛盾冲突的化解，都需要借助沟通这个手段来实现。

3. 商务谈判的实质是一种说服活动

商务谈判既是一个信息交换与信息共享的过程，又是一个说服与被说服的过程。商务谈判的核心任务就是努力说服对方理解、接受和允许己方所提出的观点、所维护的基本利益，以及所采取的行为方式。商务谈判的说服过程不是一个简单的己方提出方案让对方接受的过程，而是强调商务谈判的一方应该掌握谈判的主动权，对谈判方案进行构思和安排。其中，谈判方案的来源也包括谈判双方共同讨论的成果。总之，这个说服的过程是一个让谈判双方都接受共赢方案的过程。

（二）商务谈判的构成要素

商务谈判的构成要素是指构成商务谈判活动的必要因素，它从静态结构角度揭示商务谈判的内在基础。商务谈判的构成要素有商务谈判当事人、商务谈判标的、商务谈判议题和商务谈判环境，如图 7.1 所示。

1. 商务谈判当事人

商务谈判当事人是指参与商务谈判的所有人员，他们是商务谈判的主体。另外，有些商务谈判是一种代理或委托活动，代理人充当卖方（或买方）的发言人，在买卖双方中起中介作用。在这种情况下，代理人也成为商务谈判当事人。在正式的和规模较大的商务谈判中，买卖双方参与商务谈判的人员根据各自承担的任务，可分为两类：一类是在商务谈判桌上直接与对方进行面对面商务谈判的人员，称为商务谈判的台前人员；另一类是不直接与对方进行商务谈判，为己方商务谈判人员出谋划策、准备资料的人员，称为商务谈判的台后人员。在商务谈判活动中，商务谈判当事人是主要因素，起着至关重要的作用。商务谈判活动的成效在很大程度上取决于商务谈判当事人的主观能动性和创造性。商务谈判当事人可以是一个人，也可以是一个组织。

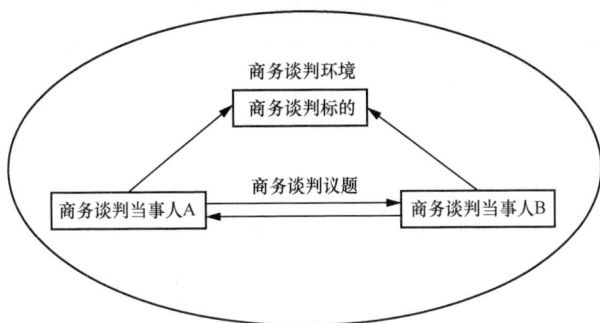

图 7.1　商务谈判的构成要素

2．商务谈判标的

商务谈判标的是指商务谈判双方的权利和义务共同指向的客观事物，是权利与义务的基础。商务谈判的标的可以是商品、劳务、资金或技术。商务谈判标的不同，所涉及的问题内容及合同的条款也就不同，因而商务谈判双方要对谈判的重点与策略及时做出相应的调整。

3．商务谈判议题

商务谈判议题是指商务谈判双方共同关心并希望解决的问题，表现在商务谈判协议中为需要和应该明确的各项条款。比如在商品买卖交易中，谈判双方就商品规格、质量、价格、交货方式、交货地点、交货时间、支付方式等进行协商的各项条款，都是商务谈判议题。

4．商务谈判环境

商务谈判环境是指影响商务谈判活动的各种因素，如外部的国家政策、法律、文化，内部的管理水平、技术水平等。经验丰富的商务谈判者在接受一项商务谈判任务时，会收集商务谈判对手的资料及相关的各种环境资料。商务谈判环境分析是商务谈判准备阶段的核心工作，为了便于读者掌握商务谈判环境分析技能，本书为读者提供了商务谈判环境分析模板，参见附录。

二、商务谈判的分类

商务谈判按照不同的标准可以划分为不同的类型。商务谈判类型的划分见表 7.1，以下对主要商务谈判类型的特点分别进行介绍。

表 7.1　商务谈判类型的划分

分类标准	类　型
按方向划分	纵向商务谈判、横向商务谈判
按范围划分	国际商务谈判、国内商务谈判
按地点划分	主场商务谈判、客场商务谈判、中立地商务谈判
按透明度划分	公开商务谈判、秘密商务谈判
按参与人数划分	单人商务谈判、小组商务谈判
按性质划分	正式商务谈判、非正式商务谈判
按双方接触的方式划分	直接商务谈判、间接商务谈判
按双方所持的态度划分	让步型商务谈判、立场型商务谈判、原则型商务谈判
按内容划分	商品贸易商务谈判、投资项目商务谈判、技术贸易商务谈判、劳务贸易商务谈判、索赔商务谈判

（一）按方向划分

商务谈判按方向可以划分为纵向商务谈判和横向商务谈判。

1. 纵向商务谈判

纵向商务谈判是指谈判双方在确定商务谈判议题后，对谈判问题和合同条款逐一讨论、解决，一直到商务谈判结束。例如，在一场商品交易商务谈判中，双方明确价格、质量、运输、保险、索赔等主要谈判内容后，开始就价格进行磋商。如果价格确定不下来，双方就不谈其他问题。只有价格谈妥之后，双方才依次讨论其他问题。这种商务谈判有以下优点。

（1）程序明确，把复杂的问题简单化。

（2）每次只谈一个问题，讨论详尽，解决彻底。

（3）避免了由于多头牵制而出现议而不决的问题。

（4）适用于链条式复合问题的商务谈判。所谓链条式复合问题，是指从复合问题中分解出来的若干小问题并不处在同一层次上，而是像链条一样一环扣一环，逐层展开。因此，解决这种问题适合使用纵向商务谈判方式。商务谈判双方把要谈的若干议题，按它们之间的内在逻辑整理成一个系列，依顺序进行商务谈判。

纵向商务谈判也存在一些不足，主要有议程过于死板，不利于双方沟通和交流；讨论问题时不能相互通融，当对某一问题的讨论陷入僵局后，不利于其他问题的解决；不能充分发挥商务谈判人员的想象力、创造力，不能灵活地、变通地处理商务谈判问题。

2. 横向商务谈判

横向商务谈判是指在确定商务谈判所涉及的主要问题后，谈判双方开始逐个讨论预先确定的问题，如果在某一问题上出现矛盾或分歧，就把这一问题暂时放在一边，先讨论其他问题，直到所有问题都谈妥为止。例如，在资金借贷商务谈判中，商务谈判的内容会涉及货币种类、金额、利息率、贷款期限、担保、还款方式以及宽限期等问题。如果谈判双方在贷款期限上不能达成一致意见，就可以先把这一问题放在一边，继续讨论担保、还款方式等问题。当其他问题解决之后，再回过头来讨论这个问题。

这种商务谈判类型的核心是灵活、变通，只要有利于谈判问题的解决，经过双方协商同意，具体讨论的问题可以随时调整。在具体商务谈判中，谈判人员可以把与商务谈判有关的问题一起提出来，一起研究讨论，使谈判的问题相互之间有一个协商让步的余地。这非常有利于谈判问题的解决。例如，贷款期限不能确定，可将利息率、还款方式及宽限期一起讨论两三遍，第一遍只对列出的问题提出大致的意见与要求，互相摸摸底，交换一下初步的看法，第二遍再逐步协商所讨论的问题。

相对于纵向商务谈判而言，横向商务谈判有以下四个优点。

（1）议程灵活，方法多样，不过分拘泥于议程所确定的商务谈判内容，只要有利于谈判双方的沟通与交流，可以采取各种不同的形式和方法。

（2）多项议题同时讨论，有利于寻找变通的解决方法。

（3）有利于发挥商务谈判人员的创造力、想象力，便于其运用商务谈判策略和技巧。

（4）横向商务谈判适用于并列式复合问题的洽谈。所谓复合问题，是指那些自身还能分解出若干小问题的问题。而并列式复合问题是指复合问题中包含的若干小问题各自独立存在，相互之间没有隶属关系。正是因为它们是相互并列的，所以可以分别进行讨论。

横向商务谈判也有以下不足之处：容易加剧双方的讨价还价，使商务谈判复杂化；容易使商务谈判双方纠缠在枝节问题上，而忽略了谈判的主要问题。

总之，商务谈判不是横向商务谈判，就是纵向商务谈判。至于具体采用哪一种谈判方式，主要根据商务谈判的规模来确定。一般来讲，大型商务谈判、两方以上人员参加的商务谈判大都采用横向商务谈判；规模较小、业务简单，特别是双方已有合作历史的商务谈判，则可采用纵向商务谈判。

小贴士

"一揽子"谈判

在国际谈判中，面对一系列利害关系错综复杂的问题，参与谈判的双方有时会采用"一揽子"同时达成协议的做法。为此，谈判双方为达成最后协议往往会提出自己的方案，通常称为"一揽子"方案。这意味着谈判双方要么同时解决所有问题，要么一个问题也不会解决，不允许双方选择性地接受方案的部分内容而拒绝接受其他内容。"一揽子"方案的出现，是由于谈判双方认为面临的多个问题如果逐一解决，则难以形成双方都能接受的方案，谈判会陷入僵局，只有"一揽子"解决所有问题，才能使谈判双方都感到有予有取，为双方所接受。这是外交斗争中彼此间妥协的一种方式。

（二）按范围划分

商务谈判按范围可以划分为国际商务谈判和国内商务谈判。

国际商务谈判是指不同国家（地区）的利益主体，为了达成某笔交易，就交易的各项条件进行协商的商务谈判。此类商务谈判中的利益主体通常是某国（地区）政府、经济组织或公民。

国内商务谈判是指某个国家（地区）内各种经济组织及个人之间进行的商务谈判。鉴于自贸区越来越多，有时以关境为准区分国内商务谈判和国际商务谈判，而不以国境为准。

国际商务谈判和国内商务谈判的明显区别在于，国际商务谈判既具有一般商务谈判的特点，又具有国际经济活动的特殊性，具体表现在以下几个方面。

（1）政治性强。国际商务谈判既是一种商务交易谈判，又是一项国际交往活动，具有较强的政治性。由于国际商务谈判各方的商务关系是两个或者两个以上国家（地区）之间整体经济关系的一部分，常常涉及国家（地区）之间的政治关系和外交关系，因此在国际商务谈判中，各国（地区）的政府常常会干预和影响商务谈判。因此，国际商务谈判必须贯彻执行国家（地区）的有关方针政策和外交政策，同时，还应注意国别政策，以及执行对外经济贸易的一系列法律和规章制度。

（2）以国际商法为准则。国际商务谈判的结果会导致资产的跨国转移，必然会涉及国际贸易、国际结算、国际保险、国际运输等一系列问题，因此，在国际商务谈判中要以国际商法为准则，并以国际惯例为基础。所以，国际商务谈判人员不仅要熟悉各种国际惯例、对方所在国（地区）的法律条款，还要熟悉国际经济组织的各种规定和国际法。这些是一般国内商务谈判不会涉及的，谈判人员要特别重视。

（3）要坚持平等互利的原则。我国是社会主义发展中国家，平等互利是我国对外政策中的一项重要原则。所谓平等互利，是指国家（地区）不分大小，不论贫富强弱，在相互交往中应当一律平等。在国际贸易中，应根据贸易双方的需要和要求，以公平合理的价格，互通有无，使贸易双方都有利可得，以促进贸易双方的经济发展。在进行国际商务谈判时，不论国家（地区）贫富、大小，只要对方有诚意，就要一视同仁，既不可强人所难，又不能接受对方无理的要求。应对某些外商利用垄断地位抬价和压价时，必须不卑不亢，据理力争。对某些发展中国家或经济落后地区，我们也不能以势压人，仗势欺人，应该体现平等互利的原则。

（4）商务谈判的难度大。国际商务谈判的谈判者有着不同的社会文化和经济、政治背景，人们的价值观、思维方式、行为方式、语言及风俗习惯各不相同，从而使影响商务谈判的因素更加多样、复杂，使商务谈判的难度增加。在实际商务谈判过程中，对手的情况多种多样，作风各异：有热情洋溢者，也有沉默寡言者；有果敢决断者，也有多疑多虑者；有善意合作者，也有故意寻衅者；有谦谦君子，也有傲慢自大、盛气凌人的自命不凡者。凡此种种，都反映了不同商务谈判者有不同的价值观和不同的思维方式。因此，商务谈判者必须有广博的知识和高超的商务谈判技巧，不仅能在谈判桌上因人而异地对谈判策略和技巧运用自如，而且要在商务谈判前做好有关谈判资料的准备、信息的收集等工作。

（三）按地点划分

商务谈判按地点可以划分为主场商务谈判、客场商务谈判和中立地商务谈判。

1. 主场商务谈判

主场商务谈判是指某一商务谈判方以东道主的身份在自己所在地进行的商务谈判。主场商务谈判在商务谈判中比较受欢迎，尤其在关键的、复杂的国际交易商务谈判中更受欢迎。这是由主场商务谈判的优势所决定的。一般来说，主场商务谈判具有以下两方面的优势。

（1）易于树立心理优势。由于是在东道主所在地进行商务谈判，特别是在国际商务谈判中，无论是商务谈判日程的安排、各种资料的准备、新问题的请示，还是商务谈判班子的调整，对于主场商务谈判方而言都比较方便，从而很容易树立心理优势，在谈判过程中底气十足，心中有数。

（2）可以以礼迎客。由于一方为主，一方为客，故东道主便要对谈判的客方承担邀请、迎送、接待、组织洽谈等义务。如果东道主在上述活动中能够注意礼节，给客方创造良好的商务谈判环境，那么无疑会给客方留下良好印象，使其在商务谈判中以一定的让步作为回报。尤其是在商务谈判间隙，若东道主专门为客方安排游览观光和领导人接见等活动，更能给客方以礼相待的感觉，非常有利于交易的达成。因此，礼节在商务谈判中对主场商务谈判方来讲是促使谈判成功的一种非常有效的手段。它不但可以促使客方商务谈判人员积极思考主场商务谈判方的各种要求，还能加强主场商务谈判人员使用的谈判策略和技巧的效果。但是要注意，千万不要把这种压力变成"要挟"，这样不仅无助于商务谈判成功，有时还会导致商务谈判破裂。

当然，主场商务谈判对主场商务谈判方来说也有劣势，如接待客户要支付较高的商务谈判费用，容易被对方了解虚实、攻破防线等。

2. 客场商务谈判

客场商务谈判是与主场商务谈判相对而言的，是指商务谈判人员到对方所在地进行有关交易的商务谈判。客场商务谈判中，为客一方有可能进一步了解为主一方的虚实，但由于身处异地，特别是在国际商务谈判中，会形成一些客观上的劣势，诸如商务谈判期限、商务谈判授权、信息交流以及可能的语言障碍等。所以，客场商务谈判是一种难度较大的商务谈判。尽管如此，客场商务谈判是不可避免的。在客场进行商务谈判，谈判人员要注意把握以下两点原则。

（1）审时度势，反应灵活。在客场商务谈判中，为了取得商务谈判的成功，谈判人员不但要恪守己方的总部署，而且要审时度势，反应灵活。常见的审时度势方法有分析市场和主场谈判方人员的职务、心理变化等。反应灵活则表现在商务谈判态度的灵活转换上，即有谈判成功希望的，则坚持原立场，无谈判成功希望的，则要速战速决；若对方有签约诚意，则应灵活调整可提供的优越条件，若对方无意成交，则不必随便降低己方已经提出的条件。

（2）采取客随主便的方式。由于谈判中客场一方身处异地，与主场一方彼此生疏，双方之间往往会形成一道认识的屏障，所以在客场商务谈判初始阶段，客方应采用"客随主便"的策略，以观察对方的虚实。与此同时，客方要积极进行调查研究，以免因贸然行事而陷入被动。随着商务谈判的逐步展开，客方对环境及对方情况均逐步加深了解，可使商务谈判向以己方为主的方向过渡。

3. 中立地商务谈判

中立地商务谈判也叫第三地商务谈判，是指在商务谈判双方所在地以外的其他地点进行的商务谈判。在中立地进行商务谈判，对商务谈判双方来说没有宾主之分，这样也就避免了其中一方处于客场的不利地位，为谈判双方平等地进行商务谈判创造了条件。当然，中立地商务谈判也有不足之处，主要是不利于谈判双方实地考察、了解对方的虚实等。

（四）按透明度划分

商务谈判按透明度可以划分为公开商务谈判和秘密商务谈判。

公开商务谈判是指商务谈判的议题、地点、时间、参与谈判人员及过程都向外界公开的商务谈判。秘密商务谈判是指商务谈判的议题、地点、时间、参与谈判人员及过程均不向外界公开的商务谈判。

事实上，公开商务谈判与秘密商务谈判是相对而言的。公开商务谈判不是没有秘密的商务谈判，也不是商务谈判双方均不保留各自秘密的商务谈判。在时机适当、条件成熟时，秘密商务谈判的有关情况通常也会部分或全部公开。如20世纪70年代，李嘉诚先生与包玉刚先生就曾经为互相转让九龙仓股票和汇丰银行股票举行了秘密磋商。结果，李嘉诚先生获利5 000多万港元，包玉刚先生则登上了九龙仓董事局主席的宝座，并创建了华资公司，以少胜多战胜了英资公司，这成为轰动一时的头条新闻。

再者，公开商务谈判和秘密商务谈判也可能在针对同一问题的商务谈判过程中交叉出现。商务谈判双方有可能在前期通过秘密商务谈判解决某些关键问题，之后转为公开商务谈判，达成某些公开的协议。商务谈判双方也可能借助秘密商务谈判解决公开商务谈判中所碰到的某些棘手问题。

（五）按参与人数划分

商务谈判按参与人数可以划分为单人商务谈判和小组商务谈判。

1. 单人商务谈判

单人商务谈判也称一对一商务谈判，是指商务谈判双方只派一名代表出席的商务谈判。

单人商务谈判的优势如下：①谈判规模小，所以在商务谈判工作的准备及地点、时间安排上，都可以灵活变通；②商务谈判方式可以灵活选择，气氛也比较轻松和谐；③谈判人员可全权代表己方参与商务谈判，从而避免出现小组商务谈判中双方谈判成员之间配合不力的状况；④既有利于商务谈判双方沟通，又有利于信息保密。

但是，单人商务谈判也有一定的缺陷，主要表现为以下几点：①参与谈判的人员要同时单独应对各方面的问题，尤其是在一些复杂的商务谈判中，参与谈判的人员可能会力不从心；②参与商务谈判的人员要单独做出决策，面临的压力较大；③无法使用小组商务谈判的某些策略。

因此，许多商务谈判专家认为，单人商务谈判既可能是最简单的，也可能是最困难的商务谈判。

2. 小组商务谈判

小组商务谈判是指商务谈判双方派出两名或两名以上代表参加的商务谈判。

小组商务谈判与单人商务谈判相比具有以下几点优势：①可以集思广益，寻找更多、更好的对策方案；②可以运用各种商务谈判战略、战术，发挥团队优势；③小组成员分工负责，取长补短；④可以分散商务谈判对手的注意力，使其不将矛头全部对准一个人，从而大大减轻个人的谈判压力。

但是小组商务谈判也有其不足之处，表现在组队本身就有一定的难度，而且商务谈判过程中小组成员彼此间的协调也很困难。

（六）按性质划分

商务谈判按性质可以划分为正式商务谈判和非正式商务谈判。

正式商务谈判是指在比较严肃的气氛下，谈判双方就贸易、资本、技术等商务活动的相关问题进行实质性的磋商、洽谈，谈判双方经磋商达成一致意见所签订的协议受法律约束的商务谈判。

非正式商务谈判是指在不确定的条件下，谈判双方就贸易、相关意向进行广泛的讨论、交换意见的商务谈判。在非正式商务谈判中，谈判双方可以无拘无束地谈话，可以谈各自组织内部不合理的规章制度，也可谈家庭、演唱会或体育比赛等方面的内容。这些谈话就像润滑剂一样，有利于增进谈判双方之间的感情，可促使需要谈判的问题得到顺利解决，同时双方还能在非正式的情况下，评估对方的人品，因此非正式商务谈判具有试探和摸底的性质。

（七）按双方接触的方式划分

商务谈判按双方接触的方式可以划分为直接商务谈判和间接商务谈判。

直接商务谈判又称面对面商务谈判，是指商务谈判双方进行面对面口头磋商的商务谈判。双方商务谈判人员在一起直接交谈协商，有利于双方商务谈判人员交流思想、感情。双方商务谈判人员经日常的直接接触，会由"陌生人"变成"熟人"，产生一种互惠的要求。在某些商务谈判活动中，有些交易条件的妥协让步完全出于谈判人员的个人感情。一般情况下，面对面的商务谈判过程中，实力再强的谈判人员也难以保持立场的绝不动摇，或拒绝做出任何让步。在面对面商务谈判中，谈判人员可以通过观察对方的表情和态度，借以审查对方的为人及交易的真实性。

间接商务谈判是指谈判双方不直接见面，而是通过信函、电话、电传、互联网等方式进行商谈。这种商务谈判的好处在于谈判方式简单、成本低、快捷，而且在向对方表示拒绝时，要比面对面商务谈判简单得多，在与对方谈判人员已经建立起个人交往的情况下更是如此。间接商务谈判的不足之处是不便于双方当事人相互了解。同时，信函、电话、传真等通信媒介所能传递的信息量有限。

间接商务谈判只适用于交易条件比较规范、明确，内容比较简单，商务谈判双方彼此比较了解的商务谈判以及国际商务谈判，而内容比较复杂、多变，谈判双方又缺少必要了解的商务谈判不适宜采用间接商务谈判。以国际贸易中普遍采用的信用证贸易为例，出口方与进口方首先采用函、电（单据）的方式来询盘、发盘、还盘，经过几轮的发盘、还盘，把交易各方面的内容协商清楚后，双方签订合同，由进口方根据合同开立信用证，根据信用证里的规定安排运输，办理保险，然后申报通关，装运货物。经检查放行后，货物方可装上运输工具，由出口方发出装船通知，并从运输公司处提取已签发好的运输单据，由买方审单，付款。卖方缮制单据，收取货款。最后买方凭运输单据向船方提货，并向海关报关，缴纳进口税。在整个交易过程中，交易双方主要通过间接的函、电（单据）方式来进行沟通、交易。

（八）按双方所持的态度划分

商务谈判按双方所持的态度可以划分为让步型商务谈判、立场型商务谈判和原则型商务谈判。

1. 让步型商务谈判

让步型商务谈判也称软式商务谈判。这种商务谈判不把对方当成对头，而是当成朋友；强调的不是要占上风，而是要建立和维持良好的关系。软式商务谈判的一般做法：信任对方→提出建议→做出让步→达成协议→维系关系。

当然，如果商务谈判双方都能以"关系"为重，以宽容、理解的心态互谅互让、友好协商，那么，商务谈判就会效率高、成本低，相互间的关系也会得到进一步加强。然而，由于价值观不同和利益驱动等原因，有时这种情况只是一种美好的愿望和理想化的状态。事实是，商务谈判中的某一方若一味退让，最终往往只能达成不平等甚至是屈辱性的协议。例如，21世纪初，我国的钢铁厂家众多。这些企业大多规模偏小，产业集中度很低，各自为政，导致我国钢铁产能无限扩张，对铁矿石的需求巨大。国际矿业巨头（淡水河谷、力拓、必和必拓）抓住我国钢铁业的"软肋"，在价格谈判中态度强硬，而我国在铁矿石采购上受制于人，在谈判时采取了软式商务谈判方式。这种谈判方式为国内钢铁产业带来了巨大的损失。

在维系长期友好关系的互信合作伙伴之间，或者在合作高于局部、近期利益，今天的"失"是为了明天的"得"的情况下，软式商务谈判的运用还是有一定意义的。

2. 立场型商务谈判

立场型商务谈判也称硬式商务谈判。这种商务谈判视对方为劲敌，注重商务谈判立场的坚定性，强调针锋相对；是一场意志力的对抗，只有按照己方的意愿达成协议才算胜利。在硬式商务谈判中，谈判双方常常互不信任，互相指责，商务谈判往往陷入僵局，旷日持久，无法达成协议。而且，这种商务谈判即使达成某些协议，也会由于让步的一方消极履约，甚至会想方设法撕毁协议，予以反击，从而使双方陷入新一轮的对峙，最后导致双方关系破裂。

硬式商务谈判有其独到之处。在对方玩弄商务谈判伎俩，阴谋需加以揭露，事关自身的根本利益而无退让的余地，只进行一次性交往而不考虑今后合作、对方思想天真并缺乏洞察利弊得失之能力等情况下，运用硬式商务谈判是有必要的。

~~~~~ 例 7.1 ~~~~~

中国高铁招标——摔茶杯换回的高铁技术

2008—2022年，中国高铁从无到有，2022年约占世界2/3以上通车里程的高铁网络，基本覆盖了我国人口50万以上的大中城市。更不可思议的是，我国的高铁技术已大步走出国门，先后与俄罗斯、印度尼西亚、老挝、泰国等国签订了合作协议。中国高铁从技术引进到技术出口之迅速转化令世人瞩目。这背后隐藏着很多不为人知的谈判故事。

《高铁风云录》一书中记载了一个被写入美国斯坦福大学教科书的经典案例。2004年6月17日，中国铁道部（现国家铁路局）为进行铁路第六次大提速进行时速200千米动车组的招标，招标明确规定了三个原则：第一，关键技术必须转让；第二，价格必须最低；第三，必须使用中国品牌。铁道部只规定了中国南车集团和北车集团（于2014年12月合并为"中国中车股份有限公司"）两家企业能够进行技术引进。国际上的西门子、阿尔斯通、庞巴迪、日本高铁制造四家企业都明白，中国市场大到没有任何一个高铁企业可以忽略，争相设法进入中国市场。

《高铁风云录》节选

南车集团与某日本企业的某次谈判颇不顺利，日本企业代表表示无法接受其中某些条件，威胁要退出谈判，欲起身离开。南车集团谈判代表竟然起身，将茶杯摔在了地上，告诉此日本企业代表，如果他今天从这个门走出去，就永远不要再回来。此日本企业代表竟然没敢踏出此门，而是回到谈判桌上继续进行谈判。

【解析】该案例中，南车集团谈判代表的这一"摔杯"行为将硬式商务谈判的特点淋漓尽致地展现了出来。读者还应注意到，此次成功运用硬式商务谈判的前提条件有二：一是"事关自身的根本利益而无退让的余地"；二是对方强烈希望进入我们的市场，但怀疑我方坚持谈判底线的决心，也就是说"缺乏洞察利弊得失之能力"。相反，日本企业并不具备运用硬式商务谈判的条件，采用"威胁退出谈判"的方式几乎没有成功的可能。

3. 原则型商务谈判

原则型商务谈判也称价值型商务谈判。这种商务谈判方式最早由美国哈佛大学商务谈判研究中心提出，故又称哈佛商务谈判术。原则型商务谈判吸取了软式商务谈判和硬式商务谈判之所长而避其短，强调公正原则和公平价值，主要有以下特征：对人温和，对事强硬，把人与事分开；主张按照共同接受的具有客观公正性的原则及公平价值来达成协议，而不是简单地就具体问题讨价还价；开诚布公而不施诡计，追求己方利益而不失风度；努力寻找双方的共同点，消除分歧，争取双方都满意的商务谈判结果。

（九）按内容划分

商务谈判按内容可以划分为商品贸易商务谈判、投资项目商务谈判、技术贸易商务谈判、劳务贸易商务谈判和索赔商务谈判。

1. 商品贸易商务谈判

商品贸易商务谈判即一般商品买卖商务谈判，主要是指买卖双方就买卖货物本身的有关内容，如质量、数量、货物的运输方式和时间、货物的价格与货款的支付方式，以及交易过程中双方的权利、责任和义务等问题所进行的商务谈判。商品贸易商务谈判是商务谈判中最常见的谈判形式，是本书的重点。

2. 投资项目商务谈判

投资项目商务谈判是指商务谈判双方共同出资、开发、建设、经营某个项目，对该项目所涉及的有关投资目的、投资方向、投资形式、投资内容与条件、投资项目的经营与管理，以及投资双方在投资活动中的权利、义务、责任及相互之间的关系所进行的商务谈判。随着国内资本市场的放开，企业之间的资产重组、兼并及产权交易日益活跃，因而这类商务谈判也日益增多。

3. 技术贸易商务谈判

技术贸易商务谈判是指谈判双方就技术转让与许可交易中技术的内容、性能、使用权益等方面进行的商务谈判，它同时包括技术服务、技术培训、专利技术的保密、商标技术标准和考核验收等内容。由于技术本身的特点，技术贸易商务谈判与一般商品贸易商务谈判有着较大的区别。

4. 劳务贸易商务谈判

劳务贸易商务谈判是指劳务贸易双方就劳务的提供形式、内容、时间，劳务的价格、计算方法及劳务费的支付方式等双方的权利和义务所进行的商务谈判。由于劳务本身不是物质商品，而是通过人的劳动来满足人们一定需要的劳动过程。因此，劳务贸易商务谈判与一般商品贸易商务谈判是有本质区别的。

5. 索赔商务谈判

索赔商务谈判是指在商务合同中规定的义务不能或未能完全履行时，合同当事双方就违约责任及补偿进行的商务谈判。在商务合同履行中，由于种种原因违反或部分违反合同的事件屡见不鲜，这时合同当事人双方就需要进行索赔商务谈判。

~~~ 例 7.2 ~~~

在国际建筑市场上，复杂工程建设项目的索赔经常出现。它是承包商保护自身正当权益、弥补工程损失、提高经济效益的重要手段。在欧美发达国家，几乎没有一项大型工程不涉及索赔，索赔额占合同总价的百分比已成为衡量一个工程项目管理水平的重要指标。许多国际工程项目通过成功索赔获得的收入能达到工程造价的10%~20%，有些工程项目的索赔额甚至超过了合同金额。

20世纪50年代至20世纪80年代，我国主要采用行政手段进行土木工程建设，没有"合同管理"，更没有"工程索赔"，这种状况一直持续到云南省鲁布革引水系统工程开工之前。鲁布革水电站是我国大型土建工程对外开放的"窗口"和水电建设管理体制改革的试点。它是首个实行国际招标的国内项目。

1984年，中国水利电力部鲁布革工程管理局和日本大成建设株式会社签订了鲁布革引水系统工程承包合同，由澳大利亚雪山公司负责监理。在鲁布革引水系统工程施工过程中，日本大成建设株式会社向中方提出了索赔，索赔的内容和依据主要涉及中方违约、不利自然条件、工程师指令增加等7个类别。在该工程实施过程中，共发生了21起单项费用索赔和1起工期索赔，索赔总金额达229.10万元人民币，约占合同总金额的2.83%。

【解析】该工程引发的索赔商务谈判，是中国国际工程项目中出现的第一个索赔谈判。从此以后，国际化承包合同管理开始在我国国内的土建工程施工领域中出现，这种索赔提高了我国国际工程项目的国际化管理水平。

第二节　商务谈判的基本原则

商务谈判的基本原则是指导商务谈判活动的思想和准则，是商务谈判人员在商务谈判中应遵循的行动指南。1981 年，美国哈佛大学法学院教授罗杰·费舍尔和哈佛大学谈判项目发起人威廉·尤里在二人合著的《毫不退让地赢得谈判》（*Getting to Yes: Negotiating Agreement without Giving In*）中提出原则谈判法后，这种方法很快在国际上成为为处理纠纷、化解矛盾而进行谈判的重要方法。

> ### 小贴士
>
> **罗杰·费舍尔**
>
> 　　罗杰·费舍尔（Roger Fisher，1922—2012），美国哈佛大学法学院教授，哈佛大学谈判项目（Harvard Negotiation Project，PON）创始人之一。费舍尔教授擅长解决冲突、化解危机，曾帮助埃及和以色列签署和平条约，帮助南非废除了种族隔离制度。
>
>
>
> **威廉·尤里**
>
> 　　威廉·尤里（William Ury），美国著名谈判专家，哈佛大学谈判项目创始人之一，原则谈判（Principled Negotiation）和最佳替代方案（Best Alternative to a Negotiated Agreement，BATNA）概念的提出者。

一、人事分开原则

人事分开，是指在商务谈判中，把人（商务谈判对手）和所谈判的问题区分开来对待。

商务谈判过程中的一个基本事实是，商务谈判对手和自己同样是一个具体的人，而不是什么抽象的代表，即商务谈判的当事人是人。商务谈判的进行必然会受到商务谈判者个人的感情、需要、价值观、性格等因素的影响。商务谈判的这一人性化表现，可能是一种助力，也可能是一种阻力。如果我们不能迅速地察觉对方人性层面的反应并妥善地加以处置，不能正确区分人与人在商务谈判中的作为问题，就可能会给商务谈判带来致命的打击。因此，在商务谈判中，双方的商务谈判人员都应该坚持把人与谈判的问题分开对待。

要做到把人与谈判的问题分开对待，应从以下几个方面着手。

1. 理解

商务谈判中，从对方的立场出发考虑提议的可行性，对对方的观点与行动的理解有助于己方全面、正确地分析整个商务谈判形势，也有利于缓和商务谈判气氛，缩小冲突的范围，使商务谈判顺利进行。

当然，从对方的角度分析问题有一定困难，但这是商务谈判者需要掌握的重要技能。只知道对方的看法是不够的，要想在商务谈判中说服对方，或对对方产生影响，商务谈判者还要去了解对方观点的有利之处，并且从内心去感受对方投注在上面的情绪力量，从而有助于取得商务谈判的成功。

2. 多阐述问题，避免指责人

商务谈判中，双方很容易把问题归咎于别人，表现为双方互相指责、抱怨，而非合作、互相体谅。例如，"你们这家公司一点也不可靠。这台发电机你们每次保养之后，不久就又会发生故障"的设备故障问题阐述中明显夹杂了指责该公司商务谈判人员的意味。怪罪别人很容易，尤其是当己方认为对方确实应该对某些事情负责时，然而即使有足够的理由，指责别人通常也会产生副作用。

出现指责对方这种情况的原因就是混淆了人与事的区别。当商务谈判中出现某些问题时，谈判的一方可能就会将其归咎于另一方或另一方的某个人，因而出现把问题搁置在一边，对对方或其中的某个人进行指责、攻击甚至谩骂的情况。这种做法虽然维护了谈判一方的立场，但会产生不好的效果。当一方指责对方时，对方或采取防御姿态并抵制指责的内容，或停止倾听，甚至会进行反击。

明智的做法是抨击问题而不指责人，以开诚布公的态度指出双方的分歧，尽量多阐述客观情况；在提出我方见解的同时，尊重对方的意见，心平气和，以礼相待；要表达对他们花费时间与付出辛勤努力的尊重，避免使用指责对方的言辞。这样，我方就能争取到主动权，消除由于双方分歧、对立所造成的紧张气氛，使对方认识到我方是针对问题提出意见，而不是针对对方的某个人。

3. 双方参与

商务谈判中经常会出现分歧或矛盾，甚至有时双方会争得面红耳赤。这多是由于双方都从自己的立场出发，提出一个旨在让对方接受的提议或方案。这样，即使我方提出的是对商务谈判有利的方案，对方也会因心有疑虑而拒不接受。如果提出方案的一方一味坚持，固执己见，另一方也很可能态度强硬，结果常常会使谈判陷入僵局。如果改变一下谈判的方式，让双方都参与方案的起草、协商，就可能避免出现上述情况。

〜〜〜 例 7.3 〜〜〜

在南非，有一次温和派的白人想废除种族歧视法，他们在一个全是白人的议会中通过了一些很好的民主法案，可是在实施中却遭到了黑人的抵制。接下来，议会让黑人自己提出法案，结果与原来的法案类似，却得以顺利实施。这说明黑人对待法案的态度与白人召开议会而没有黑人代表参与的事件相关联，黑人真正要的是平等决策自己的命运。

【解析】一个能容纳双方要求、涵盖双方主要利益的方案，会使双方都认可。只要他们切实地感受到自己是提议的主要参与者、制订者，协议就会比较容易达成。当双方对方案逐步确认时，整个商务谈判过程就会变得更加有序和高效，因为对方案的批评、改进，都是商务谈判双方积极参与的结果。值得指出的是，如想让对方参与，就应使他们尽早参与，可采取询问对方建议的形式，把对方的建设性意见写进提议中，并尽可能地对其想法、观点给予称赞。如果对方觉得其在方案中起了主要作用，就会把方案看成自己的，掺入个人的感情。这样，其不仅能很快接受方案，还会予以维护。

4. 保留面子

在商务谈判中，商务谈判人员常常会执意不肯放弃自己的立场，但原因往往不是对方案无法接受，而是不想表现出输给了对方。即使是出于无奈而做出让步，其也会耿耿于怀。但如果一方在言辞上表现得更加委婉，实质仍然保持不变，对方可能就会接受。因此，在商务谈判中顾及对方面子，不伤害对方感情是十分重要的。有时伤害对方感情的仅仅是一句话，却会带来严重的后果。如果对方的感情被伤害，就会激起对方的愤怒和反击，甚至会使对方采取对抗性、报复性的行动。这样就会破坏双方的合作关系，使商务谈判陷入僵局。

另外，在与对方商务谈判代表打交道时，如果忽略对方个人感情的变化，或者忽略对方对某些问题表现出的特别敏感的反应，就可能使对方觉得你藐视他，损害了他的面子，这样他的自尊心受到伤害，他就会充满敌意，保护自己，攻击别人。很明显，这种状况是很不利于双方沟通交流的。因此，坚持人事分开原则，必须明白对问题的分析是一回事，对人的态度是另一回事，必须保全对方的面子，不伤害双方的感情。

例 7.4

浙江民营企业森赫电梯并购德国莱茵电梯

2012年3月，浙江民营企业森赫电梯股份有限公司（以下简称森赫电梯）全资并购德国莱茵电梯有限公司（以下简称莱茵电梯），成为中国本土电梯企业首次成功跨国并购案例。

莱茵电梯在被并购前虽然拥有先进的电梯生产技术和高端用户，但正面临产业瓶颈、人工成本高的困境。随着世界金融危机对欧洲的影响，莱茵电梯的业绩增长乏力。森赫电梯有人工成本低的优势，而且中国作为电梯产业快速发展的大国，有广阔的市场，电梯产品还辐射亚洲乃至中东各国。双方基于互利的需求，最终通过谈判成功实现了并购。

在谈判之初，森赫电梯的谈判团队进行了充分准备。为了适应德国人谈判认真、高效、理性的特点，森赫电梯的谈判团队也在谈判时处处表现出"理性"，有问题就提出，对问题进行争论，但不指责对方，以开诚布公的态度指出分歧，在提出其见解的同时，尊重对方的意见，心平气和，以礼相待，并表达了对莱茵电梯花费时间与付出辛勤努力的尊重。另外，在谈判中，森赫电梯的谈判团队还让莱茵电梯的工会人员参与谈判。通过参与整个谈判过程，莱茵电梯工会人员非常清楚并购后工人权利的保护情况，因而在并购过程中，不但没有阻拦，反而成为最早"倒戈"的一方。

为了保全莱茵电梯的谈判团队的面子，森赫电梯的谈判团队在谈判中没有使用"收购""并购"等说法，而是采用了"合并"的说法。这样的说法让莱茵电梯的谈判团队感到被尊重，最终双方达成了协议。

【解析】谈判中的人事分开原则要求谈判者具有理性的谈判态度，能够区分人和事，对待人的时候要注意照顾对方的心理感受和面子，对事的时候可以认真商讨。上面这个案例中，森赫电梯的谈判团队就遵循了这种原则。

二、集中于利益而非立场原则

立场是做某种事情的抉择，利益是促使做某种抉择的诱因。集中于利益而非立场是指在商务谈判过程中把注意力集中在双方的利益要求上，寻求双方的共同利益，协调利益冲突，而不要坚持己方单方面愿意接受的方案。

～～～ **例 7.5** ～～～～～～～～～～～～～～～～～～～～～～～～～～～～～～～

有两个人在图书馆里发生了争执，一个要开窗户，一个要关窗户。他们斤斤计较于窗户开多大——一条缝、一半还是1/4，没有一个方案使他们都满意。这时，图书馆的管理人员走了过来。她问其中的一个人为什么要开窗户，得到的答复是"呼吸一些新鲜空气"。她问另一个人为什么要关窗户，得到的答复是"不让纸被吹乱了"。图书馆管理人员考虑了一下，把另一边的窗户打开了，这样既能呼吸新鲜空气又不会吹乱纸。

【解析】上面案例中的图书馆管理人员如果只注意双方陈述的立场——开窗或关窗，就不能想出这种解决办法。她注意到了双方呼吸新鲜空气和避免把纸吹乱这两个潜在的利益，很好地解决了问题。商务谈判中，明智的解决方法是针对利益，而非立场。因为，通常商务谈判中的基本问题不在立场的冲突上，而是在双方需求、利益的冲突上。

～～

要做到集中于利益而非立场，可以采取的办法有以下三种。

1. 挖掘立场背后的利益

挖掘立场背后的利益不是一件容易的事，相当多的利益可能是未表明的、不具体的，但商务谈判者必须千方百计地找出具体的利益。具体商务谈判中，确认利益的基本方法是将自己置于对方的立场上，问"为什么"，寻找每项方案设定的原因，了解对方的想法、需求与顾虑。

商务谈判中的每一方都会涉及多种利益，而不是只涉及一种利益，不仅涉及经济利益，还涉及人们的基本需求，如对安全感、归属感、价值实现等的需求。商务谈判双方通常同时追求独有利益和共享利益，但双方利益在多数情况下是不一致的。因此，商务谈判者应进行仔细分析。同时，为了理出谈判双方的多种利益，商务谈判者有必要以清单的形式将各种利益记录下来，并把每一方的各种利益按照它们的相对重要性进行排序。这样不但可以帮助商务谈判人员记忆，有利于在谈判中加以参考，而且商务谈判人员可以针对这些利益采取适当的谈判策略。

2. 了解每一方的利益

商务谈判的目的在于满足谈判双方的利益要求，当谈判双方就此进行交流时，达到目的的机会便会增加。在双方谈判的过程中，对方可能不知道我方的利益要求是什么，我方也可能不知道对方的利益要求是什么。因此，一方面，我方必须寻找机会让对方知道我方利益清单中所列的利益要求并充分考虑我方的利益要求，使对方明白满足我方利益要求的重要性；另一方面，我方也要了解、关心对方的利益要求，把对方的利益要求纳入我方考虑的方案之中，并为寻找妥善的解决方案积极努力。如果商务谈判双方都能如此，商务谈判就容易取得令人满意的结果。

3. 认真发现谈判双方的共同利益

实际商务谈判中，谈判双方的利益多是冲突的，但是只要深入地观察分析，谈判双方就会找到立场背后更多的共同利益。

例 7.6

美国英特尔投资辽宁大连

2015年10月，英特尔公司（以下简称英特尔）与大连市人民政府达成协议，增加投资55亿美元，在大连生产最先进的存储器芯片。这将使英特尔大连工厂成为英特尔全球第一个使用300毫米晶圆技术生产最新的非易失性存储器芯片的集成电路制造中心。继英特尔首期大连投资，其再创中国单笔外商投资的最高额度。这些成果来自多年前一次又一次的谈判。

2004年，英特尔在全球选址投资建厂，参与这场激烈竞争的是全球的20个城市，我国国内与大连竞争的城市就有4个，强手云集，大连的劣势非常明显。

在秘密谈判中，英特尔提出的条件大大超出了大连的谈判底线，大连是接受还是拒绝？为什么其他国家和中国的其他城市已经给出了优惠政策，但英特尔并没有投资，究竟英特尔更关心什么呢？

经过与英特尔不断交流，大连一方发现，物流通关是英特尔最为关心的问题。由于涉及英特尔向全球客户的承诺，英特尔要求谈判方严格按照其全球通行的标准进行通关。其内容包括1天24小时、1周7天，随时随地提供通关服务；英特尔通关申请单送交海关窗口后，2个小时内确保货物放行。

为了满足这个需求，大连谈判方从2005年6月到2006年7月，用了一年多的时间，解决了英特尔公司在通关方面要求的各项事宜。

2007年3月，英特尔宣布在大连投资建立生产300毫米晶圆的工厂。这是英特尔自1992年在爱尔兰建立芯片工厂之后，在美国本土之外建立的第二个全新的工厂。

【解析】上面这个案例中，英特尔公司拿出自己在其他地区能得到的优惠政策来表明自己希望在大连得到优惠的立场，但大连谈判方成功挖掘出英特尔公司深层次的需求——"物流通关"，通过解决这个核心利益问题，使双方达成了投资合作意向。一方面，英特尔找到了理想的投资地；另一方面，大连市借此投资带动了区域经济发展。

三、双赢原则

什么是"赢"？"赢"是一种在商务谈判中实现预期目标的主观心理感受。当商务谈判人员在商务谈判完成后实现了预期目标，就认为自己获得了"赢"的结果，结果越对自己有利，认为获得了"赢"的结果的主观心理感受就越强烈。所谓"双赢"（或多赢、共赢，以下无特殊情况仅介绍双赢），就是指在商务谈判中，商务谈判双方都实现了预期目标，在心理上都有收获的满足感。

商务谈判破裂的原因之一就是谈判双方为维护各自的利益而互不相让，但是双方的根本利益是否都集中在一个焦点上，是值得认真研究和考虑的。

一般说来，在利益分割上，一方多占一些，就意味着另一方要损失一些，商务谈判中更实际的选择应是互利。虽然在商务谈判中每一方都有各自的利益，但双方利益的焦点并不总是完全对立的。一场产品购销的商务谈判中，卖方关心的可能是货款是否一次性结清或者价格是否令人满意，而买方关心的可能是产品质量是否可靠或者价格是否优惠。所以，商务谈判的一个重要原则就是协调双方的利益，找出对彼此都有利的方案。欲遵从双赢原则，商务谈判双方至少要做到以下四点。

1. 扩大总体利益

在商务谈判中，双方应一起努力，首先寻找并扩大双方的共同利益，然后讨论与确定各自分享的比例，也就是人们常说的"先把蛋糕做大，再分蛋糕"，这样才有利于满足双方的共同利益。商务谈判能否成功，在很大程度上取决于能不能把蛋糕做大，通过双方的努力降低成本、减少风险，使双方的共同利益得到增长，最终使双方都有利可图。项目越大，越复杂，把蛋糕做大的可能性也就越大。

在现实中，共同利益总是客观存在的，而发掘共同利益，却需要双方具备合作精神和高超的技巧。比如，两位技艺高超的艺术家共同拥有一块未经雕琢的美玉，美玉被包裹在岩石中，如果两位艺术家不从整体出发规划、设计、发掘美玉，而是将其击碎瓜分，很可能双方得到的有用之玉所剩无几，无法创作出艺术精品。反之，如果两位艺术家凭借丰富的经验从岩石表面的纹理出发，共同构思雕琢美玉的方案，最终两位艺术家会得到一件稀世珍品。这不仅会使美玉价值倍增，而且这件艺术品也会使两位艺术家声名大增。

2. 提出新的选择分配模式

人们的一种思维定式是，对于争论的东西，或是我方得到，或是对方得到，似乎没有更好的选择。这种观念是影响商务谈判者寻找互利方案的主要障碍。商务谈判者要突破传统的利益分配模式，提出新的选择分配形式。

例 7.7

电影制片人休斯与演员拉塞尔签订了一个为期一年酬金为100万美元的合同。一年后，拉塞尔说："我想要合同上规定的酬金。"休斯声明，由于周转问题，他目前没有现钱，但他拥有的许多不动产可以用来抵账。拉塞尔不听他的辩解，坚持要属于她的钱。结果，原先亲密的合作关系成了互相怨恨的对立关系，双方通过律师进行交涉，一时间谣言纷纷。最后，两个人都意识到这样争下去没有益处。拉塞尔对休斯说："你我是不同的人，有不同的奋斗目标，如果我们这样争下去，恐怕获胜的只是律师。"于是他们选择合作，他们的纠纷得到了创造性的解决。合同改为休斯每年付给拉塞尔5万美元，20年付清，结果休斯解决了资金周转的问题，而拉塞尔的所得税逐年分散缴纳，她还有了20年的可靠收入，也不用再担心自己的收入问题了。

【解析】新选择分配模式的提出，需要借助创造性的思维与解决方法，探寻新的思路。一方面，我们要收集大量的信息资料，为新思路提供依据；另一方面，我们要突破原有的思维定式，倡导与鼓励新的见解，集思广益，找到更巧妙的解决方法。

3. 主动寻找共同利益，增强合作的可能性

商务谈判中，谈判双方都会死守己方利益而讨价还价，却往往会忽略双方的共同利益。一旦双方固执己见，商务谈判就会陷入僵局，甚至会使谈判破裂。事后冷静下来，权衡利弊得失，双方却又追悔莫及。反之，如果谈判双方都能从共同利益出发，认识到双方利益是互补的，则会使共同的利益变多，使己方得利增多。因为共同利益对每一方都有利，寻求共同利益显然有助于达成合作。

寻找谈判双方的共同利益无疑会增加合作的可能性。然而实际上，双方的共同利益似乎并不明显。寻找谈判双方的共同利益时，应牢记以下三个原则。

（1）共同利益在所有商务谈判中大部分是隐藏的，需要谈判双方去挖掘、发现。谈判双

方应认真考虑双方是否有共同利益，有哪些共同利益，以及有哪些双方重视的共同原则。

（2）共同利益要找机会争取，而不是现成的。谈判双方必须采取某种行动创造出共同利益后才能获得，要把共同利益明确地表示出来，将它当成谈判双方的共同目标。

（3）强调共同利益给谈判双方带来的益处，可以使商务谈判更为和谐、融洽，有利于商务谈判的推进和目标的实现。

4. 协调分歧，达成合作

商务谈判协议常常是基于"不一致"达成的，就像股票的交易之所以能达成，是因为购进者认为所购股票价格会上涨，而售出者认为手中股票价格会下跌，即观念上的分歧构成了交易的基础。没有争执和冲突就无须进行谈判。没有争执和冲突是由于谈判双方都接受现状，发生争执和冲突则起码是由于一方要求改变现状或一方不同意改变现状。这样一来，"协调分歧，达成合作"这一原则就为许多创造性协议的出台提供了可能。

要想达成谈判双方合作的目的，不仅要强调双方的共同利益，还要重视双方的分歧，更重要的是弥和双方的分歧。所以，明智的做法是提出互利的选择方案，在谈判双方充分协商、讨论的基础上，进一步明确各自的利益，寻找双方的共同利益，协调双方的分歧，达成合作。这就需要谈判双方在商务谈判中尽可能发挥每个人的想象力、创造力，扩大选择方案范围，广泛听取各方面的意见，寻找更理想的选择方案。

例 7.8

有位妈妈把一个橙子给了邻居的两个孩子。这两个孩子便讨论如何分这个橙子。两个孩子吵来吵去，最终达成了一致意见，一个孩子负责切橙子，而另一个孩子先选。结果，这两个孩子按照商定的办法各自取得了一半橙子，高高兴兴地回家去了。

第一个孩子把半个橙子拿回家，把皮剥掉扔进了垃圾桶，把果肉放到果汁机里榨汁喝。另一个孩子回到家后把果肉挖掉扔进了垃圾桶，把橙子皮留下来磨碎了，混在面粉里烤蛋糕吃。

【解析】从上面的案例中我们可以看出，虽然两个孩子各自拿到了一半橙子，但是，他们并没有将得到的橙子物尽其用。这说明他们事先并未沟通好，也就是两个孩子并没有申明各自的利益。他们没有事先申明各自的利益，导致双方盲目追求形式上和结果上的公平，结果双方各自的利益并未在商务谈判中达到最大化。试想，如果这两个孩子充分交流各自的想法，或许会有其他方案出现。可能的一种方案就是，两个孩子想办法将皮和果肉分开，一个拿果肉去榨汁，另一个拿果皮去做蛋糕。然而，经过沟通后也可能是另外的情况，有一个孩子既想要做蛋糕，又想喝橙汁。这时，如何寻找更好的方案就显得非常重要了。

例 7.9

联想集团收购美国国际商业机器公司台式机业务和笔记本业务

2004年12月8日，联想集团（以下简称联想）经过谈判，以12.5亿美元的价格收购了美国国际商业机器公司（以下简称IBM）的全球台式机业务和笔记本业务。这并不是一场轻松的谈判，IBM在2000年的时候曾经和联想谈过收购的事，但没有谈成。

2003年，双方的谈判出现了转机。当IBM再次向联想提出这项收购请求时，在多元化战略上举步维艰的联想正处于交叉路口，同时在国内市场上，联想正在遭受劲敌戴尔的有力挑战，因而双方很快就进入了正式谈判阶段。2003年11月，联想组建的一个谈判队伍飞往美国，与IBM进行了第一次接触。

2003年11月到2004年5月被看作联想和IBM谈判的第一个阶段，联想谈判小组的主要工作是了解对方情况和提出有关收购的商业方案。2004年5月，经过一番深思熟虑之后，联想方面拿出了初步的商业方案，其中包括收购范围、收购价格、支付方式、合作方式等内容，谈判进入最艰苦的实质性阶段。2004年6月到2004年10月，双方在各个问题上胶着，谈判进入僵持阶段。2004年12月6日，长达13个月的谈判最终进入冲刺阶段。2004年12月8日，双方宣布达成正式协议。

【解析】在上面这个案例中，双方实现了双赢。

首先，看联想通过这次收购得到了哪些利益。第一，通过收购，联想迅速进入国际市场并获得在国际市场上的竞争力。2004年第三季度，联想的市场占有率为2.6%，收购完成后联想的市场占有率为8.6%。经历短期"阵痛"后，联想的市场占有率逐年提升。2013年，联想以16.9%的市场占有率跃居全球第一，之后的十余年常以20%以上的市场占有率稳居第一。第二，购买了IBM台式机品牌5年使用权和笔记本品牌Thinkpad，这使联想从国内品牌迅速跃升为国际知名品牌。第三，获得了IBM台式机的国际营销网络和客户。第四，获得了IBM台式机位于大和（日本）和罗利（美国北卡罗来纳州）的研发中心。第五，获得了国际化经营管理人才和经验。

其次，看IBM通过出售台式机和笔记本业务得到了哪些利益：第一，摆脱了亏损的台式机业务。IBM提倡高投入、高产出，材料都是用最好的，适应不了低价笔记本的潮流，因而个人计算机业务连年亏损，出售给联想后摆脱了困境。第二，大大提高了利润率。出售笔记本业务后，IBM的营业额提高到900多亿美元，公司的毛利润率、净利润率都有了非常大的提高。第三，实现了战略转型，IBM从一个软硬件全都自己设计和制造的企业变成一个软件、服务型企业。IBM卖出的几部分硬件业务之后的业绩也都很好，真正实现了双赢。

四、客观原则

所谓客观原则，是指独立于双方意志之外，为社会公认的合乎情理和切实可用的原则。其既可能是一些惯例、通则，又可能是职业标准、统一的计算方法等。

关于价格问题的商务谈判可以基于一些客观原则，如市场价值、替代成本、折旧的账面价值等。实践证明，遵循客观原则的商务谈判将会非常有效，可以不伤和气地快速取得商务谈判成果。在商务谈判中，商务谈判者运用客观原则时应注意以下几个问题。

（1）建立公平的标准。在商务谈判中，遵循的公平标准一般有市场价值、科学的计算方法、行业标准等。公平的标准要合法且独立于双方之外，并且在理论和实践中均是可行的。

例 7.10

假如商务谈判的内容是一个固定价格的土建项目，就地基问题，业主与承包商各执己见，承包商认为地基4米深就足够了，而业主认为至少需要6米。承包商说："房屋是钢筋混凝土结构，地基没有必要做那么深。"业主不肯让步。如何才能保证房屋坚固并且说服业主呢？承包商可以向业主阐述有关的建筑安全标准来证明自己意见的合理性。业主这时可能会这样说："哦，也许我是错的，4米深的地基就可以了，但我坚持的是地基要足以保证房屋的坚固。"

【解析】本案例中，政府关于此类建筑物的地基有没有安全标准？这一地区的其他建筑物的地基深度如何？这一地区的地震风险有多大？遵循一些客观的标准来解决这一地基深度问题，很可能就是商务谈判的突破口。

（2）建立公平分割利益的步骤。大宗商品贸易由期货市场定价；在两位股东持股相等的投资企业中，委派总经理时采取任期轮换法等，这些都是分割利益的例子。

（3）寻找客观依据。在商务谈判中，应多问对方：您提出这个方案的理论依据是什么？为什么是这个价格？您是如何算出这个价格的？要善于阐述自己的理由，一定要用严密的逻辑来说服对方，当然也要接受对方合理、正当的客观依据，对方认为公平的标准必须对己方也公平，如运用你认同的对方标准来限制对方漫天要价，甚至将两个不同的标准折中。

例 7.11

三一重工收购德国机械巨头普茨迈斯特

三一重工集团创建于1994年，是中国最大的工程机械制造商。德国普茨迈斯特（Putzmeister）成立于1958年，是全球最知名的工程机械制造商之一，在混凝土泵车制造领域是全球第一品牌。

当三一重工与普茨迈斯特初步达成收购与被收购的意愿后，双方展开谈判。当时除了三一重工之外，瑞典的阿特拉斯·科普柯（Atlas Copco）及中国的中联重科也有意进行收购，也在与普茨迈斯特进行接触、谈判。经过多轮接触，普茨迈斯特决定排除另外两家，与三一重工正式签署协议。

就在时任三一重工董事长的梁稳根即将赴德国法兰克福签约之时，普茨迈斯特创始人施莱希特发来一份文件，提出了四个问题：第一，"It is ture，am I honest？"（我是诚实的，此为真？）；第二，"It is fair for all those involved?"（对所有参与的人来说是公平的吗？）；第三，"Will it promote friendship and goodwill?"（它足以增进友谊和亲善吗？）；第四，"Will it serve the well-being of all those involved?"（它足以提升所有参与人的福利吗？）。他要求梁稳根确认，并表示如果中方不能对这几个问题给予明确回复，就取消进一步的谈判。

梁稳根立即召开了谈判团队会议，对所要签署的协议进一步研究，对普茨迈斯特进行评估的依据和方式以及对核算的财务报表进行认真核对，对违约金数额及收购后保持人员稳定的福利待遇进行了合理安排，最终双方在2012年1月29日在德国共同宣布，两家公司已达成正式协议，将在通过监管部门审核之后正式完成合并。

【解析】在上面这个谈判案例中，德方通过"四问题扫描"的方式试图给双方的谈判建立一个客观标准，这个标准就是双方必须诚信、公平、形成长期关系并且给参与者带来福利。普茨迈斯特创始人施莱希特在即将签署正式协议时用"四问题扫描"抛出最后通牒，给三一重工董事长梁稳根施加压力。而中方对这样的客观标准冷静地做出判断，采用真实、科学的估计依据和估值方式让施莱希特信服，并承诺如果中方违约，愿意支付交易总金额的20%作为违约金补偿和维持人员稳定的基金，通过这些措施赢得了对方的信任，从而完成了双赢的谈判。

（4）不要屈从于对方的压力。来自商务谈判对手的压力是多方面的，如贿赂、最后通牒、以信任为借口让你屈从、抛出不可让步的固定价格等。但是无论哪种情况，都要让对方陈述理由，讲明其所遵从的客观标准，再冷静地做出判断。

第三节　突破型谈判

《毫不退让地赢得谈判》中提出了原则式谈判策略，以促成谈判双方达成满意的协议。该策略很快在国际上成为处理纠纷、化解矛盾而进行谈判的重要策略。在《毫不退让地赢得谈判》一书出版后的十年间，威廉·尤里遇到了大量读者提问："如果对方总是回答'不'，我该怎么办？如果对方不愿意合作，我该怎么办？"。

1991年，威廉·尤里在其著作《无法说不：从对抗到合作的谈判》（*Getting Past No: Negotiating Your Way from Confrontation to Cooperation*）中提出了突破型谈判（breakthrough negotiation）策略，系统地回答了在遇到对方各种拒绝和对抗的情况下应如何达成与对方的合作。

一、制约谈判合作的五大因素

威廉·尤里结合自己多年的谈判经验和反思，将现实中制约谈判合作的因素归纳为自身的习惯性反应、对方的情绪、对方的立场、对方的不满和对方的力量等五种。

谈判的目的就是要以高效而友善的方式达成双方都满意的协议。当面对谈判双方地位不平等（比如下属向上级提出升职、加薪）、谈判关系无法轻易割断（比如只有唯一的谈判对手）、对谈判对手缺乏信任（比如拜访陌生客户）、谈判对手性格强势和谈判对手持非输即赢的价值观时，我们就会发现谈判变成一个在巨大压力下的对抗，很难实现通过合作来解决问题。以下是制约谈判合作五大因素的具体内容。

第一个制约谈判合作的是自己。谈判中最大的障碍其实是我们自己，是我们自己在阻拦自己。在谈判冲突中，我们往往会产生一种反应，然后触发一种反应，接着再触发另一种反应。"你为什么要攻击他？""因为他攻击我了。"这种局面会不断持续，使谈判双方陷入3A（attack，accommodate，avoid）的习惯性反应：我们攻击、让步，或者干脆逃避。而且这种习惯性反应往往很容易固化，结果在谈判中就更难以达成双方的合作。

第二个制约谈判合作的是对方的情绪。我方只有能够冷静地进入"包厢"状态中后，才能看清对方的消极情绪。对方攻击我方的行为掩藏着不信任、恼怒和敌对，这往往容易导致彼此之间发生争论，但我方需要抑制自己内心的冲动，抵制通过辩论来赢得谈判的诱惑，在取得自身心理平衡的同时，还需要帮助对方求得心理平衡。

第三个制约谈判合作的是对方的立场。即使自己和对方愿意坐在一起并肩应对问题，仍可能会遇到一个障碍，即对方坚守自己的立场，不做出任何让步。在对方看来，唯有坚守才能维护自己的利益，此时就需要站在对方的立场上考虑问题。

第四个制约谈判合作的是对方的不满。利益是掩藏在立场下的真实需求，有时对方可能根本意识不到谈判到底会给自己带来何种利益，因而总是表现出不满。即使我方能够满足对方利益要求，对方也担心一旦做出让步，会让自己很丢面子。如果最终的方案是由我方提出的，对方甚至可能会仅因这一原因而拒绝接受。

第五个制约谈判合作的是对方的力量。尽管我方付出了最大的努力，对方可能仍自不量力地拒绝合作，并认为在这种力量的竞争中能够战胜我方。要让对方明白，单凭他们自身的力量是无法成功解决问题的，唯有相互合作，才能获得成功，因而需要利用实力引导、说服对方。

要想避免对方的拒绝，消除与对方的对抗，实现共赢的目标，就必须使用突破型谈判策略消除这五个制约谈判合作的因素。

二、突破型谈判的五项基本策略

（一）杜绝习惯性反应，进入"包厢"状态

人是一部善于对刺激做出习惯性反应的"机器"。面对艰难处境时，人们最容易做出的就是习惯性反应，经常不假思索、下意识地做出锱铢必较、以牙还牙的举动。谈判中的头等大事，并不是控制对方的行为，而是控制自己的行为。杜绝习惯性反应的策略包括以下两个要点。

1. 识别对方的谈判阴谋

在谈判中，是否能够分辨出对方的谈判阴谋是非常重要的。如魔术类的骗局，如能知道其底细就能揭穿其阴谋，免受其蛊惑。因此，对于对方那些有失公平的谈判阴谋，如果我方能够辨别出来，就能避免它们带来不利影响。

当对方向我方表述，他们毫无商量的余地，根本不会改变自己的立场时，如"事情已经如此了，再也无法改变了""这是公司的政策，我也无能为力""你要么接受协议，要么就结束谈判"等，我方应该提高警惕，对方可能是在使用石墙阴谋（stone-wall tactic）。

攻击型阴谋（attacks）是用一种可怕的后果进行威胁，比如"你必须这样做，否则……"，或者对你的方案百般指责——"你提供的数据相互矛盾，前后不一"，或者对方质疑和轻视你的能力——"你刚刚接触这一工作，对吧？"，或者对你的地位和权威表示怀疑——"我们希望能够与真正的决策人员谈判"。

欺骗型阴谋（tricks）就是一方通过欺骗诱使另一方做出让步，利用对方的真诚，让对方认为其心怀好意、诚实可靠，让对方接受他们的观点，比如故意向对方透露虚假的信息。

2. 争取时间进行思考

谈判中应遏制住自己的习惯性反应，为自己争取更多的思考时间，进入"包厢"状态，对事情做出冷静的思考和判断。

在紧张的谈判中，要为自己争取足够的时间进行充分思考，最简单的做法就是凡事不急于发言、不急于表态，要稍作停顿，加以思考。在气急败坏的情况下不假思索地立即做出反应，思维判断会受到干扰，以致无法做出正确的判断。

谈判中，如果无法停顿太长时间来反复思考，可以稍微放慢一下谈判的进程，并告诉对方："我想核实一下你刚才所说的内容是不是像我所理解的那样。"如果需要更多的时间进行思考，你也可以提议暂时休会再作考虑。

在与对方谈判的直接对峙中，人们往往会面临极大的心理压力，尤其是谈判的时间压力，以致轻易做出让步。永远不要当场做出重大决策，要先进入"包厢"状态，经过冷静观察、思考和分析后，再做出重大决策。

小贴士

会说话是修养，管住嘴是教养

日本作家渡边淳一在《钝感力》一书中说："不为烦琐动摇的钝感力，才是人们生活中最为重要的基本才能。"别让你的舌头抢先于你的思考，在每一次脱口而出之前，先"多想一点"。

（二）杜绝无谓争论，站在对方的角度上思考

在谈判时，要想解决问题，首先要解除对方的戒备、消除对方的怀疑心理和敌对情绪。为了解除对方的戒备，既不能向对方施加压力，又不能打击报复，应该站在对方的角度上，设身处地地为对方着想，与其保持一致。站在对方的角度上思考可以采取的办法有以下三种。

1. 积极倾听

积极倾听对方的观点和意见是非常重要的。每个人在内心深处都希望得到他人的理解，因此，积极倾听是了解对方思想的途径，是人际交往中拉近彼此之间心理距离的一把钥匙。谈判中，如果对方表现得怒气冲冲或愁眉不展，那么最应该做的就是积极倾听对方的抱怨，一旦充分听取对方的意见，对方就很可能不会再有过分的对抗行为，会变得理智，更为积极地本着解决问题的态度参与谈判。

2. 认可对方的观点，尽可能赞同

认真听取了对方的发言后，接下来己方要做的就是认可对方的观点。每个人都希望得到他人的认可，满足对方的这一需求，有助于营造一种彼此协商、相互体谅的良好谈判氛围。认可对方的观点，并不意味着完全赞同对方的观点，只是承认对方提出的方案是众多可行方案之一，千万不要否决对方的提案。你可以说"你的观点是……""我知道你的意思是……""我明白你的意思……"。下一步，只要一有可能，就要向对方表示赞同。表示赞同并不意味着要做出让步，只要对那些你已经同意的事情表示赞同就可以了，要寻找一切机会表达自己对对方观点的赞同，多说"是的"，还要注意身体语言与对方协调一致。

例 7.12

赢得争论的唯一方法是避免争论

美国人际关系大师戴尔·卡耐基先生讲了一个亲身经历的故事。有一天晚上，卡耐基参加了一个宴会，席间有一位坐在他旁边的先生讲了个幽默的故事。这个故事正好印证了一句格言：谋事在人，成事在天。这位讲故事的先生提到这句话出自《圣经》。卡耐基认为他说错了，于是纠正了那位讲故事的先生。

"什么？出自莎士比亚？不可能！绝对不可能！那句话确实出自《圣经》。"这位先生非常自信。这位讲故事的先生坐在卡耐基的右边，而卡耐基的一个老朋友弗兰克·加盟坐在左边。加盟先生潜心研究莎士比亚的著作已有多年。所以，这位讲故事的先生和卡耐基请加盟先生做裁判。加盟先生用脚在桌下踢卡耐基，然后说道："戴尔（卡耐基先生的名字），你错了，这位先生是对的，那句话确实出自《圣经》。"

那天晚上回家的时候，卡耐基的朋友对加盟先生说："弗兰克，你知道那句话出自莎士比亚。"加盟先生说："是的，当然知道。但是，我们只不过是参加一次宴会，为什么非要证明一个人是错的呢？那样做难道就会使他喜欢你吗？为什么不给他留点面子呢？他并没有征求你的意见，也不需要你的意见。你为什么要和他争辩呢？应该永远避免争辩。"

【解析】试着站在对方的角度来思考问题，先考虑对方真正想要什么，他们为什么会有这样的与我们不一样的想法。我们要站在对方的角度，思考他们这样想的原因是什么。学会做一个尊重对方的人，不要伤害对方的尊严。

3. 表达自己观点的同时不要激怒对方

一旦你认真听取并认可了对方的观点，那么对方往往也愿意听取你的观点。表达自己的观点时，最好的思维模式是"你对，我也对"。对方的观点，就他们自己的自身经历来说，无疑是没有差错的，而你的观点，依照你的体会也是没错的。不说"但是……"，而说"是的……同时……"，用"我"作主语，而不用"你"作主语。

（三）不要否定对方，重新诠释对方的观点

营造了良好的谈判氛围后，我们需要与对方探讨一下各自的利益，商讨一下如何满足双方的需求，但对方可能仍然会坚持自己的立场，毫不让步。这时我们就需要引导对方对既有立场进行反思，力争了解对方关注的利益，找出创新性的解决方案，而千万不要在立场上与之争执或者否定对方的立场。如果对方坚持不让步，我们可以采取以下两种策略。

1. 提出解决问题的问题

无论在日常生活中还是职场中，反驳别人的意见是很常见的事。相对于直接反驳别人的意见（直接否定对方——你这样是不对的），更好的做法是用提问题的方式来让对方自己发现哪里有问题，或者找到证据告诉对方哪里不对。

（1）通过直接问为什么来寻找对方的动机。例如，"我十分好奇，你能帮我解释一下你为什么这样考虑/为什么得出这样的结论/为什么提出这样的方案（观点）吗？"这时候往往能从对方回复的理由、依据或者细节中发现其动机。

（2）通过建议或提案间接了解对方的动机。例如，先提出一个建议，然后问"如果按照这样的方式来试试，怎么样？"从各个侧面进行多次"如果……怎么样"的探询，也常能从中发现其动机。

（3）征询对方的意见。"要是你处于我这样的情况下，你会如何做呢？""你肯定有充分的理由认为这是一个公平的解决方案，我想听一下你的理由。"征询对方的意见可促使对方反思怎样才能够获得公平的谈判结果。

2. 就谈判规则进行谈判

对于那些在谈判中爱耍花招的人，要让他们放弃自己的欺骗伎俩，就需要让他们知道你早已清楚他们的所作所为。如果指出对方的阴谋还不能取得谈判进展，那就需要就谈判规则进行充分的谈判了。这时，你可以告诉对方："在我看来，我们这种谈判方式不会取得我们希望得到的结果。我们应该停止对具体事项的谈判，先探讨一下谈判应遵循的规则。"

（四）不要逼迫对方，为对方留出退路

了解对方的利益诉求和谈判协议的可行方案后，你可能已经做好了充分准备，要与对方达成交易了，但当你提出自己的方案时，对方可能仍旧迟迟不做出表示，丝毫不为所动。通常的情况是，对方并非拒绝你的方案，而可能是因为这不是对方提出的方案，并且你可能忽略了对方关注的一些最基本的利益诉求，或者对方可能担心因为认可你的方案而丢面子，或者可能是协议内容太多、时间太紧，对方难以应付。为了让对方克服达成协议过程中常见的障碍，我方应该让对方参与解决方案的设计，使设计出的方案也涵盖对方的观点，而不仅仅涵盖己方的观点。这就意味着解决方案能够满足对方那些未能得到满足的需求，也意味着能够帮对方挽回面子，还意味着谈判过程将变得更轻松。我们可以使用以下几种方法来为对方留出退路。

1. 让对方参与谈判

促使对方参与谈判的基本目的是了解对方的观点。对方说出他们的观点后，我方还需要将这些观点加以充分利用。利用对方的观点，并不意味着要弱化自己的观点，而是从对方的观点出发，为对方留出退路，从而把对方引导到自己的观点上来。比如，我方可以说"根据你的观点，如果我们……结果会怎样呢！""这个想法是从你那天的会议讲话中引申出来的……"，或者说"仔细考虑了今天早上我们的谈话，我突然想到……"。这样一来，我方就向对方表明了我方的方案是如何从他们的观点中引申出来的，与他们的观点密切相关。

2. 满足对方未被满足的利益诉求

如果忽视对方那些未被满足的利益诉求，对方可能就会轻易地拒绝一个好的解决方案，所以在谈判中不要轻易地认定对方毫无理智，也不要忽略对方基本的人性需求，更不要认为利益蛋糕的大小已定，无法改变，而要充分挖掘对方未被满足的利益诉求，并找到满足对方诉求的策略和方案。

3. 为对方保留面子

如前文所述，保留面子是商务谈判基本原则中的人事分开原则的一个要点。对于突破型谈判而言，不逼迫对方还能促使其做出让步、改变的关键是为对方留足面子、留出退路。

4. 先小步缓慢推进

即使你能够满足对方的所有利益诉求，帮助对方挽回脸面，对方也仍旧有可能不同意签署协议。这是因为达成协议的过程确实太过艰难了，在短暂的谈判过程中需要做出决策的谈判内容太多了。因此，你的任务就是使谈判过程变得轻松而简单，开始时先小步缓慢推进，最终换取谈判突飞猛进的发展。

例 7.13

谈判中的蚕食策略

美国谈判大师罗杰·道森曾举过一个十分恰当的例子。孩子们是天生的谈判高手，他们知道如何使用蚕食策略得到自己想要的一切。他的女儿朱莉娅高中毕业时，想要罗杰·道森送给她一份毕业礼物。她想要三种礼物：一趟为期5周的欧洲旅行、1 200美元的零花钱和一个新的旅行包。他的女儿非常聪明，没有一开口就提出所有的要求。她是一个非常优秀的谈判高手。开始时，她只是提出要去旅行。过了几个星期，她又用书面方式告诉罗杰·道森，旅行所需要的零花钱大约是1 200美元，她希望罗杰·道森能满足她的这个要求。之后，就在即将开始旅行时，她又告诉罗杰·道森："爸爸，你不会让我拿着这个破破烂烂的旅行包去欧洲吧？其他孩子都有一个新的旅行包。"毫无疑问，她想让罗杰·道森给她买一个新的旅行包。设想一下，如果她一上来就提出所有要求，罗杰·道森很可能会立刻拒绝给她买新旅行包，并且会要求她减少零花钱。

【解析】其实蚕食策略之所以能够奏效，主要是因为谈判对手对小的让步不屑一顾，认为可以随意让步，结果因为让了一小步，又让一小步，再让一小步，而汇成一大步。谈判中的缓慢推进往往可以积少成多，最终得到很大的收获。

（五）不激化矛盾，利用实力引导、说服对方

尽管你做出所有努力为对方留出退路，但是如果对方仍旧拒绝与你达成协议，那该怎么

办呢？这时需要突破另一个障碍：对方主导谈判的进展。即使你提出的方案很具有吸引力，对方仍旧会认为在谈判中，一方的谈判胜利往往意味着另一方的谈判失利，对方可能会依据在谈判中的利益损失来评价自己的利益所得。对方往往会对自己充满信心，认为自己能够主导谈判，迫使你做出让步和妥协。用实力说服对方，让对方认识到不达成协议可能产生的后果，以及取得谈判成功的唯一途径是使谈判双方都能够在谈判中取得成功。突破对方主导谈判进展的障碍时可使用以下几种策略。

1. 让对方认识到谈判破裂的后果

向对方提出一些现实问题，设想谈判破裂的后果，比如"如果我们不接受这一协议，在你看来，结果将会怎样呢？""在你看来，我们会采取什么样的措施呢？""你又会采取什么样的措施呢？"。

2. 使用最佳替代方案和第三方力量

向对方说明最佳替代方案，从而让对方认识到你的谈判实力。最佳替代方案的展示会向对方表明：假如谈判失败，你会采取有计划的行动，而不是在谈判失败后，你会被动地采取应对措施。这往往会确保在给对方施加最小伤害的前提下，以最小的代价说服对方，从而达成谈判的成功。几乎每场谈判都会在很大的利益群体中进行，这些利益群体共同构成了一个潜在的"第三方"。让第三方参与到谈判中，往往是最有效的谈判方式之一，这能够阻击对方的攻击，最终达成协议。

3. 不断修正对方的选择

如果借助自己的谈判实力把对方逼到墙角，迫使对方全力反抗，那么你的谈判实力也就没有用处了。对方很容易误解你的意图，认为你表面上是在引导和说服他们，实际上是想彻底击败他们。你需要不断向他们做出保证，确保他们认识到你的谈判目标是实现双方共赢，而不是自己一方取得谈判胜利。当对方开始接受你的观点，认识到谈判的必要性时，最好还是及时退让一下，让对方自己做出决策。要尊重对方，给对方一定的自由，让对方在谈判破裂与退让之间做出选择。要让对方在最后总结时，感到决策是由他们自己做出的。即使自己具有决定性的谈判优势，当希望自己赢得谈判成功，把令对方感到耻辱的协议强加给对方时，也要三思而后行。即使能够赢得谈判，你也要与对方商谈。要牢牢记住谈判的目的，不是通过强大的谈判实力赢得己方的胜利，而是通过使用高超的谈判技巧实现双赢。

例 7.14

涨工资的谈判

员工：老板，我能就工资的事与您谈一下吗？

王老板：李××，如果谈涨工资的事就不要浪费时间了，我的回答是"不行"。

员工：老板，我可是一次都没有向您提过这个要求。

王老板：你不要再说了，公司没有这笔预算。

员工：但是，自从上次调整工资以后，我已经有三年没有涨工资了。

王老板：难道你没有听清楚我说的话吗？公司没有这笔预算。难道我说得不够清楚吗？

员工：我知道我们公司预算很紧张，公司面临着很大的压力。我并不想您从公司预算中挤出资金为我涨工资。

王老板：你真不这样想？

员工：对，我不想让您为难，让您难堪。我知道您一直在艰难的处境中为我们着想，竭尽全力为我们考虑。

王老板：你说得没错，我也希望有增加工资的预算，但我无能为力，那么你究竟想得到什么呢？

员工：我在想能不能多承担些工作，为公司节省些开支。

王老板：这确实不错。你看目前……

员工：现在我也认为涨工资确实不可能。如果我能为公司节省大量的开支，那么能否考虑从我节省的开支中拿出一部分，对我承担额外工作进行补偿，或者作为节余的一项奖励呢？这肯定不会超过现有预算。我喜欢这里的工作，而且愿意继续工作下去，但以我现在的工资水平，承担子女的教育花费确实是很难的。我现在已得到了另一个工作机会，它能为我提供更高的工资，但我还是愿意在这里工作。我们有没有办法解决这个问题呢？

【解析】这个案例中，员工能站在老板的角度思考问题，提出了新的解决问题的方案，并委婉提出离职的最佳替代方案，这会让老板意识到失去一个优秀员工的后果，从而认真思考员工提出的方案。

三、突破型谈判策略的应用

随着商业环境的变化，越来越多的企业迫切地想和自己的客户结成战略合作伙伴，与对方共享研发资源，共享生产设备，彼此相互借鉴、相辅相成、互利合作。因此，企业开始重视与供应商发展长期合作关系，劳资双方也开始意识到，如果大家无法合作，那么双方可能都会失去工作。这种合作的能力，成为每一家企业在市场激烈竞争中求得生存的关键。然而，现实中，为了实现通过合作来解决问题这一谈判目标，谈判一方所做出的努力有时会遭遇对方的强烈抨击，引起对方充满敌意的情绪反应，激起对方对立场的坚守和强烈不满，甚至会遭遇对方攻击性的阴谋诡计。谈判所面临的挑战就是如何改变谈判的游戏规则，把面对面的对抗转化为肩并肩的合作，把对手变成合作的伙伴。运用突破型谈判策略来消除谈判的各种障碍，能让我们在艰难的谈判中实现理想的谈判目标。

1. 遇到谈判对手攻击时，不要进行回击

我们生活在一个充满竞争和压力的社会中，我们工作时也是压力重重。我们要明白，受到他人的言辞攻击是必然的，我们不要把这些言辞攻击看作有意针对个人的侮辱行为。要知道，侮辱谩骂你的人，希望能够利用你的愤怒、恐惧和负罪感达到他们的目的。他们希望看到你无法控制自己的情绪，从而让你无法进行有效谈判。遇到对手攻击时，有效的应对手段是不回击，而是对事情进行冷静的思考后做出判断。

2. 当谈判对手有情绪时，不要与对手进行争论

通常，人们会由于对方的偏见和暴怒而与对方针锋相对，但这并不足取。最好的选择是表面上先对他的偏见、暴怒表示理解，从而赢得时间去应对；要尽力安抚好对方的情绪，而不要与之争论。

3. 当谈判对手坚守自己的立场时，不要进行反驳

不要把对方坚守立场看作一种障碍而急于反驳，应该把对方的立场看作一个机会。对方

把他的立场告诉你，实际上为你提供了极其宝贵的信息，会让你了解到对方希望实现的真实目标。

4. 当谈判对手有不满时，不要强迫

为对方留出退路，比为对方提供一个有吸引力的建议更有用。这是因为：第一，这会让对方参与到合同的起草中；第二，这不仅仅有利于关注对方那些显而易见的利益诉求，如对方对金钱的诉求，而且能处理好对方更多的利益诉求，如对方对独立自主的利益诉求等；第三，当对方做出退让时，这有助于帮助对方挽回面子，也意味着可以为对方找到一种方法，让对方在向内部决策人员报告时，给人一种谈判大获成功的感觉；第四，这意味着谈判可以由慢到快，由小步缓慢推进到突飞猛进，从而引导对方亦步亦趋，按部就班，做出让步，达成一致意见，取得谈判的成功。

5. 当谈判对手有力量时，不要升级冲突

你应该借助自身的实力来引导和说服对方，而不是与对方进行对抗。你可以通过举例或者假想的方式警示对方，而不要通过威胁的方式来让对方认识到谈判破裂的后果。当然，如有必要，也可以适当展示一下自己的谈判实力。即使你确实需要借助最佳替代方案，也只需要引导对方重新回到谈判桌前。当你动用最佳替代方案时，尽量不要激起对方的不满和对抗。在化解对方的攻击时，你也尽量不要报复，而要主动避开对方的攻击行为，避免把对自身谈判实力运用到一场代价高昂又毫无结果的无谓争斗中。在谈判中应该不断提醒对方，让对方知道谈判的大门一直向他们敞开。要特别注意的是，不要把问题的解决方案强加到对方头上，而要帮助对方做出选择，引导对方自己选择对双方最有利的方案。总之，借助自身谈判实力是为了引导和说服对方，而不是使谈判双方的争斗升级，关系恶化，使谈判陷入困境。

第四节　自　我　谈　判

威廉·尤里在认识到化解困局、实现突破，促使谈判走向成功的最关键的一步其实是自我谈判后，于2015年出版了《自我谈判》（或译为《内向谈判力》，*Getting to Yes with Yourself*）。他认为自我谈判应作为《毫不退让地赢得谈判》一书的第一部分补充进去。这一点也不难理解，谈判者如何设计出让对方更容易接受的方案、如何让自身的言行更具说服力，根源是自己而不是对手，这一道理在日常生活中同样适用。

自我谈判和自我沟通有交集但也有不同，自我谈判是指在试图影响他人之前先放下所有成见，从内心深处发掘自己和对手的需求，学着改变自己，寻找能更好地满足自己和对手的方案。需要注意的是，发掘自己内心的需求是用同理心发掘对手需求的前提或基础，故而自我谈判的侧重点在前者。这一行为或方法不仅能提升自己的谈判力，更能提升自己的人格魅力。

威廉·尤里认为，自我谈判的过程是一个达成"内在一致"的循环：站在自己的立场上考虑问题，找到内在的最佳替代方案，与自己达成一致；重塑愿景，使之与现实生活相协调，专注于当下，与生活达成一致；尊重对方，付出与收获，与他人达成一致。每个一致都能使下一步变得简单，这三个一致会形成内在的一致（参见图7.2）。

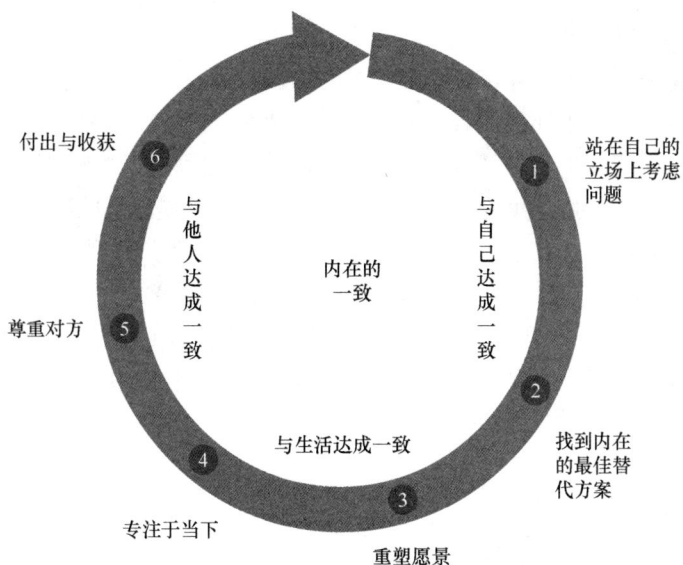

图 7.2　自我谈判步骤

取得谈判胜利的前提是先学会与自我谈判，即让"完美的自己"坐到谈判桌前。要让"完美的自己"来谈判，则需要保证内心的平衡（内在的一致）。

一、站在自己的立场上考虑问题

自我谈判的第一步是理解我们最有价值的"对手"——我们自己。我们经常说感同身受，但其实感受对方很难，运用同理心也很难，这是因为我们缺乏对自己的感知与理解的训练，下面这三种做法可以帮助我们增加对自己的感知力与理解力。

（1）从"看台"上观望自己。"看台"是一种比喻，代表一种远观、平静和自控的精神和情感空间。如果说我们是舞台上的一名演员，那么坐到观众席上，我们才能更清晰地看到整个舞台、整部戏和我们自己。

（2）带着同理心去倾听。带着同理心去倾听对方是理解他人最好的办法之一。同样，如果想理解自己，带着同理心去倾听自己同样奏效。不必评判自己，而是接受自己的本来面貌。带着同理心去倾听自己，要比单纯地观察能得到更深层的东西。观察是从外部观望，而倾听则是从内心去感受。观察能给你提供一种旁观者的视角，倾听则能让你深刻地体会。

（3）发掘自己的潜在（根本）需求。产生不满情绪的根源是需求（名、利……）未得到满足。在自我谈判中需要不停地用"为什么"来挖掘自己的真实利益和需求——"我为什么想要这个东西？""为什么是这个价格？""为什么我会生气？"……有必要的问题尽量多问，直到弄清楚自己的潜在需求。如果挖掘到自己的潜在需求和利益，就容易找到创造性的解决方案来满足自己的需求。

二、找到内在的最佳替代方案

发生冲突时，我们会本能地责怪对方。如果换一个角度，从对自己的生命、自己的关系、自己的需求负责的角度出发，关心自己的需求而不考虑对方的举动，能更容易找到内在的最佳替代方案。

1. 对自己的生命负责

尽管从理智上来说，我们知道自己要对自己的言行负责，但在审视自己的生活时，我们常常把不满意的结果归结于外部因素："我很努力，业绩也不错，没能升职（加薪）是因为老板（上司）讨厌（不喜欢）我。""我不能去旅游，因为我没钱。""我想在农村生活，之所以住在这儿，是因为我家人强迫我留下。"换言之，这些结果不是自己的决定，应该对此负责的是其他人或其他外部因素。有了自我理解（以"想在农村生活"为例），却没有责任感（不想和家人住一起），只会带来自怜的危险（为了家人我只好忍着）。有了责任感（应该和家人住一起），却没有自我理解（我不想住在这儿），只会演变为自责（我好无能）。要实现成功的自我谈判（现在先这样，未来再在农村安一个家，努力！），自我理解（我有我的追求）和责任感（也需要承担家庭责任）两者缺一不可。

2. 对自己的关系负责

"一个巴掌拍不响"，每段关系和每场冲突的参与方至少有两个，改变关系或化解冲突有其中一方即可做到。他人的缺点必须被视作他人的问题，而不是自己的问题，不必指责对方，只需斟酌回应的方法。对自己的关系（和谈判对手、和家人、和单位、和同事、和朋友……之间的关系）负责，就能找到改变这种关系的方法。

3. 对自己的需要负责

当我们在为某个目标寻找一种外部解决方案之前，我们应先向自己做一个坚定的、无条件的承诺，承诺关注自己最深层次的需求，不去考虑别人是否关注这种需求。我们的需求如果需要由别人来满足，则会影响我们的独立性。我们要保证自己的真实需求不依赖于他人，自己完全承担起满足自己需求的责任。这种承诺、责任感就是我们内在的最佳替代方案，它能为我们提供改变自身处境的动机和力量，这些动机和力量在身处逆境或冲突之时尤其重要。

三、重塑愿景

每个人都不可能获得想要的一切，能增加自己幸福感的方法只能是改变自己对生活的看法——知足才能常乐。福祸相依，即使身处逆境也不一定是坏事。在重塑生活愿景方面，可尝试以下三种做法。

1. 记住你与生活的联系

工作只是生活的一部分。一般认为，长期的学习、工作让我们习惯了通过左脑用逻辑的、批判的和充满限制的视角来看待这个世界，其实还有"更广阔的图景"需要我们通过右脑用艺术的、欣赏的、情感的视角去发掘。散步、静坐、冥想、欣赏或创造艺术品、倾听或弹奏动听的乐曲可以使右脑更发达，左右脑平衡能让我们发现生活中更美好的各种侧面。

2. 有能力为自己争取幸福

在谈判中，或许非输即赢这种想法最大的来源是匮乏感。当人们感觉资源不足的时候，往往就会发生矛盾。无论是两个部门负责人因为预算分配而发生矛盾，还是两个孩子因为一块蛋糕而发生争执，双方都很容易在不知不觉中采用非输即赢的处理模式，这对双方而言往往都得不偿失。幸福来自内心的满足感，内心的满足感会带来外在的满足感，而这种外在的满足感又会反过来强化内心的满足感——于是这种源自内心的良性循环便会一直持续下去，自己争取幸福的能力就会越来越强。那些发现自己有能力获得内心满足感的人，被困在匮乏感的思维陷阱中的可能性较小，运用自己内在的创造力来做大利益蛋糕的可能性较大。

3. 学会感激生活的教导

有人说，人之所以觉得快乐，是因为对生命感恩。对于获得幸福，或许没有什么比培养我们的感恩之心更好的办法了。罗伯特·艾曼斯是对感恩进行科学研究的人员之一，他表示：我们发现的一些科学证据表明，富有感恩心的人能享受到心理上、身体上和社会上的大量好处。感恩会给生活带来革命性的变化，更重要的是，那些懂得感恩的人的家人、朋友、伴侣和其他人似乎要快乐很多，也会给周围的人带来更多欢乐。

四、专注于当下

发生冲突时，我们很容易因为对过去的愤恨或未来的焦虑而陷入迷茫。这时，我们应采取相反的做法，把精力集中在当下。

1. 学会放手

在重塑愿景中，我们是否能够真的放松、顺其自然，还取决于我们认为自己与这个善意的世界有多少密切的联系。倘若我们能重塑生活的愿景，找到内心的满足感，我们就更愿意放下对过去的愤恨和对未来的焦虑。重塑愿景能使我们放松下来，享受当下的生活。

2. 接受过去

人们非常容易因为沉湎于过去而忽视当前结束冲突和痛苦的机会。抓住过去不放，会让达成令双方都满意的结果变得遥不可及，从而给自身带来毁灭性影响。此外，这样做还会夺走我们的快乐，乃至威胁我们的健康。接受过去，真的可以让人获得解放。南非前总统纳尔逊·曼德拉在回忆自己的监狱生涯时说："我恨那段历史！我老了，不怕说实话。我内心充满愤恨与恐惧，但我对自己说，如果现在依然对他们心怀怨恨，那我仍旧是他们的囚徒。我想要自由，所以我放下了仇恨。"

3. 相信未来

对未来我们不必恐惧，而应选择相信。这里所谓的相信，并不是相信我们未来不会遇到任何挑战或痛苦，而是相信自己能应对它，相信未来会更美好。相信并不是态度的突然转变，而是面临选择时的一种从容和坦然。无论是对客户还是上司，对配偶还是同伴，我们应相信自己在未来与他们的互动过程中能做出比过去更好的选择。

4. 拥抱现在

一旦我们把自己从过去的负担和未来的阴影中解放出来，就能够在当下自由地生活。我们可以时不时地回顾过去，从中吸取教训，还可以探索未来，无论如何我们最后必须立足唯一一个能让我们做出积极改变的地方——当下。谈判过程中，通过关注当下和发现当前的机会，我们可以非常轻松地与他人达成一致。

五、尊重对方

面对谈判对手，我们应该"以牙还牙、以眼还眼"，还是"以德报德，以直报怨"？谈判对手发起人身攻击时，我们应选择反击，还是选择尊重和包容对方？

1. 站在他人的立场上考虑问题

无论是在日常生活中还是谈判中，利用同理心进行换位思考，多想想：他眼中的世界是怎样的？他内心有什么感觉？如果我是他，会采取何种举动，又会做何反应？我们的所思所想或许并不准确，但最终影响会出乎意料的好。因为通过上述思考，通常都能比较准确（哪怕不是很准确）地理解他人及其需求，与其达成一致自然会容易许多。

2. 扩大你的尊重对象范围

无论是家庭纠纷、工作矛盾还是商业冲突，要想解决矛盾，我们首先就要改变自己的态度，并有意识地扩大自己尊重对象的范围，包括潜意识里不想尊重的人。

3. 即使他们拒绝了你，也要对他们表示尊重

当感觉自己受到攻击的时候，人类的本能是防御和反击。然而，防御和反击会产生破坏性循环。谈判是为了达成一致而不是进行你死我活的斗争，当我们感觉自己遭到对方拒绝，如观点遭到否定、需求和利益被忽视时，一定还要对他们表示尊重，以免产生破坏性循环。

六、付出与收获

寻找对每个人都有好处的多赢方案的关键在于把索取变为付出。这里的索取指的是只考虑自己的利益，而付出指的是为他人创造价值（不仅仅是为自己），付出是合作的核心。

1. 为双方的共同利益付出

在处理冲突或进行谈判时，我们有四种可选方案，如何选择取决于我们如何看待自己和对方的利益：①冷酷无情、满怀敌意的非输即赢策略——我们只关心自己的利益；②温和的让步策略——只关心对方的利益，不在乎自身利益；③逃避，根本不谈论问题策略——既不在乎对方的利益，也不在乎自身利益；④双赢的策略——既关心对方的利益，也关心自己的利益。

非输即赢策略一般至少会让一方甚至双方都遭受损失。温和的让步策略通常不会有好的效果，例如企业为了取悦客户而不计成本，那么这个企业就无法长久地发展下去，更不用说继续为客户服务了。总而言之，只有双赢的策略能带来最好和最持久的协议与关系。

2. 为快乐和意义付出

为了培养付出的态度，我们可以尝试发现付出给我们带来的纯粹的快乐。太阳的本质就是发光发热，它并不期望得到任何回报，我们也会发现真正的快乐来自自然而然的付出，同时不去思考自己能够得到什么直接而有形的回报。我们或许可以得出一个看似有些矛盾的结论——只为获得付出的快乐而付出，往往能为我们带来最大的满足感。这一点，不仅在日常生活中适用，在谈判中也同样适用。

3. 付出你能够付出的东西

能付出的东西自然需要先被我们拥有，我们不只拥有能用金钱衡量的财富，还有很多无法用金钱衡量的东西：照顾朋友的孩子或年迈的父母，帮邻居扫雪，在同事生病的时候主动承担一些工作职责，对街头的陌生人表示友善，谈判中提示对方未注意到的可能事项。这些付出基本上只需要我们的真诚，或许显得微不足道，但往往能让对方有很大的改变，也常常给自己带来想象不到的利益。

📖 本章小结

商务谈判是关于商业事务的谈判,具体是指两个或两个以上从事商务活动的组织或个人,为了满足自身经济利益的需要,就涉及各方切身利益的分歧进行意见交换和磋商,谋求取得一致和达成协议的经济交往活动。

商务谈判的特征:①商务谈判总是以谈判双方某种利益需要的满足为目标,建立在人们实际需要的基础之上;②商务谈判是一个沟通的过程;③商务谈判的实质是一种说服活动。

商务谈判的构成要素有商务谈判当事人、商务谈判标的、商务谈判议题和商务谈判环境。

商务谈判按照不同的标准可以划分为不同的类型。

商务谈判的基本原则是指导商务谈判活动的思想和准则,是商务谈判者在商务谈判中应遵循的行动指南,包括人事分开原则、集中于利益而非立场原则、双赢原则、客观原则。

突破型谈判策略告诉我们在遇到对方各种拒绝和对抗的情况下如何达成与对方的合作。

促使谈判走向成功的最关键的一步是自我谈判,自我谈判的过程是一个达成"内在一致"的循环:站在自己的立场上考虑问题,找到内在的最佳替代方案,与之达成一致;重塑愿景,使之与现实生活相协调,专注于当下与生活达成一致;尊重对方,付出与收获,与他人成一致。

📖 综合练习

一、单项选择题(在每小题的四个备选答案中,选出一个正确的答案,将其序号填在括号内)

1. 商务谈判的条件是(   )。

  A. 互利的需要   B. 一致的需要   C. 精神需要   D. 物质需要

2. 商务谈判双方当事人权利和义务共同指向的客观事物是(   )。

  A. 谈判环境   B. 谈判当事人   C. 谈判议题   D. 谈判标的

3. 适用于链条式复合问题的谈判是(   )。

  A. 纵向商务谈判   B. 横向商务谈判   C. 国际商务谈判   D. 国内商务谈判

4. 硬式商务谈判也可称为(   )。

  A. 原则型商务谈判   B. 立场型商务谈判

  C. 让步型商务谈判   D. 整合式谈判

5. 当谈判双方之间无法协调时可采取的谈判原则是(   )。

  A. 人事分开原则   B. 集中于利益而非立场原则

  C. 双赢原则   D. 客观原则

二、多项选择题(在每小题的五个备选答案中,选出二至五个正确的答案,将其序号填在括号内,多选、少选、错选均不得分)

1. 按方向进行划分,商务谈判可以划分为(   )。

  A. 纵向商务谈判   B. 横向商务谈判   C. 主场商务谈判

  D. 客场商务谈判   E. 中立地商务谈判

2. 按范围进行划分，商务谈判可以划分为（　　　）。
　　A. 让步型商务谈判　　B. 立场型商务谈判　　　C. 原则型商务谈判
　　D. 国际商务谈判　　　E. 国内商务谈判

3. 按地点进行划分，商务谈判可以划分为（　　　）。
　　A. 主场商务谈判　　　B. 客场商务谈判　　　　C. 中立地商务谈判
　　D. 国内商务谈判　　　E. 国际商务谈判

4. 按透明度进行划分，商务谈判可以划分为（　　　）。
　　A. 公开商务谈判　　　B. 让步型商务谈判　　　C. 立场型商务谈判
　　D. 原则型商务谈判　　E. 秘密商务谈判

5. 按参与人数进行划分，商务谈判可以划分为（　　　）。
　　A. 单人商务谈判　　　B. 让步型商务谈判　　　C. 立场型商务谈判
　　D. 原则型商务谈判　　E. 小组商务谈判

6. 按性质进行划分，商务谈判可以划分为（　　　）。
　　A. 正式商务谈判　　　B. 非正式商务谈判　　　C. 主场商务谈判
　　D. 客场商务谈判　　　E. 中立地商务谈判

7. 按双方接触的方式进行划分，商务谈判可以划分为（　　　）。
　　A. 直接商务谈判　　　B. 让步型商务谈判　　　C. 原则型商务谈判
　　D. 间接商务谈判　　　E. 立场型商务谈判

8. 按双方所持的态度进行划分，商务谈判可以划分为（　　　）。
　　A. 让步型商务谈判　　B. 立场型商务谈判　　　C. 原则型商务谈判
　　D. 直接商务谈判　　　E. 间接商务谈判

9. 按内容进行划分，商务谈判可以划分为（　　　）。
　　A. 商品贸易商务谈判　B. 投资项目商务谈判　　C. 技术贸易商务谈判
　　D. 劳务贸易商务谈判　E. 索赔商务谈判

10. 商务谈判的基本原则包括（　　　）。
　　A. 人事分开原则　　　B. 集中于利益而非立场原则
　　C. 双赢原则　　　　　D. 客观原则　　　　　　E. 秘密原则

11. 制约谈判合作的因素包括（　　　）。
　　A. 自身的习惯性反应　B. 对方的情绪　　　　　C. 对方的立场
　　D. 对方的不满　　　　E. 对方的力量

三、名词解释题

纵向商务谈判　　横向商务谈判　　商品贸易商务谈判　　投资项目商务谈判　　技术贸易商务谈判　　劳务贸易商务谈判　　索赔商务谈判　　突破型谈判

四、简答题

1. 简述纵向商务谈判的优缺点。
2. 简述横向商务谈判的优缺点。
3. 简述国际商务谈判的特点。
4. 简述主场商务谈判的优缺点。
5. 简述单人商务谈判的优缺点。

6. 简述小组商务谈判的优缺点。

7. 简述商务谈判的基本原则。

8. 简述突破型谈判的基本策略。

五、综合案例分析

日本公司与澳大利亚公司的钢铁和煤炭谈判

曾有媒体报道，日本某公司需要购买一批钢铁和煤炭用于生产。该公司与澳大利亚供应商取得联系，并邀请澳大利亚供应商到日本就购买钢铁和煤炭的事项进行商务谈判。在商务谈判开始之后，澳大利亚供应商坚持按照过去卖给日本另一家公司的价格来定价，坚决不让步，商务谈判陷入了僵局，供应商在日本停留的时间也就相应延长了。

澳大利亚人过惯了本国的生活，到了日本之后，时间稍长，就急于回去，在商务谈判桌上常常表现出急躁的情绪。作为东道主的日本商务谈判代表则不慌不忙地讨价还价，掌握了商务谈判的主动权。

日方为了加强主动地位，开始与别国供应商频频接触，洽谈相同的项目，并有意将此情报传播出去，同时通过有关人员向澳大利亚供应商传递价格信息。与此同时，日方亮出了在国外获取的情报——澳大利亚供应商在两个月前以低于当前要价10%的价格将钢铁和煤炭卖给了匈牙利客商。

澳大利亚供应商本来就不想失去这笔交易，在以物价上涨、货品质量不同等理由狡辩了一番后，最终接受了日方提出的价格。

思考讨论题

1. 日本公司与澳大利亚公司就钢铁和煤炭进行商务谈判的原因是什么？

2. 构成本次商务谈判的要素有哪些？

3. 按照不同的商务谈判分类标准，本案例分别属于什么类型的商务谈判？

4. 日方在谈判中贯彻了哪些商务谈判的基本原则？

进一步学习

推荐看

《谈判力》

访一访

寻找一位企业人士，采用聊天或者模拟正式访谈的形式，围绕对方曾经参与的谈判事件展开谈话，用手机等设备录制谈话过程，并回放给老师和同学，请老师、同学进行点评。

反思一下

回想自己的人生经历，写下或者口述自己经历过的一次失败的谈判、一次成功的谈判，并总结学习本章的收获。

第八章　商务谈判原理

【学习要点及目标】

1. 理解谈判产生的前提。
2. 理解并掌握解决谈判冲突的方法。

3. 掌握谈判的实质。

【核心概念】

冲突　　冲突的解决　　说服　　对话

亚非公司的问题

亚非公司是某中资集团公司在非洲投资的一家产品组装企业，主要员工从当地雇用，中方只派出了管理人员和技术骨干。成立之初，该集团公司计划两年内完成当地骨干员工的培训工作，而后撤回大部分管理人员和技术骨干以开拓新市场。该公司成立之后极大地推进了该集团公司产品在非洲的销售，三四年间销售额几乎连年翻番。销售情况虽然良好，但当地骨干员工的培训并不顺利。例如，当地员工不适应、不理解中资企业的加班文化，进而导致较高的离职率；消除语言障碍进展缓慢，正式沟通和培训都得通过翻译进行；柔性化生产对员工技能水平、遵规守纪观念要求较高，前者倒还好，后者让培训负责人极为头疼。

该集团公司有较为先进的管理信息系统，但各部门之间的协作效率还有待提升，如：散落在非洲各地的销售部员工经常抱怨国内研发部不能很好地领会自己反馈的客户需求，研发部员工也不时因一些莫名其妙的客户需求伤透脑筋；销售部、研发部都认为亚非公司的生产效率、产品品质与国内工厂差距过大；亚非公司负责人常抱怨一些订单工期太短影响生产排序……研发部胡经理虽然技术水平首屈一指，但似乎心胸狭窄，管理水平有限，两年内该部门员工离职率超过20%，其中包括多名技术骨干。

如何看待该集团公司的上述问题？有什么好的解决方法吗？

案例导学

首先，亚非公司中方员工与当地员工之间存在冲突。这种冲突存在于组织的不同层级之间，它属于群际冲突，也属于跨文化冲突。亚非公司不仅需求根据当地具体情况设计更合理的报酬体系，以激发当地员工的积极性，更需要在文化层面加强沟通、培训，以增强当地员工的"主人翁"意识并提升其职场素养。

其次，该集团公司的各部门之间存在冲突。这种冲突存在于同一组织层级的不同部门之间，是另一种群际冲突。虽然信息管理系统可在一定程度上促进信息的流通，但集团公司还应实施关联性绩效评估，并想办法加强各部门主管甚至员工之间的交流，以期提升各部门之间的协作效率。

最后，胡经理与其下属之间存在冲突。这种冲突存在于两个或两个以上的个体之间，称为人际冲突。集团公司负责人应督促胡经理加强与下属间的沟通，改进自己的管理方式，如效果不佳则应考虑调整其岗位。

第一节 谈判产生的前提

谈判产生的前提是谈判双方在观点、利益和行为方式等方面既相互联系，又存在冲突或有所差别。双方都期望从对方处获得某种需要的满足，这就构成了他们之间的相互联系；但是，双方又都希望能在对己方最有利的条件下满足自身的需要，这就必定会发生冲突或产生差别，从而使谈判成为必要。

一、冲突的概念

谈判双方在谈判过程中产生意见和分歧，出现争论、对抗，导致彼此之间关系紧张，这种紧张状态称为冲突。该定义强调了以下三点。

（1）冲突是普遍现象，它可能发生于人与人之间、人与群体之间、群体与群体之间，等等。

（2）根据冲突的性质不同，冲突可以分为三种类型：①目标性冲突，即冲突双方由于具有不同的目标而发生的冲突；②认识性冲突，即不同群体或个人在对待某些问题时由于认识、看法、观念之间的差异而引发的冲突；③感情性冲突，即人们之间由于存在情绪与情感上的差异而引发的冲突。

（3）冲突表明双方意见对立或不一致，以及有一定程度的相互作用。它有各种各样的表现形式，如暴力、破坏、无理取闹、争吵等。

二、冲突的类型

冲突具有不同的表现形式，按照其表现形式的不同，可以分为五种类型。

（1）内心冲突。当同一个人面对互不相容的多个目标或试图从事两种及以上互不相容的活动时，会形成内心冲突。

（2）人际冲突。两个或两个以上人员在交往时，由于各自的工作或生活目标、风格和价值理念互不相同，会产生人际冲突。

（3）群体内冲突。在群体中，由于群体内的各个成员对问题的认识不同，对群体目标、活动或程序的意见各异，而出现群体内冲突。

（4）群体间冲突。不同群体、职能部门或子公司，由于在工作任务、资源和信息等方面的处理方式不同，从而会发生群体间冲突。群体间冲突有时是同级之间的"水平式冲突"，有时则是跨越管理层次的"垂直式冲突"。

（5）跨文化冲突。这是由于人们的文化背景不同而出现的组织文化冲突。管理心理学研究表明，在注重个体价值取向的文化背景下，人们会鼓励竞争行为；而在群体价值取向占支配地位的文化背景下，人们则更注重合作。拥有各种不同文化背景的员工或管理人员共事时，比较容易出现跨文化冲突。

三、冲突的过程

管理学家斯蒂芬·P. 罗宾斯提出的五阶段冲突理论，把冲突的过程分为五个阶段：潜在的对立或不一致、认知和个性化、行为意向、行为、结果，如图 8.1 所示。

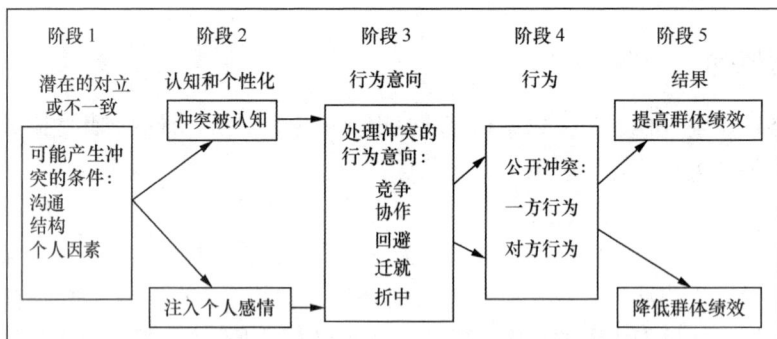

图 8.1　五阶段冲突理论

1. 潜在的对立或不一致

阶段 1 存在可能产生冲突的条件。这些条件并不一定会导致冲突，但它们是冲突产生的必要条件。可能产生冲突的这些条件或根源可概括为沟通、结构和个人因素三类。

（1）沟通。沟通失效的因素来自误解、语义理解上的困难以及沟通渠道中的噪声。沟通得过多或过少（传递的信息过多或过少）也会增加冲突产生的可能性。显然，沟通在达到一定程度之前是功能性的，而当沟通超过这一程度后，就可能产生过度沟通，会导致冲突产生的可能性增加。另外，沟通渠道也会影响冲突的产生。人与人之间在传递信息时会进行过滤，来自正式或已有渠道中的沟通偏差，同样增加了冲突产生的潜在可能性。

例 8.1

苏珊在百时美施贵宝公司采购部已工作了三年，她喜爱这份工作很大程度上是因为她的上司蒂姆·麦圭尔是个非常容易共事的人。六周前，蒂姆升职了，他的职位由查克·本森接替。苏珊说她现在的工作总是一团糟："蒂姆和我有很多共同之处，但查克完全不一样。他今天让我做这件事，我照办了，明天却说我做错了。我觉得他总是心里想的是一回事，但表达出来的是另一回事，从他来的第一天就是这样。而且，他几乎天天冲着我大喊大叫。你知道，有些人非常容易交流和沟通，但查克绝不是这样的人。"

【解析】上面的案例中，苏珊的谈话表明沟通失效可能是他们之间产生冲突的原因。这些不一致的因素可能来自误解、语义理解上的困难以及沟通渠道中的噪声。词汇含义的差异、使用专门术语、信息交流得不够充分，以及沟通渠道中的噪声这些因素构成了沟通障碍，成为产生冲突的潜在条件。具体而言，有研究表明，培训差异、选择性知觉、缺乏有关他人的必要信息等，都会导致沟通双方在语义理解方面产生困难。

（2）结构。结构包括了这样一些变量：规模、分配给群体成员任务的专门化程度、管辖范围的清晰度、员工与目标之间的匹配性、领导风格、奖酬体系，以及群体间的相互依赖程度。研究表明，群体规模和任务的专门化程度可能成为激发冲突的动力。群体规模越大，任务越专门化，则越可能出现冲突。

~~~ 例 8.2 ~~~

夏洛和张瑞一起在家具市场工作，这是一个大型平价家具市场。夏洛是柜台销售人员，而张瑞是公司的经理。这两位女性彼此认识多年，有很多相似之处，她们住得很近，她们的女儿同在一所中学读书，而且是好朋友。如果夏洛和张瑞不在一起工作的话，她们可能会成为好朋友。但实际上，她们两人时常发生冲突。夏洛的工作是销售家具，她干得很出色，最近公司推出买家具可以采用信用贷款的促销方式。张瑞的工作是将公司在信用贷款方面的损失降到最低程度，她时常会拒绝夏洛谈好但不具备贷款条件的顾客的贷款申请。她们之间的冲突无关个人问题，是各自的工作导致的。

【解析】上面的案例中，夏洛和张瑞之间的冲突事实上是结构性的。研究表明，群体规模和任务的专门化程度可能成为激发冲突的动力。群体规模越大，任务越专门化，则越可能出现冲突。另外，有人发现任职时间和冲突产生的可能性呈负相关性。如果群体成员都十分年轻，并且群体的离职率又很高，冲突产生的可能性更大。对活动负责人的界定模糊性越强，冲突产生的潜在可能性就越大。管辖范围的模糊性也增加了群体之间为控制资源和领域而产生冲突的可能性。组织内的不同群体有着不同的目标。比如，市场部关注的是出售产品和获得收益；质量控制部关注的是提高产品质量，保证产品符合标准；财务部关注的是资金回流和资金安全。

（3）个人因素。个人因素包括价值系统和个性特征，它们构成了个人的风格，使得每个人不同于其他人。有证据表明，具有特定个性特质的人，例如具有较高地位、武断和缺乏自信的人容易与他人产生冲突；而价值系统的差异，如人们对自由、幸福、勤奋、工作、自尊、诚实、服从和平等的看法不同，也是导致冲突的一个重要原因。

2. 认知和个性化

如果阶段 1 中提到的条件会对其中一方关心的事情造成某种程度的消极影响，那么，在阶段 2 中，潜在的对立和失调就会显现出来。

冲突的定义强调，冲突的产生必须有知觉存在。也就是说，一方或多方必须意识到前面提到的条件的存在。然而，认识到冲突的存在并不意味着它被人格化了。换句话说，"A 可能认识到 B 与 A 的意见十分不一致，但这并不一定会让 A 感到紧张或焦虑，也不一定会影响 A 对 B 的感情。"

当个体有了情感上的卷入时，则表现为情感水平上的冲突，此时双方都会产生焦虑、紧张、挫折或敌对等情绪。这里需要强调以下两点。

第一，阶段 2 之所以重要，是因为此时冲突问题容易明确地突显出来。在这一过程中，双方显现出来的冲突确定了冲突的性质。反过来，这种"意义明确的过程"非常重要，因为冲突性质的界定对于找到冲突的解决办法有着重要的影响。比如，如果把冲突双方在薪水上的差异界定为一种零和情境（也就是说，增加了一方的薪水，则另一方的薪水就会相应减少），那么，其中一方当然不乐意妥协。但如果把冲突界定为一种潜在的双赢情境（即薪水总量是能提高的，因此冲突双方都可以得到自己希望的加薪结果），这样就会增加折中方案产生的可能性。可见，冲突的界定非常重要，因为它通常能勾勒出解决冲突的各种办法。

第二，情绪对于知觉的影响十分重要。比如，研究发现，消极情绪会导致对问题进行过于简单化处理，导致对他人的信任感降低，而且对对方表现出来的行为也会做出负面理解；相反，积极情绪则增加了针对困难问题考察其各项因素潜在联系的可能性，有利于以更为开阔的眼光看待情境，采用的冲突解决办法也更为主动。

3. 行为意向

行为意向介于一个人的认知和外显行为之间，是指人们采取某种特定行为的决策。行为意向之所以作为独立阶段划分出来，是因为行为意向会导致行为动作的产生。很多冲突之所以不断升级，主要原因之一是一方对另一方的行为进行了错误归因。为了明确了解自己如何对他人的行为做出回应，你必须首先推断出他人的行为意向。很多冲突之所以不断升级，另一个主要原因是一方错误地推断了另一方的行为意向。另外，行为意向与行为之间并不是简单、直接的因果关系，可能会受到其他因素的影响，因此，一个人的行为并不总能准确地反映出他的行为意向。

处理冲突的主要行为意向分为两个维度：一是合作性（一方愿意实现另一方愿望的程度），二是自我肯定性（一方愿意实现自己愿望的程度）。根据这两个维度，人们确定了五种处理冲突的行为意向：竞争（自我肯定但不合作）、协作（自我肯定且合作）、回避（自我否定且不合作）、迁就（自我否定但合作）和折中（合作性与自我肯定性均处于中等程度）。

（1）竞争（competing）。当一方在冲突中寻求自我利益的满足，而不考虑冲突对另一方的影响时，他就是在采取竞争的做法：试图以牺牲他人的目标为代价来实现自己的目标；试图说服对方自己的结论是正确的，而对方的结论是错误的，以及当问题出现时试图怪罪别人。

（2）协作（collaborating）。当冲突双方均希望满足双方利益时，就可以进行相互之间的合作，并寻求相互受益的结果。在协作中，双方的意图是找到解决问题的办法，而不是迁就不同的观点。其做法应是坦率地澄清差异与分歧，试图找到双赢的解决办法，使双方的目标均能得以实现，寻求可以综合双方意见的方案。

（3）回避（avoiding）。一方可能意识到了冲突的存在，但希望逃避它或抑制它。具体而言，回避就是指冲突的一方试图忽略冲突，回避与己方不同的其他意见。

（4）迁就（accommodating）。如果一方想要安抚对方，则可能愿意把对方的利益放在自己的利益之上。换句话说，迁就指的是为了维持相互关系，一方愿意做出让步。这方面的例子有：愿意牺牲自己的目标，使对方达到目标；尽管自己有所损失，但还是支持他人的意见；原谅某人的违规行为并允许他继续这样做。

（5）折中（compromising）。当冲突双方都寻求放弃某些东西，从而共同分享利益时，则会产生折中的结果。在折中的做法里，没有明显的赢家或输家。他们愿意共同解决冲突问题，并都能接受一种双方需求都不能被彻底满足的解决办法。因此，折中的明显特点是，双方都倾向于放弃一些利益。

在冲突情境中，行为意向为冲突双方提供了总体的指导原则。它界定了双方需要达成的目标。但人们的行为意向并不是固定不变的。在冲突过程中，由于双方间的重新认识或另一方对于行为的情绪反应，双方的行为意向也会发生改变。不过，研究表明，人们在采取何种方式处理冲突上总会有一种基本的倾向。具体而言，上述五种处理冲突的行为意向中，各人有各人的偏好，这种偏好是稳定而一致的。并且，如果把个体的智力特点和人格特点结合起来，就可以很有效地预测人们的行为意向。因此，这五种处理冲突的行为意向是相对稳定的，而不是一个人为了迎合某种恰当的环境做出的选择。也就是说，当人们面对冲突情境时，有些人希望不惜一切代价获胜，有些人希望寻求一种最佳的解决方式，有些人希望逃避，有些人希望施惠于人，还有一些人则希望"同甘共苦"。

4. 行为

当一个人采取行动去阻止别人达到目标或损害他人的利益时，就处在冲突过程的第4阶段。这种行为必须是有企图的和为对方所知的。在这一阶段，冲突会公开化。这一阶段是一个动态的相互作用过程。公开的冲突包括行为的整个过程，从微妙、间接、节制，发展到明显、直接、粗暴、不可控的斗争。

大多数人在考虑冲突情境时，倾向于看重和强调阶段4。为什么呢？因为在这一阶段，冲突是明显表现出来的。行为阶段包括冲突双方进行的声明、活动和态度。冲突行为通常是冲突双方实施行为意向的公开表现。但与行为意向不同，这些行为对对方而言都具有刺激性。由于判断失误或在实施过程中缺乏经验，有时人们的外在行为会偏离原本的行为意向。

把阶段4看成一个相互作用的动态过程，会对我们的思考有所帮助。比如，一方提出要求，另一方对此提出争辩；一方威胁另一方，另一方予以还击……所有的冲突都处于这个连续过程的某一个阶段。在这个连续冲突过程的开始，冲突以微弱、间接、高度控制紧张状况为特点。

如果冲突起源于功能失调，冲突双方应如何降低冲突水平呢？反过来，当冲突水平过低，需要提高时，双方又会应用哪些办法来提高冲突水平呢？冲突管理技术给出了一些常用的解决冲突技术和激发冲突技术，这些冲突管理技术能帮助管理者控制冲突水平。

解决冲突的常用技术有以下几种。

（1）解决问题。冲突双方面对面沟通，通过坦率、真诚地讨论来研究问题并解决问题。

（2）提出一个更高目标。冲突双方提出一个共同的目标，该目标不经过冲突双方的协作努力是不可能达到的。

（3）拓宽资源。如果冲突是由于资源缺乏造成的，那么对资源进行开发就可以找到实现双赢的解决办法。

（4）回避。逃避或抑制冲突。

（5）缓和。通过强调冲突双方的共同利益，弱化它们之间的差异性。

（6）折中。冲突双方各自放弃一些有价值的东西。

（7）权威命令。管理层运用权威来解决冲突，然后向卷入冲突的各方传达指令。

（8）改变个人因素。通过行为改变技术（如人际关系训练）转变造成冲突的态度和行为。

（9）改变结构因素。通过工作重新设计、工作调动、建立合作等方式改变正式的组织结构和冲突双方的相互作用模式。

激发冲突的常用技术有以下几种。

（1）运用沟通。利用模棱两可或具有威胁性的信息可以提高冲突水平。

（2）引进外人。在群体中补充一些在背景、价值观、态度和管理风格方面均与当前群体成员不同的个体。

（3）重新构建组织。调整工作群体，改变规章制度，增强相互依赖性，实施其他类似的结构变革，以打破现状。

（4）任命一名吹毛求疵者。在群体中安排一名吹毛求疵者，他总是有意与组织中大多数人的观点不一致。

5. 结果

冲突双方行为、反应的相互作用导致了最后的结果。如果冲突能提高决策的质量，激发革新与创造，调动群体成员的兴趣与好奇心，提供公开问题、消除紧张情绪的渠道，培养自我评估和变革的环境，那么这种冲突就具有建设性；如果冲突带来了沟通的迟滞、组织凝聚力的降低，使组织成员之间的明争暗斗升至首位，而组织目标降到次位，那么这种冲突就是破坏性的，在极端情况下，这种冲突可能会威胁到组织的生存。

冲突双方行为、反应的相互作用导致的这些结果可能是功能正常的——冲突的结果提高了群体的工作绩效，也可能是功能失调的——冲突的结果阻碍了群体的工作绩效，如图8.1所示。

结果功能正常的冲突是怎样提高群体工作绩效的呢？很难想象会有这样公开的或激烈的敌对情境能够导致功能正常的结果。但是，大量事实使我们认识到，中低水平的冲突可以增强群体的有效性。

冲突还是治疗和矫正集体思考与集体决议的办法，它不允许群体消极地、"不加思考"地赞同下面的这些决策：建立在不堪一击的假设基础上的决策、未充分考虑其他备选方案的决策及带有其他弊端的决策。

冲突向现状提出挑战，并推动冲突双方产生新思想。它促使人们对群体目标和活动进行重新评估，提升了群体对变革的迅速反应能力。

~~例 8.3~~

从20世纪60年代末到20世纪90年代末，通用汽车公司的很多问题都可以追溯到冲突匮乏上来。公司聘用并提升的那些总是"点头称是的好好先生"，这些人对公司极为忠诚，以致从来不质疑公司的任何活动。该公司中的大多数管理者都是保守的，他们抵制变革，更愿意回忆过去的成功，而不是面对新的挑战。他们几乎把过去的工作视为一种神圣的理念，而且在未来要继续保持。另外，这些高层管理者都栖身于底特律的总部办公室，仅仅与通用汽车公司内部的高层人士进行社会交往，这使得他们进一步远离了与他们有冲突的观点。

管理者和员工之间相处太融洽了，以致都不会去挑战现状。这使得新思想难以向上渗透，企业中的不同意见减少到了最低程度。

【解析】组织内部不应该总是一团和气。这一问题使通用汽车公司在这一时期的发展陷入困境，值得我们警醒。相反，冲突对群体或组织绩效的破坏性作用已经广为人知。有关这方面的内容可以客观、合理地概括为，失控的对立与冲突带来不满，导致连接纽带的破裂，并最终使群体灭亡。冲突比较明显的不良结果有沟通的迟滞，群体凝聚力的降低，群体成员之间的明争暗斗升至首位，而群体目标降到次位。在极端情况下，冲突会导致群体功能的丧失，并可能威胁到群体的生存。

例 8.4

惠普公司对那些被视为"格格不入"的持不同意见者或者那些虽然自己的意见未被管理层采纳但依然坚持己见者给予奖励。赫曼米勒是一家办公家具生产商，该公司有一个员工可以评估和批评自己上司的正式系统；IBM也有这样一个鼓励员工提出不同意见的正式系统。员工们可以对上司质疑，而不会受到处罚。如果分歧仍得不到解决，该系统将提供第三方调解。荷兰皇家壳牌集团、通用电气公司、博世公司都在决策过程中引入了喜欢吹毛求疵的提意见者。比如，博世公司的政策委员会在考虑一项重大举措时（诸如是否涉足某一行业或进行一项大投资等），常常会把对该问题持各种意见的人聚集到一起，这一做法通常使得公司的决策与采取的方案不同于原先。

【解析】能够成功地激发功能正常的冲突的组织都有一个共同的特点：它们奖励持异议者而惩罚冲突的回避者。不过，对管理者来说，真正的挑战还是在于他们听到自己不想听到的建议或者意见之时。这些建议或者意见常常让他们感到怒发冲冠或者希望破灭，他们却不能表现出来。管理者需要学会以平常心对待坏消息。他们不能愤怒指责，不能讽刺挖苦，不能爱搭不理，不能咬牙切齿，而应心平气和地问"你能详细谈谈所发生的事吗？"或"你认为我们该怎么办？"，向提出异议者真诚地表达"感谢你让我注意到这一点"，这样就会降低今后再出现类似沟通问题的可能性。

📋 **小贴士**

斯蒂芬·P. 罗宾斯

斯蒂芬·P. 罗宾斯是美国著名的管理学教授、组织行为学方面的权威，在亚利桑那州立大学获得博士学位。他曾就职于荷兰皇家壳牌集团和雷诺金属公司，有着丰富的实践经验，并先后在布拉斯加大学、协和大学、巴尔的摩大学、南伊利诺伊大学、圣迭戈大学任教。

罗宾斯博士兴趣广泛，尤其在组织冲突、权力和政治及开发有效的人际关系技能等方面成就突出。他的研究集中在组织中的冲突、权威、政治及有效人际关系技能的开发方面。读者可登录斯蒂芬·P. 罗宾斯的个人网站，了解更多的信息。

四、冲突的作用

对组织而言，冲突既有积极的作用，又有消极的作用。其积极作用主要体现在以下三个方面。

（1）解决冲突的过程有可能激发组织内的积极变革。人们为了消除冲突，就要寻求改变现有方式和方法的途径。组织在寻求解决冲突途径的过程中，不仅可能导致组织内的革新或者变革，而且可能使得变革更容易为员工所接受，甚至可能使得变革为员工所期望。

（2）在决策的过程中有意地激发冲突，可以提高决策的正确性和有效性。在群体决策的过程中，由于从众压力、某权威人士控制局面，或凝聚力强的群体为了取得内部一致，而不愿考虑更多的备选方案，就可能因方案未能列举充分而造成决策不能取得一致的支持。如果管理者以员工提出反对意见或提出各种不同看法的方式来激发冲突，就可能得到更多的创意或者想法，这样能进一步增强决策的正确性和有效性。

（3）冲突可能形成一种竞争气氛，促使员工振奋精神，更加努力。引发一个或多个目标冲突的竞争，也有一定的好处。如果员工觉得在工作绩效方面存在着竞争，就可能振奋精神，力求在竞争中名列前茅。

冲突对组织的消极作用主要体现在以下两个方面。

（1）冲突可能会分散资源。冲突可能会分散人们为实现目标而做出的努力，甚至会使组织所拥有的资源没有主要用来实现既定目标，而是消耗在了解决冲突上。在实际工作中，时间和金钱这两种重要资源常被组织分散到消除冲突上。

（2）冲突有损员工的心理健康。有研究表明，人们置身于对立的意见中时，往往会产生"敌意"，变得紧张和焦虑。随着时间的推移，冲突的存在可能使人们之间相互支持、相互信任的关系难以建立和维持。

五、冲突的解决

一般来说，冲突出现后有激化和解决两种可能。具体地说，冲突的结局可能有以下三种。

（1）一方战胜另一方，或一方服从于另一方。冲突双方经过斗争（谈判、裁决、投票表决等），一方被证明（或裁决）为正确（或可取），占据主导地位，另一方则居于服从的地位。

（2）冲突双方僵持不下，继续维持现状。冲突的双方，或势均力敌，或分歧太大，或互不相让，冲突一时解决不了，就有可能僵持下去，需要双方另寻时机加以解决。

（3）冲突双方的意见各有道理，不易统一，也不宜统一，可各自保留意见，随着时间的推移在实践中加以解决。时间和实践或许会证明，双方的意见并不是互不相容，可能都是可行的。

实质上，解决冲突的出路只有一条，那就是谈判。因为，激化的矛盾最后还得解决；如果双方僵持不下，坚持下去也不是长久之计，最终还是要找出解决冲突的方法。所以，冲突一旦发生，冲突双方就要想方设法用谈判的手段予以解决。解决冲突的方法主要有以下几种。

（1）调解解决法。即在调解人（第三方）的参与下，经过冲突双方或多方协商，以求达成一致的意见。在中国，调解的种类有很多。依调解的主体不同，调解有人民调解、法院调解、行政调解、仲裁调解以及律师调解等。人民调解是在人民调解委员会主持下进行的调解，法院调解是在人民法院主持下进行的调解，行政调解是在基层人民政府或者国家行政机关主持下进行的调解，仲裁调解是在仲裁机构主持下进行的调解。在这几种调解方式中，只有法院调解属于诉内调解，其他调解方式都属于诉外调解。

"替代性"纠纷解决方式

"替代性"纠纷解决方式（Alternative Dispute Resolution，ADR）起源于美国。美国调解制度兴起、发展的速度和规模，以及其被广泛运用到纠纷解决的各个环节和领域的程度令人称叹。无论法庭内的案件管理程序，还是法庭外的私人调解机构，都充分展现出了美国调解制度在解决民事纠纷方面的强大作用。

（2）仲裁解决法。在冲突双方争执不下时，可由领导或权威机构经过调查研究，判断孰是孰非。在商务场合，往往会涉及人事关系的劳动仲裁及国际贸易领域的贸易仲裁。

例 8.5

我国某公司向某国外公司购买商品3 000吨，合同规定分三批装运。最后的1 000吨未能在合同期限内完成装运，对方公司在合同期限过后三天才发传真通知我方，并要求延长信用证有效期限，以便继续交货。由于国际市场行情发生了变化，我方不同意延期并向对方国内相关机构申请仲裁。

【解析】国际贸易仲裁是处理国际贸易纠纷的重要方式。一般选择仲裁方式都是在国际贸易合同中事先申明的，一旦事先申明就有优先权（即法院不受理诉讼，只能先进行仲裁）。仲裁机构是民间组织，无法定管辖权，如双方当事人无仲裁协议，一方不能迫使另一方进行仲裁。处理仲裁案件的仲裁员由双方当事人共同指定。仲裁员必须熟悉国际贸易业务，这样处理问题时才能够更多地考虑国际商业惯例。仲裁比较切合实际和迅速，费用也较低。仲裁一般不公开进行，仲裁结果也不像法院那样公布出来，因此对双方当事人之间的贸易关系损害较小。

国际商事仲裁

（3）诉讼解决法。有时冲突双方很难通过协商或仲裁方式做出判断，但又急需解决冲突，这时冲突双方就可以向法院提起诉讼，由法院对冲突做出裁决，但裁决者应负必要的责任。

例 8.6

刘某和王某达成书面的协议，约定刘某以一辆轿车换取王某面粉若干袋。刘某负责给该车办理牌照，而且轿车在使用中如果出现任何非人为的故障，责任由刘某承担。合同签订后，王某按照合同的约定将面粉交付给刘某。刘某在将该车交付给王某办理相关手续时发现，该车系被盗车辆，曾被公安部门依法扣押，后来被李某认领。此时王某要求刘某返还其交付的面粉。但是，刘某称该面粉已经被用于生产食品。于是王某要求刘某返还价款11万元。王某经过调查后发现，刘某已经丧失清偿债务的能力，同时又发现，刘某曾在一个月之前在朋友的儿子郑某的生日宴会上送给郑某价值5万元的生日礼物，而且在半个月之前，刘某曾经将其价值6万元的物品以明显低于市场价的价格卖给了陌生人何某。

【解析】在本例中，当王某和刘某就案例中的事宜无法协商一致时，王某可以向人民法院对刘某提起民事诉讼，要求刘某清偿债务。商务场合下的诉讼主要适用民商法。民事诉讼的一般程序为准备起诉（起诉状要载明对方的详细信息、起诉请求、理由、证据资料）、法院立案（原告带起诉状、诉讼费、个人身份证复印件到被告所在地基层法院立案庭立案）、开庭审理（在法院通知的时间内补充材料，在法院指定的开庭日期参加开庭审理，与被告质证、辩论）、法院判决。法院的判决书生效后，如对方不执行，原告可到法院执行庭申请强制执行。

（4）调整政策法。如果是在工作或分配上确有不合理之处，就需要调整政策，使之合理，这样才能使冲突得到良好解决。

（5）另寻出路法。冲突双方各有道理，又都有明显不足，这时就要考虑寻找别的解决途径。

（6）暂缓解决法。有些问题双方存在冲突，但一时难以断定是非，如果不是急需解决的问题，不妨先做"冷却"处理，暂缓解决。

（7）求同存异法。这一方法尤其适用于解决"鸡毛蒜皮"一类的冲突。对解决重大问题的冲突，这一方法也有积极的作用。冲突不只是对立，冲突中还有相互启发、相互谅解和让步。对于带有一定破坏性的组织冲突，最关键的是防患于未然，即以预防为主，及早预测，及早发现，及早解决，避免这种破坏性冲突出现，或者不使冲突加剧、升级甚至恶化，以避免给组织造成大的损失。

第二节　谈判中的说服

谈判的实质就是有效地利用说服技巧使谈判双方尽快接受有关意见，取得共赢的谈判结果。谈判者只有抓住机会，晓之以理、动之以情，真诚地为双方的共同利益着想，才有助于取得理想的谈判效果，达到预期的目的。

一、说服的概念

说服是指一方运用良好的沟通技巧劝说对方接受己方意图，试图使对方的态度、行为朝己方预定方向改变的一种行为。该定义强调了以下三个方面的内容。

（1）说服的起点是承认冲突或者差异。商务谈判双方在观念上的冲突或者差异——对方的行为同说服者希望说服对方采取的行为之间的冲突或者差异，就是谈判中说服的起点。说服的目的是减少并消除这种冲突或者差异。

（2）说服的关键是发挥影响力。说服对方，让对方认同己方的观点，需要展示个人魅力和良好的沟通艺术。具有说服对方能力的人大多是善于运用自己独特个人魅力的人，他们总是表现出信心十足、精力充沛的面貌，不仅能把控自己的情绪，还能把控说服的氛围，从而使自己始终处于主动地位。

（3）说服的目的是让别人接受自己的意图。在试图说服别人时，不能一味地强调自己的观点，认为自己是完全对的，而要站在对方的角度，让对方接受你的意图。这是一个沟通的过程，是靠自己的"说"，去让别人"服"，从而达到说服的目的，被对方接受与认同。

例 8.7

某电器公司的推销员挨家挨户推销洗衣机。他来到一户人家时，看见这户人家的太太正在用洗衣机洗衣服，就忙说："哎呀！这台洗衣机太旧了，用旧洗衣机洗衣服是很费时间的。太太，该换新的啦……"结果，不等推销员说完，这位太太马上产生了反感，驳斥道："你在说什么啊！这台洗衣机很耐用的，到现在都没有出故障，新的也不见得好到哪儿去，我才不换新的呢！"

过了几天，又有一位推销员来拜访。他也看见了那台旧洗衣机，说："这是令人怀念的旧洗衣机，因为很耐用，所以对太太您有很大的帮助。"这位推销员先站在太太的立场上说出了她心里想说的话，使得这位太太非常高兴。于是她说："是啊！这倒是真的！我家这台洗衣机确实已经用了很久，是旧了点，我倒想换台新的洗衣机！"于是，推销员马上拿出洗衣机的宣传小册子，为她提供参考。

【解析】人的思想不易被改变，作为一个说服者，不能强迫对方同意你的意见，但你完全可以引导他们做出改变。在上面的案例中，第二位推销员的说服技巧是很高明的，对推销成功有很大的帮助，因为这位太太已经动摇，产生了购买新洗衣机的想法。至于最终推销员能否说服成功，无疑是肯定的，只不过是时间长短的问题而已。

二、说服者影响力的来源

说服实际上体现的是影响力，而说服者影响力来源于可信度、吸引力和权威等三个因素，如图 8.2 所示。

1. 可信度

可信度是指对方感到说服者所传递的信息值得相信的程度。如果对方主要关注的是事实和真理，说服者就应当提高自己的可信度。可信度包括以下两个方面的内容：①专长，是指说服者是否具有足够的智慧、知识、经验、能力来谈论说

图 8.2　说服者影响力的来源

服信息涉及的话题；②可靠性，是指说服者是否发表真实的见解，即说服者的动机是否可靠。

说服者只具有某种专长和可靠性还不能构成可信度，还必须使对方相信说服者具备这种专长和可靠性，这种情况下说服者才真正具有可信度。说服者的一个重要任务就是以某种方式向对方证明自己具备所需的专长和可靠性，因此，说服者要重视对说服信息的设计。同时对方往往更注重说服者的身份，即说服者的"专家"身份往往比信息本身更重要，所以，说服者要利用各种机会强调自己的专长。

说服者的可靠性主要取决于对方怎样看待说服者的动机。说服者一定要在说服过程中表明自己不会滥用对对方施加影响的机会。一方面，是要表明自己真诚的态度；另一方面，是要表明自己的说服动机是为对方的利益着想。实验证明，如果说服者的主张同本人利益相违，那么，即使说服者是通常被认为的低信誉者，其可信度也可能高于发表同样观点的高信誉者。"违背意愿"的信息减少了对方对说服者动机的疑虑，因而增强了说服者的可靠性。

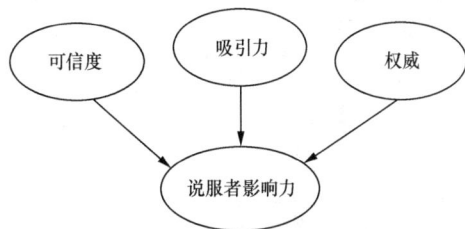

2. 吸引力

吸引力不仅指说服者的外在吸引力，还包括说服者的内在气质对说服对象产生的力量。心理学家认为，情爱是人的基本心理需求。说服者如果能够充当情爱需求的"替代品"，就能够引起说服对象的兴趣。人们愿意同自己喜爱或尊重的人接近，并会扮演自己所看重或向往的某种社会角色。能够满足这种心理需求的说服者往往就具有吸引力。此外，共性也能够增强吸引力。人以群分，人们总是喜欢同自己相似的人。共性可以分为两类，一类是社会群体共性，指民族、年龄、性别、阶层等方面的共性；另一类是态度共性，即人们持有相同的观点。具有共性的人之间会相互吸引，这就为说服者提供了可供利用的方式。

3. 权威

权威是指说服对象认为说服者具有某种施行赏罚的能力。说服对象为了获得奖赏或避免惩罚而服从于说服者的劝导，这就是利用权威进行说服的过程。权威的表现形式有以下三种。

（1）奖赏权威。奖赏可以是物质上的，也可以是精神上的。其中，有的精神奖励也能够转化成物质奖励。

（2）惩罚权威。一般情况下，具有奖赏权力的个人或群体往往也同时具有惩罚的权力。惩罚同样可以是物质上的，也可以是精神上的。有时说服者不必真正地对说服对象进行惩罚，只需要发出惩罚的信号，就可能使说服对象服从。但因为这种情况具有强制性，所以，往往会使说服对象说出违心的话，采取违心的行动。

（3）角色权威。角色权威是一种由社会群体授予或得到社会认可的权威，它能够使人们自觉地产生服从行为，具有一种特别的影响力。

小贴士

说服力专家——理查德·谢尔

理查德·谢尔（Richard Shell），美国沃顿商学院执行谈判研讨班的负责人，法学、商业伦理学和管理学教授，著有《说服力》和《谈出你的优势：理性人的谈判策略》等。读者可登录理查德·谢尔的个人网站了解更多的有关信息。

三、说服的技巧

（1）说服之前先了解对方。"知己知彼，百战不殆。"在说服对方之前，必须先透彻地了解说服对象的相关情况，以便有针对性地开展工作，例如说服对象的性格、专长、兴趣等。

（2）对不同的人，要采用不同的说话方式。世态万千，社会中有各种各样的人。说服者面对不同的人，要说不同的话，要用不同的方式，这样别人才会觉得亲切，从而增加成功说服对方的可能。

（3）说话要中肯且有力度。很多人都知道用威胁的方法可以增强说服力，不时地加以运用。这是用善意的威胁使对方产生恐惧感，从而达到说服目的的技巧。但这种方法要运用得当，而且在说话时要掌握好分寸，千万不要因为说了威胁性的语言而把事情搞僵。在这一点上，要做到收放自如、诚恳，使别人不会一口拒绝你。

（4）要有坚持到底的决心。有时候，说服本来是可以取得更好效果的，但因为说服者自认已经达到了说服的目的，早早地放弃了说服，使得本来有可能获得的成功毁于一旦。说服者要永远记住，不到最后的时刻，不要放弃。

例 8.8

松下公司坚持获得的胜利

1928年，松下公司急需一个项目的建设资金——1.95万美元。但当时的松下公司还处于起步阶段，资金实力并不雄厚，公司账面上仅仅有5 000美元，也就是说尚有约1.5万美元的资金缺口。怎么办呢？这时的松下公司只能向银行贷款。

松下公司和平常有联系的银行经理见面，说明公司的项目，请求贷款1.5万美元。银行经理详细询问了整个项目的细节，决定和总行协商后再做出答复。三天以后，总行的答复：同意贷款，但要求松下公司以土地、建筑物及其信誉来做担保。

尽管贷款有了着落，但不是松下所希望的那种方式。对银行方面的做法，松下心中不那么满意：以松下公司的信誉做担保，总让人觉得不那么舒服。如果在投资上真的遇到风险，把信誉赔了进去，松下公司将如何发展呢？在松下看来，信誉是无价的。松下考虑，最理想的结果是用土地、建筑物抵押来获取贷款。既然现在的结果不理想，那就应该凭着一种执着和自信，继续向银行提出新的请求。于是松下向银行经理提出了自己的想法："对贵行的决定，我表示衷心感激。但如果以松下公司的信誉做担保，恐怕会影响到公司的形象，这不仅会对公司不利，将来对贵行可能也会有所影响。所以，我冒昧地请求，贵行是否可以提供抵押贷款？"

银行经理显得有些犹豫不决。松下继续说道："偿还抵押贷款，给我司两年的时间就足够了。请放心，我司的土地权利书和建筑物权利书，都可以交由贵行保存。我很希望贵行能给松下公司一次机会。"

经过松下的耐心说服，银行经理终于同意了松下的请求，答应再和总行联络一次。两天以后，银行经理通知松下，决定为松下公司提供抵押贷款1.5万美元。

【解析】一家企业的崛起往往不是因为它有多么强大，而是因为它的坚持。松下坚信自己最终会说服对方，所以，成功就慢慢接近了。

（5）调节气氛，以退为进。在说服对方时，应该想方设法调节谈话的气氛。如果用和颜悦色的提问方式代替强硬的命令方式，并维护对方的自尊和荣誉，那谈判的气氛就是友好而和谐的，也就容易说服对方；反之，如果在说服对方时不尊重对方，盛气凌人，那么多半是要失败的。毕竟人都是有自尊心的，谁都不希望自己被他人支配。

（6）争取同情，以弱克强。同情弱者是人的天性，如果说服者想说服比自己强大的对手，可以采用争取同情的技巧以弱克强，从而达到说服对方的目的。

（7）消除防范，以情感化。一般来说，说服者和说服对象谈判时，彼此都会抱有一种防范心理。这时候，要想成功说服对方，说服者就要注意消除对方的防范心理。从潜意识上来说，防范心理出于自卫的需要，也就是当人们把对方当作假想敌时出现的一种自卫心理，那么消除对方防范心理的最有效方法就是反复给予对方暗示，表明自己是对方的朋友而不是对方的敌人。这种暗示可以采用不同的方法进行，如嘘寒问暖，表示愿意给对方提供帮助等。

（8）投其所好，以心换心。如果站在他人的立场上分析问题，就能给他人一种为其着想的感觉，这种投其所好的技巧常常具有极强的说服力。要想做到这一点，"知己知彼"十分重要。唯先知彼，而后方能从对方的立场出发考虑问题。

（9）寻求一致。习惯于拒绝他人说服的人，经常处于"不"的心理状态之中，所以自然而然地会呈现出僵硬的表情和姿势。面对这种人，如果一开始就提出问题，绝不可能消除他"不"的心理。所以，说服者得努力寻找与对方一致的地方，先让对方赞同你远离主题的意见，从而使其对你的话感兴趣，而后再想方设法将话题引入正题，最终征得对方的同意。在与这种人交谈时，千万不要一开始就讨论你们有分歧的事。刚开始你应强调——并且坚持不懈地强调——你们都同意的事，继而强调——如果可能的话——你们双方都在追求同一目标，你们之间的唯一差别是在方法上，而不是在目标上。应该让对方在刚开始的时候就说"是"，要尽可能地避免对方说"不"。

（10）真诚地从对方的观点出发看待事情。在与对方谈判时，不要把对方自己都不在意的错误牢记在心，也不要指责对方，而要尽量了解对方，这才是明智大度的人。对方之所以会那样思考，会那样行动，自然有他的理由。说服者找出对方隐藏的如此做的原因，也就找到了理解其行为和人格的关键。

例 8.9

某精密机械工厂（以下简称甲厂）在生产某种新产品时，将其部分部件委托给一家小工厂（以下简称乙厂）制造。当乙厂将部件的半成品送到甲厂时，不料被认为不符合甲厂的要求。由于甲厂急需这批部件用于生产，只得令其尽快重新制造部件，但乙厂认为其部件完全是按甲厂的要求生产的，不想再重新制造，双方僵持不下。甲厂厂长看到这种局面，在问明原委后，便对乙厂的负责人说："我想这件事完全是由于我公司设计不周所致，令你吃了亏，实在抱歉。今天幸好你们帮忙，我们才发现部件竟然有这样的缺点。只是事到如今，事情总是要完成的，你们不妨将部件制造得完美一点，这样对你我双方都是有好处的。"乙厂负责人听完后，欣然答应了甲厂的要求。

【解析】在商场上，你给别人一条路，别人多半也会给你一条路。遵循说服的原则，不要咄咄逼人，也不要完全退让而失去原则，大多数问题都能迎刃而解。

（11）使对方觉得那是他自己的主意。没有人喜欢被迫去买某样东西或被命令去做某件事。人们都喜欢按照自己的意愿购买商品，遵循自己的想法来做事。人们都喜欢别人关心自己的愿望、需要及想法。

小贴士

说服力专家——罗伯特·西奥迪尼

罗伯特·西奥迪尼，美国亚利桑那州立大学名誉教授，世界著名的影响力及说服力专家之一。其代表作《影响力》的销量已超过百万册。2003年，罗伯特因其对社会心理学的杰出贡献被授予唐纳德·坎贝尔科学奖。

诱导、说服对方的十种方法

美国谈判专家杰尼·寇尔曼提出了诱导、说服对方的十种方法。

（1）谈判开始时，要先讨论容易解决的问题，再讨论容易引起争论的问题。

（2）如果能把正在讨论的问题和已经解决的问题连起来，就较有希望达成协议。

（3）双方的期望与双方谈判的结果有着密不可分的关系。要伺机传递消息给对方，影响对方的意见，进而影响谈判的结果。

（4）假如同时有两个消息要传递给对方，其中一个消息是较令人心情舒畅的，另一个消息是较不合人意的，则应该先传递那个较能适合对方心意的消息。

（5）强调双方处境的相同比强调彼此处境的差异更能使对方了解和接受己方的建议。

（6）强调合同中有利于对方的条件，使合同较易签订。

（7）先透露一个使对方好奇、感兴趣的消息，再设法满足对方的要求。这种消息千万不能带有威胁性，否则对方就不会接受了。

（8）提出一个问题的两面，比仅仅提出一个问题的一面更有效。

（9）等双方讨论过赞成和反对的意见，再提出己方的意见。

（10）谈判中，一方通常比较容易记住对方所说的头尾部分，中间部分一般不易记住，因此可以将重点放在头尾部分。

第三节　谈判中的合作对话

谈判要取得成功有两条路径，一种是利用影响力去引导、说服对方，另一种是采取合作对话的方式，通过交流去发现和取得共识。如果把谈判看成说服的过程，就存在预设目标和策略，谈判的一方会主动控制和引导另一方以达成自己预定的谈判目标。如果以合作对话的方式进行谈判，则是把谈判看成一个平等的互动，倾向于在包容、自由、轻松的氛围下进行交流，在交流中达成共识。因而，说服采用的是一种结构化的谈判思路，合作对话则采用的是一种非结构化的谈判思路。对于商务谈判初学者来说，掌握结构化的谈判思路很有必要。随着谈判水平的提高，使用非结构化的谈判思路往往能得到更好的谈判结果。

一、谈判中合作对话的特征

谈判中合作对话有以下几个特征。

1. 平等

谈判中合作对话的平等是指谈判双方没有主次之分，或者说谈判双方之间没有让渡控制权和主动权。平等是需要谈判双方共同创造的，在不同的情境中，实现平等的难度是不同的。比如在一个等级制度森严的公司或者团体里，平等就特别难以实现。

平等的创造首先要看我们是如何看待对话双方之间的关系的，我们应是对话伙伴的关系，而不是一个"专家"和一个"有问题的人"的关系，也不是"帮助者"与"被帮助者"的关系。在合作对话中，没有谁在单向地"帮助"谁，合作对话的双方是在对话的过程中相互影响、彼此帮助的。

谈判双方在合作对话中应保持谦卑，因为"每个人都是自己生命的专家"，谁也无法比另一个人更了解他自己的生活，也无法预测他想往哪里走。所以对话中的谦卑，就是要让对方意识到，即使自己向对方提问，也仅仅是让对方继续聊下去的邀请，而不是"带领"对方、

"引领"对方，甚至"领导"对方去我们以为他们想要去的地方。这就是为什么我们总是在说"跟随"和"贴近"，而不是"引导"和"指导"。

2. 自由

合作对话的谈判中没有预设目标和目的。合作对话中的伙伴关系就像散步中的关系一样，在散步中，双方肩并着肩，而不是我推你或者你拉我；在散步中存在不确定性，散步的双方一起决定了散步的节奏和时间……在合作对话的谈判中，谈判者不是专业知识的专家，而是对话与邀请的专家。谈判双方在貌似"无为"的邀请谈话中，为双方创造出更广阔的谈判空间，与对话伙伴一起，探索达成共识的更大的可能。

3. 创造

合作对话的谈判方式好像是打太极拳，在慢与柔的运动中，激发出谈判双方的内在力量和智慧。在合作对话的方式里，总是在强调"不知"。"不知"并不是指我们真的什么都不知道，而是指我们应先把自己的"知道"放在一边，不断放下自己的假设、预测、评判，也放下对对话的控制，保持谦卑、好奇，这样就会打开自己的想象空间。

二、谈判中合作对话的路径

沟通专家威廉·艾萨克在其著作《商业对话艺术》一书中，给出了谈判中合作对话的路径，如图 8.3 所示。

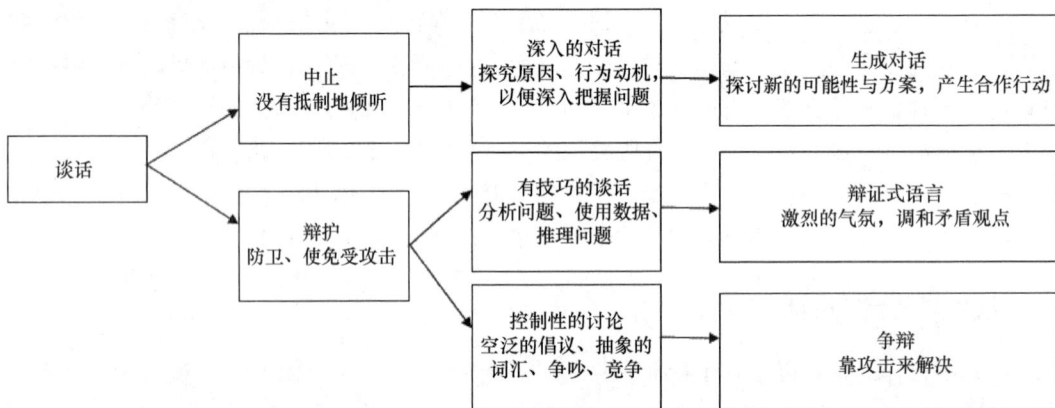

图 8.3　谈判中合作对话的路径

一个组织只有所有人共同思考才可能成功。如果人们各持己见、各行其是，没有一致的行动方向，则其他条件再完备也很难取得成功。谈判双方出现分歧是很正常的，关键是要掌握合作对话及共同思考的艺术。对话和沟通在商业活动中的作用远远超出人们的想象。很多时候，我们有了好的创意、好的团队、好的策略、好的技术、强大的资金支持，却没有得到好的结果。如果我们也进行了对话，但是我们没有掌握正确的对话方法，没有很好地倾听对方的声音，就无法达到相互理解，也就无法和对方形成共同的意愿，更无法和对方产生共同的行动。

谈判中人们选用的对话的路径往往是图 8.3 中最下面的一条路径，即进行辩护使自己免受攻击，然后用各种理由进行"控制性的讨论"，这其实是在采用一种争辩的方式来解决问题。

另外一条合作对话的路径是先中止自己的想法（不加抵制地倾听对方的声音），然后尊重对方，与对方进行深入的对话，了解事情的原因和对方行为的动机，最终与对方合作，从而解决问题。

三、谈判中合作对话的策略

在谈判中，合作对话的策略有以下几个。

1. 倾听

倾听在对话中处于核心地位，既简单又深奥。倾听不仅需要听对方的言语，而且需要包容、接受并逐渐放弃我们内心的固执，从而真心关注对方的情绪和真实想法。在不同关系的对话中，如果留心就会发现，我们持续、努力倾听别人的谈话是非常困难的，因为我们总是会有自己的观点、想法、偏见、背景知识、倾向、冲动等。当这些占据绝对优势时，我们根本不太可能听明白对方在说些什么，这种状态下的对话毫无价值。我们只有在注意力集中、保持沉默的状态下才能认真倾听并理解对方语言的含义，这时才有可能和对方有恰当的思想交流。

2. 尊重

在对话中必须学会的另一种能力是尊重。尊重并不是一种消极的行为。尊重别人，会让对方找到"存在感"，这里包含以倾听对方谈话为荣的意味。我们第一次见一个人时，只会注意到他某个或某几个方面的信息；当再次和他接触时，一般会意识到先前的认知是有偏差的。尊重的核心就是重视别人的合理存在。我们或许不喜欢对方所做的、所说的或所想的，但我们应重视和承认他们的存在。

3. 中止

当我们倾听别人说话的时候，会有一个十分关键的选择，就是是否中止我们预设的想法。在谈判中，和对方有冲突时，我们可能会从以下两件事中选择一件。其中一件是，我们会选择维护自己的观点而抵制对方的意见。这样，我们就需要让对方了解并接受我们所谓的"正确"观点。我们需要寻找证据来证明自己的观点是正确的，而别人的观点是错误的，此时我们常常忽略已找到的但不利于自己观点的证据，只在乎自己的想法和感受。另一件是，我们会中止我们的想法，中止对自己想法的确信。中止，并不意味着放弃我们自己的想法，也不意味着仅凭少量的认可就巩固、确信自己的想法；中止，是让我们用一种自己和别人都能够理解的方式来看待和理解我们观点的时候，留意它们、观察它们，而不是强迫对方接受它们。这样的话，我们就能够客观、冷静、和谐地和对方进行对话，最大限度地取得对话的成果。

4. 表述

人们在对话中要关注自己的言论，这就意味着要学会问自己一个简单的问题：我们现在要表达什么？为了达到这个目的，我们不仅需要学会感知自己的内心，或者自己脑海中想要表现的东西，还要学会自我倾听。对于许多人来说，这不是一个小问题。在人的脑海中，充斥着大量的在生活中各种不同场合下该做什么、该说什么的信息。我们需要勇气来发现自己独特的想法和感受。因此，我们很少发现对方所说的正是我们自己所需要的，这时我们需要认真探索对方和我们的共鸣。我们需要仔细斟酌对方的需求和我们自己的需求，用恰当的方式表述我们的需求，从而让对方理解并产生共鸣。

罗杰斯论倾听

美国心理学家卡尔·罗杰斯曾说："不管轮到谁发言，都要先准确地复述一遍前面说话者的想法和感受，直到那位说话者满意为止。这样做的目的是在表述自己的观点之前，你必须先了解对方论点的价值依据。这听起来很简单，但如果你亲自尝试一下，就会发现它做起来有多难。而一旦你能做到这一点，你就会发现，大家对你的评价与原先相比已经发生了很大的改变，你的情绪化的成分也正在逐渐减少——大家的分歧减少了，剩下的少量分歧也是合理的，是可以理解的。"

如果我们能够倾听并理解他人，控制妄自评判的冲动，就能够实现真正的沟通。这就意味着，我们要从对方的角度思考他所表达的想法和态度，体会他的感受，理解他在讨论当前话题时的真实动机。这听起来是件很简单的事情，实际上是心理治疗中一种极为有效的方法，是迄今为止人们所发现的能改变人的基本人格结构、增进与他人关系和沟通效果的最有效途径。但在大量案例中，这一看起来简单的做法，似乎做起来并不简单。这种"倾听"式的方法为何没有被广泛采纳呢？原因是多方面的，罗杰斯认为勇气不足是排在首位的原因。倾听并理解对方意味着你愿意进入他的个人世界，观察他眼中的生活。与此同时，又尽量不妄下论断，因此你就很有可能会改变自己。也就是说，你可能会以别人的方式看待问题，甚至可能发现别人已经影响了你的态度，改变了你的性情。大多数人都不愿承担这一风险，其结果就是我们都不愿意倾听；倾听的风险使我们总是会选择先去评判对方。

本章小结

本章主要介绍了商务谈判的原理。冲突是指谈判双方在谈判过程中产生意见和分歧，出现争论、对抗，导致彼此之间关系紧张的状态。

冲突过程的五个阶段：潜在的对立或不一致、认知和个性化、行为意向、行为、结果。

冲突的积极作用有：①解决冲突的过程有可能激发组织内的积极变革；②在决策的过程中有意地激发冲突，可以增强决策的正确性和有效性；③冲突可能形成一种竞争气氛，促使员工振奋精神，更加努力。冲突的消极作用有：①冲突可能会分散资源；②冲突有损员工的心理健康。

解决冲突的方法有：①调解解决法；②仲裁解决法；③诉讼解决法；④调整政策法；⑤另寻出路法；⑥暂缓解决法；⑦求同存异法。

谈判的实质就是有效地利用说服技巧使谈判双方尽快接受有关意见，取得共赢的谈判结果。说服实际上体现的是影响力，它来源于说服者的可信度、吸引力和权威三个因素。说服的技巧包括：①说服之前先了解对方；②对不同的人，要采用不同的说话方式；③说话要中肯，有力度；④要有坚持到底的决心；⑤调节气氛，以退为进；⑥争取同情，以弱克强；⑦消除防范，以情感化；⑧投其所好，以心换心；⑨寻求一致；⑩真诚地从对方的观点出发看待事情。

谈判要取得一致有两条路径：一条是利用影响力引导、说服对方；另一条是采取合作对话的方式，通过交流去发现和取得共识。当把谈判看成说服的过程时，就存在预设目标和策略，谈判的一方会主动控制和引导另一方以达成己方既定的谈判目标。合作对话则把谈判看成一个平等的互动，倾向于在包容、自由、轻松的氛围下进行交流，在交流中达成共识。谈判中合作对话的特征是平等、自由与创造。谈判的合作对话的策略是倾听、尊重、中止与表述。

综合练习

一、单项选择题（在每小题的四个备选答案中，选出一个正确的答案，将其序号填在括号内）

1. 在双方争执不下时，由领导或权威机构经过调查研究，判断孰是孰非的解决冲突的方式是（   ）。

   A. 协商解决法　　　B. 调解解决法　　C. 诉讼解决法　　　D. 仲裁解决法

2. 权威的表现形式不包括（   ）。

   A. 奖赏权威　　　　B. 惩罚权威　　　C. 职位权威　　　　D. 角色权威

3. 一方为了安抚对方，可能愿意把对方的利益放在自己的利益之上，这是（   ）。

   A. 回避　　　　　　B. 迁就　　　　　C. 折中　　　　　　D. 协作

4. 说服的起点是（   ）。

   A. 发挥影响力　　　　　　　　　　B. 让别人接受自己的理念

   C. 明确对方意图　　　　　　　　　D. 承认差异

5. 说服的关键是（   ）。

   A. 发挥影响力　　　　　　　　　　B. 承认冲突

   C. 让别人接受自己的理念　　　　　D. 接受别人的理念

二、多项选择题（在每小题的五个备选答案中，选出二至五个正确的答案，将其序号填在括号内，多选、少选、错选均不得分）

1. 冲突按其表现形式不同，可以分为（   ）。

   A. 内心冲突　　　B. 人际冲突　　C. 群体内冲突

   D. 群体间冲突　　E. 跨文化冲突

2. 冲突过程可以划分为（   ）。

   A. 潜在对立或不一致　　　　　　B. 认知和个性化

   C. 行为意向　　D. 行为　　　　E. 结果

3. 根据冲突的性质，冲突可分为（   ）。

   A. 目标性冲突　　B. 认知性冲突　　C. 感情性冲突

   D. 人际冲突　　　E. 集体冲突

4. 冲突根源可概括为（   ）。

   A. 沟通　　　　　B. 结构　　　　　C. 个人因素

   D. 原则　　　　　E. 秘密

5. 冲突处理的行为意向包括（   ）。

   A. 竞争　　　　　B. 协作　　　　　C. 回避

   D. 迁就　　　　　E. 折中

6. 激发冲突的技术包括（　　　）。

    A. 运用沟通   B. 引进外人   C. 重新构建组织

    D. 任命一名吹毛求疵者   E. 中立地谈判

7. 说服者影响力的来源包括（　　　）。

    A. 可信度   B. 吸引力   C. 权威

    D. 衣着   E. 思维

8. 谈判中合作对话的策略包括（　　　）。

    A. 倾听   B. 引导   C. 尊重

    D. 中止   E. 表述

三、名词解释题

冲突　　说服

四、简答题

1. 简述冲突的类型。

2. 简述冲突的过程。

3. 简述冲突处理的两个维度。

4. 简述冲突的影响。

5. 简述解决冲突的方法。

6. 简述说服者影响力的来源。

7. 简述说服的技巧。

8. 简述谈判中合作对话的策略。

五、综合案例分析

久新物流公司的内部矛盾冲突

久新物流公司是一家集集装箱技术和集装箱货物全球运输为一体的多功能综合性运输服务公司，已经成立6年了。该公司在集装箱行业中小有名气，经过几年的发展，规模逐渐壮大，员工人数目前在200人左右。

在客户业务方面，公司总经理袁总的要求十分苛刻，从良好的客户关系维系到财务走账，不能有丝毫的马虎，处处都要求细致至极。这也是该公司能一步步做大且声誉良好的秘诀。总体来说，久新物流公司的业务状况一直比较平稳，这几个月正是旺季，订单较多，业务繁忙，集装箱修理及租借业务也比较多。

久新物流公司由财务部、场地部、销售部和人事部四个部门组成。销售部、财务部及人事部三个部门由于其工作特性，与客户以及公司管理者联系紧密，所以从开发区的总部搬到了市区的写字楼内，只将场地部留在了开发区。场地部是公司最大、人数最多的一个部门，也是情况最为复杂的一个部门。

久新物流公司的组织结构如图8.4所示。

久新物流公司的场地部实际上是一个负责承揽客户订单并对各种类型、各种情况的集装箱进行维修保养、租赁等业务的综合性业务部门，下设业务处、技术处、质检处和安全处四个部门。

技术处的重点工作是对各类型集装箱进行技术修理分析，以提出最全面的处理方案。该部门中有集装箱修理技师、冷藏箱操作技师、框架挂衣箱改装技师等。技术处主管为杨化。

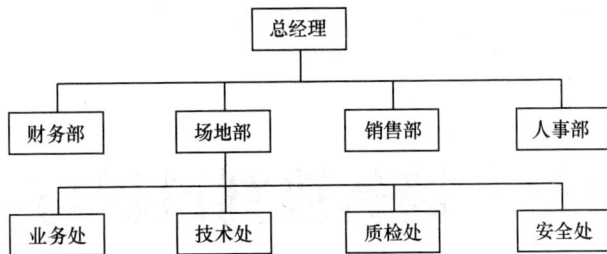

图 8.4　久新物流公司的组织结构

业务处主要以业务小组为单位，负责处理销售部门收取的订单及客户维系相关工作。虽然业务处按照业务小组进行分工，但实际计酬时以个人为单位，而且为了节省人员管理相关费用，其成员多半是来自技术处的技师。这是因为虽然技术处的修理工作对质量要求比较严格，但其工作时间非常宽松，完成有关任务后就可以离岗；而业务处为了更好地满足客户需要，保证信誉，在时限上和内容上都很严格，经常缺少人手，所以技术处的人员经常被借调到业务处。业务处主管目前为黄震。

本来技术处和业务处之间的合作还是比较愉快的，因为技术处的工程师通过参与处理业务订单，可以根据业绩获得相应的收入，而这比做技术赚"死"工资要容易很多。技术处人员的调派主要由业务处主管根据业务订单的需要向场地部负责人提出申请，再由场地部负责人同技术处主管商议后决定。但是，随着公司薪酬体系的调整以及对修理与租赁这些"后台"部门的重视，业务处和技术处之间产生了矛盾。

（佚名）

思考讨论题

1. 久新物流公司内部的主要冲突是什么？产生这些冲突的原因是什么？
2. 身兼两职引发的冲突可以避免吗？应如何加以解决？
3. 假设你是袁总，你会怎样处理这一冲突事件？

进一步学习

推荐看

《商业对话艺术》

访一访

寻找一个访谈对象（熟悉的人或不熟悉的人均可），采用聊天或者模拟正式访谈的形式，围绕一个话题展开访谈，用手机等设备录制访谈过程，回放录制的访谈过程，请同学和老师进行点评。

反思一下

回想自己的人生经历，写下或者口述一个自己失败和成功的沟通或谈判故事，并总结学习本章内容后的收获。

第九章　商务谈判过程与策略

【学习要点及目标】

1. 掌握商务谈判各个阶段的内容。
2. 掌握商务谈判各阶段的谈判方法。
3. 掌握商务谈判各阶段的谈判策略。

【核心概念】

商务谈判准备　　开局　　摸底　　报价　　讨价还价　　成交

化分歧为一致

项目经理：我们需要按时完成这个项目，否则我们就会失去信誉。

分包商：质量最重要。他不会记得时间延迟了多久，但一定会记得质量有多差。

项目经理：这个客户非常守时，他一直在提醒我们最后的交货期限。我不想失去他的尊重和信任，让他不满意。

分包商：如果是这样的话，我们可以打电话给他，看看他在交货时间上的机动性。然后提出按时交货，但表示如果他能多宽限几天的话，我们不仅能保证交货时间，而且能提供质量更好的产品。这样不是既满足了他的要求，又强调了我们都追求的一流品质吗？

项目经理：我认为值得一试。但如果他坚持要求准时交货，我们还是得同意他的要求。

分包商：如果他坚持的话，我会整夜工作的。不过如果我是他，我至少会多宽限一天，以保证质量。

案例导学

在上面案例的这场商务谈判里，双方的焦点最终集中到了交货质量上面，从而把分歧转化为了一致。分包商的安排不仅可以让客户满意，而且不会破坏他和项目经理之间的合作关系。客户仍然可能催促交货，但现在咄咄逼人的就不是项目经理了。分包商以更好的质量为"诱饵"，巧妙地避免了如果按时交货、质量就得不到保障的说法。

找出共同利益是一种很有价值的冲突解决策略。有时候它需要我们做出让步，有时候需要我们把焦点重新聚集在一个更大、更高级的共同目标上。成功地找出双方的共同利益，就能把可能令人不快的争吵转化为一次齐心协力的合作。

第一节 准 备 阶 段

要进行一场商务谈判，就应为商务谈判做好准备工作。商务谈判双方为商务谈判进行一系列筹划、准备的过程就是商务谈判的准备阶段。商务谈判的准备阶段应受到充分的重视，商务谈判能否获得满意的成果，往往取决于准备阶段的筹措谋划工作是否充分。任何一个优秀的商务谈判者都会重视商务谈判准备阶段的每一项细微工作，商务谈判的整体方案在这一个阶段就已经开始运筹了。

商务谈判准备阶段需要做的工作很多，归纳起来大致包括如下几个方面。

一、进行可行性分析

可行性分析又称可行性研究，是指在进行商务谈判之前，对可能影响商务谈判的主客观因素进行充分的调查研究，预测分析谈判的成败得失，以确定其是否可行，并为商务谈判选择方案奠定基础。商务谈判准备阶段的可行性研究主要包括以下几项内容。

1. 信息资料的研究

对信息资料的研究是商务谈判准备阶段可行性分析的一个重要方面。在商务谈判工作开始之前，谈判人员对各种信息资料的掌握要尽可能全面。因为对与商务谈判有关的信息资料的研究是建立在对有关信息资料的收集与整理基础上的，所以掌握的信息资料越全面、分析得越充分，商务谈判成功的可能性就越大。谈判人员要想在竞争中站稳脚跟，在交易中获取利益，谋求发展，就必须广泛地收集各方面的信息，以调整自己的谈判方向和策略。信息对谈判人员而言是一种宝贵的资源。谈判人员在正式的商务谈判中，即使商务谈判的目标很明确，往往也会受到来自各方面因素的干扰。所以，收集必要的信息，是进行商务谈判必不可少的准备工作。需要收集的信息主要包括以下七种。

（1）政策法律方面的信息，主要是指与谈判内容有关的各种法规和细则。我们处在一个不断发展的经济社会里，经济方面的法律也在不断加强和完善，所以谈判人员必须具有很强的法治观念，对谈判内容所涉及的有关法规和细则都必须有很充分的了解，要遵守法律、法规的规定，并能运用法律来维护自己的权益。

（2）经济环境的信息，主要是指市场经济的形势、市场行情方面的信息。每一位谈判人员都要了解整个社会的生产力总体发展水平、社会分工状况、消费收入水平、市场需求及市场竞争状况，这些信息对于商务谈判有重要的影响。

（3）自然环境的信息。社会主体从事交易、商务谈判等经济活动时，都离不开一定的自然环境。自然环境不同，决定了产品的原材料供应、运输方式、储存条件，商品的包装等多方面具有差异。

（4）文化环境的信息，是指各个国家、地区在民族文化传统方面的信息，如风俗习惯、伦理道德观念、价值观念等。人们在不同的社会文化背景下成长和生活，有不同的价值观念、信仰和生活习惯，人们会在不知不觉中自然形成一种行为规范。谈判人员应充分了解各国、各地区或各民族的文化背景、尊重对方的风俗习惯。这对于维持良好的商务谈判气氛是十分重要的。

（5）谈判对手的信息，主要包括谈判对手的合作诚意、公司的发展状况、公司的资信水平，以及谈判对手的资历、地位、商务谈判风格、对我方的态度、与我方交往的历史等。尽可能全面掌握谈判对手的情况，有利于己方选用适当的商务谈判策略，控制商务谈判的局势。

（6）谈判议题的信息。在商务谈判中，谈判议题可能是一种商品、一个技术项目或一种劳务等。谈判人员必须对所谈的问题有较为专业和全面的知识。例如，如果交易的是某种商品，谈判人员就应当对该种商品的性能、特点、工艺过程、原材料供应、质量标准、价格水平、市场供应渠道、企业产品市场占有率及市场需求等情况了如指掌。这样，无论是作为卖方还是买方，谈判人员都可以根据己方的实际需要进行谈判，并得到预期的谈判成果。

（7）己方的信息。谈判人员要想在商务谈判中做到避实就虚，以己之长补己之短，需要先正确评价己方的信息，了解自己的弱点和优势，明确自己的利益和目标，等等。

2. 方案的比较与选择

凡是要用商务谈判手段来解决的问题，谈判双方总是存在着或多或少的分歧，商务谈判正是要寻找解决这些分歧的最佳方案。商务谈判开始之前，谈判人员应当拟订出各种解决问题的方案，进行比较、选择，看哪一种方案能让自己获取更大的利益并能让对方接受，同时要分析、预测对方可能提出的方案，这些方案对己方利益有何影响以及应对的手段和方法。另外，方案的比较与选择的内容还包括己方会派出什么人员，采取哪些手段，运用何种方法，等等。

3. 商务谈判的价值构成分析

商务谈判价值构成是谈判人员讨价还价的依据，也是谈判人员研究方案、选择方案的基础。商务谈判的准备阶段要研究的核心问题是分析了解商务谈判双方的价值所在以及起点、界点、争议点，进而分析双方之间是否存在商务谈判的协议区，协议区的范围有多大，并由此决定谈不谈和如何谈。如果谈判人员不想因盲目谈判而给己方造成不良的后果，就应在可行性分析中，重视对商务谈判价值构成的分析。

4. 预测各种主客观情况

对各种可能发生的情况进行预测是为了对这些情况进行分析，从而为比较和选择方案、考虑应对的方法提供依据。因此，情况的预测工作是商务谈判准备阶段必不可少的工作。从某种意义上看，情况的预测工作往往决定着商务谈判的方案比较与选择工作的成败。

5. 综合分析，得出结论

综合分析就是在信息资料的研究、方案的比较与选择、价值构成分析、各种主客观情况预测的基础上，进行总体研究、调整，并得出结论。对没有可行性或无利可图的商务谈判，应做出不谈判的结论；对可以谈的商务谈判，可以做出采取何种商务谈判方案的结论。这是商务谈判准备阶段可行性研究的归宿。它要求充分反映和体现上述这些工作的精确性，是可行性研究成果的结晶。所以，它必须建立在科学的基础之上。但是，这时的结论或方案的确定还仅仅是初步的，还应随着商务谈判的发展，不断加以补充和修正。

二、充分认识并准确预测

成功的商务谈判不仅在于能够充分地认识自己，还在于准确地预测对方。对对方有一个清楚的了解，才能更好地开展商务谈判工作。在实践中，商务谈判的对方常常是企业。下面就以企业为例来说明这一问题。首先要对对方企业有一个总体的认识，这主要包括以下几方面的内容。

（一）对对方企业总体能力的认识

企业的总体能力是整个企业活动力的体现，它是一个综合指标，主要表现为以下几个方面。

（1）承受时间的能力，是指在预定的时间里，企业承担预期全部费用的能力。

（2）长远的预测能力，是指企业了解并控制未来费用变化的能力，即企业对未来环境和市场的应变能力。

（3）适应能力，是指企业的经营方法能因时因地而变化。

（4）投资能力，也就是企业筹集资金的能力。

（5）自我控制能力，是指企业在市场上既有竞争能力，又有自我约束、自我调整的能力。

（6）推销及管理能力，是指企业的产品在市场上有完善的销售渠道和开拓市场的能力。

（二）对对方企业经济活动的认识

1. 对对方企业概况的认识

首先，应了解企业的性质。一般而言，大型企业经济实力较强，信誉较好，但经营的灵活性较差；中小型企业虽然资信情况相对不够稳定，但富有活力的企业不少。

其次，要了解企业的所在地区。一个地区的地理条件、文化背景及经营传统往往会成为一个地区的特点，这些特点对该地区企业的影响很大。所以，我们可以通过对该地区情况的了解，来判断企业的经营状况。

再次，要了解企业的资本属性与规模。由于企业资本的所有者不同，因此企业的管理权限是不同的，在实际的商务谈判中，决策人也就不同。同时，企业的规模大小也会对商务谈判产生影响。小企业的资本决策权一般掌握在所有者手里，决策速度快，管理灵活，但资本有限，做不了大宗交易；大企业的资本雄厚，但决策层次多、速度慢，会影响商务谈判的效率。

最后，要了解企业的历史。这主要是了解企业经营的时间、长期以来的营业状况、传统特色、资本的发展变化情况及信誉情况。对这些情况的了解可以使我们判断该企业是否可以成为己方可靠的合作者。

2. 对对方企业上下游客户、原材料及产品的认识

对对方企业上游客户、原材料的认识主要是了解其供应商的实力、与其合作的总体情况、原材料供应的稳定性等。

对对方企业下游客户的认识主要在于了解其客户人群画像、忠诚度等；对对方企业出售产品的认识主要是了解对方产品以下几个方面的信息。

第一，产品的类型。这主要是了解该企业生产的产品是生产资料还是生活资料，这样我们就能进一步了解该企业产品的需求范围及市场潜力。

第二，该企业产品所处的阶段。这主要是指产品所处的生命周期阶段。因为产品会不断更新换代，所以任何一种产品都有被新产品取代而被市场淘汰的可能。产品从试制成功、推上市场，到被市场淘汰所经过的时间，就是产品的生命周期。

第三，产品的自然属性。这主要是了解产品商标是否已经注册、产品商标的知名度高低、

产品售后服务情况等。通过对这些情况的了解，我们可以掌握产品是否有法律保障，是否有竞争实力，是否可信赖。

3. 对对方企业工业设施的认识

对对方企业工业设施的认识主要是了解对方企业所拥有的工业设施，这反映了企业的实力，是双方合作的一个重要的基础。

4. 对对方企业贸易活动、商情统计的认识

对对方企业贸易活动、商情统计的认识主要是了解对方企业产品出厂后的销售额和同类企业、同类产品在市场上的销售额占比，从而可以看出企业的推销能力和产品的市场占有率。

5. 对对方企业经营管理水平的认识

对对方企业经营管理水平的认识主要涉及以下三个方面的内容。

一是了解对方企业内部的合作协调关系，主要是了解对方企业内部上下级之间的合作关系如何，企业内部人员的情绪是否稳定以及企业内部的关系是否和谐。

二是了解对方管理企业的手段、方法。了解该企业是采用传统的管理方法和手段，凭人力、经验来管理企业，还是采用现代的管理方法和手段，即用现代管理制度和其他先进手段来管理企业。

三是了解对方企业的经营宗旨。这要看该企业的经营者有无长远的抱负，有无战略眼光，是投机者还是胸怀大志的企业家。这样我们可以分析其合作的动机、诚意，也可以判断这种合作的连续性和持久性。如果对方企业的经营者是一个投机者，那么他肯定没有长期合作的动机和诚意。

（三）对对方企业财务状况的了解

要了解对方企业的财务状况，可通过对其有关资料进行分析，观察其过去的经营情况，展望它的发展趋势，并对其潜力或潜在的问题进行预测和了解来完成。了解对方企业财务状况的基础是财务报表。通过财务报表，我们可以得到有关对方企业财务状况的各种数据。通过对这些数据进行加工、整理、分析、比较，再结合该企业的实际情况，我们就可以对企业的财务状况做出评价，在评价时主要利用以下几个有关的指标。

1. 反映企业偿债能力的指标

反映企业偿债能力的指标有流动比率、速动比率和资产负债率等，其中最重要的是流动比率。流动比率是指企业流动资产与流动负债的比率。如果流动比率大，则说明该企业的偿债能力较强；反之，则说明该企业的偿债能力较弱，一般认为流动比率为15%～20%较好。

2. 反映资金周转情况的指标

反映资金周转情况的指标有应收账款周转率、存货周转率等。

应收账款周转率是指销售收入余额与平均应收款余额的比率。它是反映应收款余额的合理性与收账效率高低的指标。它表明了企业年度应收账款变为现金的次数，反映出了账款的流动程度，它可以为企业确定放账的时间和收款方针提供依据。如果企业应收款的周转期太长，则对企业的资金周转不利；如果企业应收款的周转期太短，则表明企业奉行的是较紧的信用政策，也有可能因此会减少企业的营业额。所以应该结合企业的实际情况进行分析。

存货周转率是指存货余额与周期销货成本的比率。它可以用来衡量企业存货的周转速度，表明企业销售能力的强弱。存货周转率高，则说明企业存货的流动性强，企业存货管理效率高，销售能力强。一般来说，存货的平均周转天数越少越好，但也不能太少。如存货的平均周转天数太少，则可能会出现货物断档、市场脱销等情况。

3. 反映企业资产结构的指标

反映企业资产结构的指标主要有资产负债率、权益比率等。

资产负债率，是指负债占总资产的比率。对于债权人来讲，资产负债率低，则股东权益大，债权人发放贷款的风险就小。对于投资者而言，资产负债率高，则企业获利能力强、控制能力强。

权益比率，是指股东权益占总资产的比率。对于债权人来讲，权益比率越高，其贷款的风险越小。对于投资者来讲，权益比率越低，其对企业的控制能力越强，获利能力越强。

4. 反映企业获利能力的指标

反映企业获利能力的指标主要有资本金利润率、营业收入利税率、成本费用利润率等。

资本金利润率，是指企业的利润总额与所有者权益总额之比。它可以衡量投资者投入资本的获利能力。资本金利润率越高，说明企业资本金的收益率越高，投资的效益越好。

营业收入利税率，是指利税总额与营业收入之比。它是用于衡量企业营业收入收益水平的指标。营业收入利税率越高，说明企业的经营效益越好。

成本费用利润率，是指利润与成本费用的比率。它是用来反映成本费用与利润关系的指标。成本费用利润率越低，说明企业的经济效益越好。

三、确定商务谈判的目标

商务谈判者在商务谈判准备阶段首先要考虑的问题是为什么要进行商务谈判，想实现什么样的目标。商务谈判者在准备阶段确定的目标，是指在一定环境和条件下，要通过商务谈判实现的结果。要想明确商务谈判准备阶段的目标，首先必须明确预期目标的概念。预期目标是商务谈判者单方希望达到的理想目标，它体现了商务谈判者的主观愿望。但商务谈判的预期目标并不一定会实现，往往会在商务谈判的讨价还价中打折扣。尽管如此，在商务谈判准备阶段也应先设定预期目标，并应做出详细的说明，而且这种说明应是具体的、准确的。

商务谈判的预期目标可以按以下三个步骤来确定。

（1）提出预期目标，为其寻找详细的支撑材料并做出说明。

（2）明确阶段性目标。阶段性目标是指商务谈判者在商务谈判中要完成的阶段性任务，它体现着商务谈判者阶段性的愿望。商务谈判的阶段性目标必须实事求是，科学地体现预期目标的层次性和系统性。商务谈判的阶段目标要根据实际需要，建立在阶段性商务谈判的基础上。

（3）商务谈判者要通过商务谈判努力争取实现预期目标，它体现着商务谈判的实现价值。商务谈判最终实现的目标可能与商务谈判的预期目标一致，也可能有一定的差距，这要依商务谈判中各种主客观条件、双方努力的程度和策略及目标的调整等各种因素而定。一般说来，商务谈判前预期目标定得越高，实现的概率就越小；预期目标定得越低，实现的概率就越大。

四、编制商务谈判工作计划

在可行性研究的基础上，谈判人员应对已经形成或选择的商务谈判方案的有关内容予以工作上的规划和安排。谈判人员应对执行商务谈判方案的要求、方法和步骤进行计划编制，其目的在于确保商务谈判方案的贯彻与实施。编制商务谈判工作计划的工作很繁杂、具体，但十分重要。一个全面、具体、周密的商务谈判工作计划，能确保己方商务谈判方案顺利推进；相反，一个很粗糙的商务谈判工作计划，往往会使己方在商务谈判桌上漏洞百出，十分被动，也难以实现预期的商务谈判目标。一个详细、周密的商务谈判工作计划至少应包括以下几项内容。

1. 商务谈判要素的整体分析

商务谈判的要素就是构成商务谈判活动的必要因素，由谈判主体（当事人）、谈判客体（标的）、谈判议题（主题）和谈判环境组成。

进行商务谈判要素的整体分析时，首先要笼统地、大致地明确：谁去（来）谈（谈判主体），谈什么（谈判客体），谈时可能涉及的主题（谈判议题）以及在怎样的环境下谈（谈判环境）。对谈判要素进行分析就是大致对谈判过程进行框定：谈判主体是什么类型的组织？是国内的主体还是跨国的主体？谈判标的（谈判客体）是实物的商品还是无形的服务，是资金、技术还是对某种权益的主张（索赔谈判）？针对一个具体的客体，谈判可能具体涉及的话题有哪些？比如，一项技术可能涉及的议题有技术内容、性能标准、设施设备、使用权益、考核验收、技术服务、保密措施等。

谈判环境就是影响谈判的各种因素，了解这些因素的具体内容需要对相关的信息进行收集、整理和分析。

2. 商务谈判客体的分析

商务谈判客体的分析就是对谈判标的（谈判客体）所涉及的影响谈判的因素进行调查，这些因素包括宏观的因素、所处行业的因素和微观企业的因素。商务谈判客体分析技术有宏观因素分析的 PEST 模型、中观行业五力分析、微观价值链分析等。

3. 商务谈判双方行业地位及优劣势情况分析

商务谈判双方行业地位及优劣势情况分析是指在对商务谈判环境进行细致分析之后，对谈判双方的行业地位和优劣势进行定位。这个阶段分析得到的谈判双方的行业地位和优劣势会对后面谈判过程中双方需求的满足方式、谈判的目标及谈判点设定、解决问题的方案、谈判策略安排、产生谈判僵局的可能性以及谈判活动的安排会产生直接的影响。

4. 商务谈判利益分析

商务谈判利益分析是指分析谈判双方进行商务谈判的动因。谈判成功的基础是满足双方互利的需求。因而，首先，对谈判双方的共同利益（在谈判中要始终强化）和利益差异（谈判要解决的双方利益冲突）进行分析；其次，由于谈判双方彼此需求的强度和时间紧迫性等不同，己方要对谈判获取利益的重要性进行排序。

5. 商务谈判目标和谈判点设定

商务谈判目标可以分为理想目标、可接受目标和底线目标三个层次，这三个目标构成了谈判的空间。为了实现谈判目标，谈判人员应对谈判需要解决的问题（谈判点、谈判议题）进行设定。

6. 商务谈判方案及最佳替代方案

商务谈判方案是指提出的具体方案。谈判是一个提出解决谈判议题方案的协商过程。谈判准备阶段设计的方案是否合适，还需要在谈判中检验和调整。谈判准备阶段设计的方案一定要具有弹性，针对每个问题都应有两套以上的备选方案。

商务谈判的最佳替代方案是指谈判一方事先准备的万一谈判不成功的最佳应对方案，该方案在谈判中非常重要。人们经常说在谈判中要对等，这里的对等就是指谈判双方不互相依附，有自由选择谈判对象的权利，准备最佳替代方案是增强谈判力的重要手段。

7. 商务谈判程序及策略安排

商务谈判对于初学者而言有一个固定的流程，正式谈判通常会经历开局、摸底、报价、讨价还价和成交五个阶段。商务谈判中的策略安排不是臆想出来的，而要根据在谈判前调研所获取的信息、行业地位分析、利益分析及目标设定等选择适当的谈判策略。

8. 商务谈判僵局

谈判人员还应准备好应对谈判特殊情况的预案。谈判僵局是一种相对静止的状态，化解谈判僵局的基本思想是立足于使谈判从静止转化为运动状态，为解决问题创造条件。

9. 商务谈判活动的安排

商务谈判活动的安排是指对谈判议程、谈判材料、出行、住宿、饮食、衣着、谈判场地等事项事先进行的安排。

10. 参考文献和资料

为进行商务谈判而查阅、引用的谈判资料应提前进行标注和核对，这样便于谈判人员掌握所引用资料的具体情况，也便于谈判人员在修订方案时发现错漏。

第二节 开 局 阶 段

商务谈判的开局阶段是指经过谈判的准备阶段之后，商务谈判双方进入的正式接触阶段。商务谈判中的各项工作千头万绪，无论准备工作做得如何充分，都免不了遇到新情况、碰到新问题。由于在谈判的开局阶段，商务谈判双方的心理都比较紧张，态度比较谨慎，都在调动一切感觉功能去探测对方的虚实及心理态度，所以在这个阶段一般不进行实质性的商务谈判，而只是见面、介绍、寒暄，或谈判一些不是很关键的问题。这些非实质性的商务谈判从时间上来看，一般只占整个商务谈判活动很小的一部分，从内容上看，似乎也与整个商务谈判主题无关或关系不太大，但这个阶段对谈判双方很重要，因为它为整个商务谈判定下了一个基调。

一、开局阶段的关键任务

1. 创造和谐的商务谈判气氛

谈判双方要想获得商务谈判的成功，必须创造出一种有利于商务谈判的和谐气氛。商务谈判气氛的形成与变化，将直接关系到商务谈判的成败，影响商务谈判双方的具体利益和谈判的进展。成功的商务谈判者无一不重视在商务谈判开局阶段创造良好的商务谈判气氛。要想形成一种和谐、良好的商务谈判气氛，谈判人员要把商务谈判的时间、环境等客观因素与商务谈判者自身的主观努力相结合，并做好以下几方面的工作。

（1）谈判双方要在商务谈判气氛形成过程中互相协调配合。谈判双方都应积极主动地与对方进行情感、思想上的沟通，而不能持消极、被动地接受对方的态度。例如，当对方还板着脸时，我方应该率先向对方微笑，主动同对方握手，主动和对方交谈，这样才能创造良好的谈判气氛。

（2）心平气和，坦诚相见。商务谈判开始之前，谈判双方无论是否对对方抱有成见，谈判双方的身份、地位、观点、要求又有何不同，一旦坐到商务谈判桌前，就意味着双方共同选择了采用磋商与合作的方式解决问题。因此，商务谈判过程中谈判双方应心平气和、坦诚相见，这样才能使商务谈判在良好的气氛中进行。这就要求谈判双方抛弃成见，致力于与对方有效沟通，切勿在商务谈判之初就抱有对抗的心理。

（3）不要在一开始就涉及有分歧的议题。在商务谈判开局阶段，良好的气氛尚未形成，应先谈一些友好的或中性的话题。如询问对方生活安排方面的问题，以示对对方的关心；回顾交往历史，以拉近双方的关系；谈谈共同感兴趣的新闻；幽默而得体地开开玩笑；等等。这些都有助于缓解商务谈判开始时的紧张气氛，达到联络感情的目的。

（4）不要刚一见面就提出要求。如果这样做，很容易使对方的态度即刻变得比较强硬，商务谈判的气氛随之恶化，双方唇枪舌剑、寸步不让，这样就会使商务谈判陷入僵局。由此可见，商务谈判尚未形成良好的气氛时，不要直接向对方提出要求，这不仅不利于形成良好的商务谈判气氛，还会使对方产生反感和对抗情绪。

2. 正确处理开局阶段的"破冰"期

商务谈判涉及谈判议题前的准备时间称为"破冰"期。商务谈判开局的准备时间与商务谈判前的准备阶段不同，它是商务谈判已经进入开始阶段的短暂过渡时间，商务谈判双方见面、寒暄、握手、笑谈等都是在此期间进行的。在"破冰"期间，谈判人员应注意如下几个问题。

（1）行为、举止和言语不要太生硬。商务谈判双方应感情自然流露，言行、举止随和而流畅，切不可语言生硬、举止失度，如言语粗俗、拉拉扯扯等不良言行不利于创造"破冰"期的和谐气氛。

（2）不要紧张。许多性格内向或初涉商务谈判者，由于心情紧张，在面对商务谈判对手时，手足无措，不知说什么好，结果使对方感到很不自然。商务谈判者必须力克心情紧张的问题，特别是在一些涉外商务谈判中，切不可面对外方谈判人员时自惭形秽、唯唯诺诺、缩手缩脚。

（3）不要唠叨。有些商务谈判者虽然快言快语，但唠唠叨叨，一句话重复很多遍，这在惜时如金的商务谈判桌前是惹人反感的，特别是在商务谈判刚开始时，唠叨即刻就会给对方留下不好的印象。商务谈判者在"破冰"期内的用语必须注意效果，要简洁、精练。

（4）不要急于进入主题。谈判双方初见面时不宜急于进入主题，而应首先沟通感情，增进双方间的了解，否则便犯了"破冰"期之大忌。

（5）不要与对方较劲。"破冰"期内的交谈一般是非正式的，通常采用漫谈的形式，因此用语并不严谨。商务谈判者不可对对方的每一句话都仔细琢磨，这会影响双方的感情交流。如对方有哪句话不妥，切不可耿耿于怀、立即回敬，否则只会弄巧成拙，招致蔑视。

（6）不要举止轻狂。在"破冰"期，谈判双方的气质、姿态可得到首次展示。商务谈判是一个协商讨论的过程。谈判者的举止给对方留下的第一印象会影响对方对他的态度。如果谈判者在谈判一开始就举止轻狂，甚至锋芒毕露，那么就会在富有经验的谈判对手面前于无形中贬低自己，降低己方谈判筹码的分量。

二、开局的策略

开局的策略是指商务谈判者为谋求谈判开局有利形势和实现对谈判开局的主动控制而采取的行动方式或手段。营造适当的谈判气氛实质上就是在为己方实施谈判的开局策略打下基础。

商务谈判开局的策略通常有以下几种。

1. 协商式开局策略

协商式开局策略是指谈判一方以协商、肯定的语言进行陈述，使对方对己方产生好感，创造双方对谈判的理解充满"一致性"的感觉，从而使谈判双方在友好、愉快的气氛中展开谈判工作。

协商式开局策略比较适用于谈判双方实力比较接近、过去没有商务往来的经历、双方都希望有一个好的开端的情况。使用这种开局策略的一方要多用礼节性语言、中性话题，使双方在平等、合作的气氛中开局。比如，谈判一方以协商的口吻来征求谈判对手的建议或者意见，然后对对方的建议或者意见表示赞同和认可，双方最终达成共识。在使用这种谈判策略的时候，要表现出充分尊重对方意见或者建议的态度，语言要友好、礼貌，但不要刻意奉承对方。谈判者在姿态上应不卑不亢，沉稳中不失热情，自信但不自傲，把握好分寸，这样便能顺利打开谈判局面。

2. 坦诚式开局策略

坦诚式开局策略是指谈判一方以开诚布公的方式向谈判对手陈述自己的观点和意愿，尽快打开谈判局面。

坦诚式开局策略比较适用于谈判双方过去有过商务往来，有良好的合作关系，互相有较深的了解。这种友好关系的背景可以作为双方谈判的基础。谈判一方在陈述中可以真诚、热情地畅谈双方过去的友好合作关系，适当地称赞对方在商务往来中的良好信誉。由于双方关系比较密切，故可以省去一些礼节性的辞令，坦率地陈述己方的观点以及对对方的期望，使对方产生信任感。

坦诚式开局策略有时也可用于实力不如对方时的谈判。如果谈判一方的实力弱于对方，并且这是双方都了解的事实，就没有必要进行遮掩。坦率地表明己方存在的弱点，能促使对方理智地考虑谈判目标。这种坦诚的态度也表现出了实力较弱一方不惧怕对手，充满自信和实事求是的精神。这种谈判策略比"打肿脸充胖子"、掩饰自己的弱点要好得多。

3. 慎重式开局策略

慎重式开局策略是指谈判一方在开局时以严谨、凝重的语言进行陈述，表达出对谈判的高度重视和鲜明的态度，促使对方放弃某些不适当的意图，以达到把握谈判主动权的目的。

慎重式开局策略适用于谈判双方过去有过商务往来，但其中一方曾有过不太令人满意的表现的情况，要通过严谨、慎重的态度，引起该方对某些问题的重视。例如，谈判一方可以对过去双方业务往来中对方的不妥之处表示遗憾，并表示希望通过本次合作改变这种状况。谈判一方可以用一些礼貌性的提问来考察对方的态度、想法，不急于拉近关系，注意与对方保持一定的距离。这种策略也适用于谈判一方对对方的某些情况存在疑问，需要进行简短的接触摸底的情况。当然，慎重并不等于没有谈判的诚意，也不等于冷漠和猜疑，这种策略正是谈判一方为了寻求更有利的谈判成果而使用的。

4. 进攻式开局策略

进攻式开局策略是指谈判一方通过语言或行为来表达己方强硬的谈判姿态，从而获得谈判对手必要的尊重，借以制造心理优势，使谈判顺利进行下去所采用的策略。进攻式开局策略只在特殊情况下使用。例如，谈判一方发现谈判对手居高临下，以某种气势压人，有不尊重己方的倾向。如果任由对方发展下去，对己方是不利的，因此要变被动为主动，不能被对方气势所压倒，采取以攻为守的策略，捍卫己方的尊严和正当权益，使双方处在平等的地位上进行谈判。进攻式开局策略要想运用好，必须注意有理有利有节，要避免使谈判一开始就陷入僵局。使用进攻式开局策略一方的发言要切中问题的要害，要对事不对人，既要表现出己方自尊、自信和认真的态度，又不要咄咄逼人，使谈判气氛过于紧张。一旦己方的问题表达清楚，对方的态度也有所改观，就应及时调节气氛，重新建立起一种友好、轻松的谈判气氛。

第三节　摸　底　阶　段

摸底阶段是指在报价之前，商务谈判双方通过交谈，相互了解对方的立场、观点和意图的阶段。摸底主要是通过开场陈述进行的，并且应该是谈判双方分别陈述。谈判双方应通过此阶段的活动摸清对方的意图，并确定下一阶段的谈判议题。

开场陈述就是把己方的观点、立场向对方说清楚，同时还要对对方的建议做出反应。在陈述己方的观点时，要采用"横向铺开"的方式，而不要深谈某个具体问题。

一、开场陈述的内容

开场陈述的内容一般应包括以下几点：①己方对问题的理解；②己方的利益，即己方希望通过这次谈判取得的利益；③己方的首要利益，阐明哪些对己方来讲是至关重要的利益；④己方可以向对方做出让步的事项，即己方可以采取何种方式为双方共同获得利益做出让步；⑤己方的立场，包括双方以前合作的成果、对方在己方心目中享有的信誉、今后双方合作中可能出现的机会或障碍。

二、开场陈述的注意事项

开场陈述应注意以下几个问题：①双方应分别进行开场陈述；②陈述时注意力应放在己方的利益上，不要试图猜测对方的立场（这种猜测只会引起对方的不满，对后面的谈判工作产生不利影响）；③开场陈述应是原则性的介绍，而不是对具体问题的展开；④开场陈述应简明扼要。

三、开场陈述的方式

开场陈述的方式一般有两种：①一方提出书面方案，对方发表意见；②双方口头陈述。

开场陈述方式要结合具体的谈判环境来选择，不能一概而论，但有一点是必须明确的，即开场陈述应该是很正式的，应以诚挚和轻松的方式表达出来，要让对方明白己方的意图，而不是向对方提出挑战。

～～～ 例 9.1 ～～～

"先生们，大家已经一致同意由我首先阐明我方的立场。"

"我方这块地皮很有潜力。我方打算把土地上原有的建筑拆掉，盖新的楼盘。我方已经向规划部门发出申请，相信会通过审批的。现在关键的问题是时间——我们要以最快的速度在这个问题上达成协议。为此，我方准备尽快完成正常的法律和调查程序。以前咱们从没打过交道，不过据说你方一向是很好合作的。这就是我方的立场。我是否说清楚了？"

在搞懂了对方的陈述后，再进行己方的陈述，这时必须明确、独立地表达己方的观点。

"大家都同意下一步由我方发表意见。我方可以开始了吗？"

"我方非常愿意出售这块土地。但是，我方还有一些关于在这块地皮上保留现存建筑物的要求。不过，这一点是灵活的。我关心的是价格是否能令人满意。反正我方也不急于出售。这是我方的态度，还有什么不清楚的吗？"

【解析】上面以陈述方式介绍己方的立场，表明双方一直是沿着相互协作的道路前进的。现在需要做出能把双方引向寻求共同利益的现实方向的陈述。

四、倡议

倡议是开场陈述在共同性上的延续。在开场陈述时，己方已经向对方明示了利益诉求与合作的愿望，接下来就应该抓住寻求共同利益的机会提出倡议。在倡议阶段，双方需要分别提出各种设想和解决问题的方案，然后在这些设想与符合双方共同利益的现实之间，搭起一座通向最终共识的桥梁。

谈判人员在提出倡议时应注意以下几点。

（1）采取直截了当的方式。这是因为人们往往会聚焦在原有的立场和方案上（或者评头论足，或者进一步深入），不会马上想到其他方面的建议，因此，谈判人员在提建议时应采取直截了当的方式，切忌拐弯抹角、含含糊糊。

（2）简单明了，具有可行性。

（3）双方互提建议。如果不是双方互提建议，而是一方对另一方的某个建议纠缠不休，则可能导致谈判失败或中断。假如对方未提出自己的建议，而且对于己方的建议一直纠缠不休，己方应设法引导对方提出他们的建议。只有双方通力合作，充分发挥各自的创造潜力，提出各种建议，再在各种建议的基础上寻求最佳的解决方案，才有可能使商务谈判顺利地进行下去，否则可能会出现不好的结果。

（4）不要过多地为己方的建议辩解，也不要直接抨击对方的建议。这是因为建议的提出和下一步最佳方案的确定需要双方的合作与共同努力。如果过多地为己方辩解或激烈地抨击对方的建议，就会引起对方的反感，甚至会引起对方的敌意，这样就人为地为双方共同确定最佳方案制造了障碍。谈判双方应把前面提出的所有建议统统罗列出来，共同探讨每种建议的可行性。

五、摸底的策略

在商务谈判中，摸底就是"领悟"对方的需要，这种需要是多方面的。当己方提供的条件不足以满足对方的直接需要时，可进一步了解对方的整体业务范围，从中发掘和寻找利益衔接点。一般摸底时应遵循以下原则：发掘和寻找对方其他的需求或利益点，这些需求或利益点有表象的或潜在的、直接的或间接的、物质的或精神的，己方应强调这些需求或利益点对对方的重要性，并尽可能使双方达成共识，这样己方用极低的成本或不用增加额外成本就能满足对方的需求或利益点。作为回报，对方也会在谈判的条件上给予己方更大的优惠。

在商务谈判前期开局阶段之后，双方心理距离拉近，信任度提高，就可以深入洽谈具体的问题了。谈判是双方策略的博弈，要想在博弈中获取己方的利益，就必须首先考虑对方的真实需求。只有通过摸底了解了对方的真实意图，才有助于己方有针对性地提出报价和进行协商。

商务谈判中常用的摸底方法有以下几种。

（1）观察法，是指一方在特定的时间内对对方的特定行为表现进行考察，获知对方的真实需求、想法，从而推断对方的动机、情感和意图的方法。通过观察法可以得到被观察者不愿意或者没有提供的行为数据，因此获得的数据更真实、可靠。

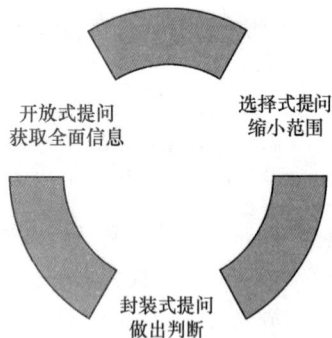

图 9.1　提问循环圈

（2）提问法和访谈法，是一方通过与对方交谈与提问来获知谈判对方真实意图的一种方法。在提问时，可以采用以下提问方式：①开放式提问，如"贵公司未来两年有哪些外部投资计划？"；②选择式提问（半封闭式），如"贵公司在西部的投资重点是考虑交通状况还是人力成本？"；③封闭式提问，如"您不觉得行业市场未来的发展是最重要的考虑因素吗？"。具体提问时，谈判人员也可以根据实际情况选择三种提问方式中的一种进行介入，但应基本遵循不同类型问题的先后顺序，不要出现顺序混乱。提问循环圈如图 9.1 所示。

（3）问卷调查法。也称问卷法，是谈判人员运用统一设计的问卷向被选取的调查对象了解情况或征询意见的调查方法。谈判人员将要研究的问题设计成调查问卷，以邮寄、当面作答或者追踪访问等方式请被调查者填答，从而了解被调查者对某一现象或问题的看法和意见。这种方法又称为问题表格法。

（4）劳动产品分析法。人的劳动产品，特别是脑力劳动产品，由于其本身融汇了人的精神属性和特点，因此客观地分析这些产品，可以洞察对方的心理世界，了解对方的情绪、愿望以及他们对世界的看法等。这类方法的应用以绘画、音乐和笔迹分析最为常见。

第四节　报价阶段

一、报价概述

摸底阶段结束后，商务谈判进入实质性阶段中的前期准备阶段——报价阶段。实质性阶段是整个商务谈判的主体。从商务谈判进展或其本身的逻辑关系角度来看，商务谈判的实质性阶段又可细分为三个阶段，即前期报价阶段、中期讨价还价阶段和后期成交阶段。商务谈判中的报价是指一方报出有关整个交易的各项条件，并非仅指价格条件。

下面对先报价涉及的三方面问题分别进行具体阐述。

（一）先报价的利与弊

经过摸底之后，双方开始报价，那么应该由哪一方先报价呢？换句话说，我方到底应该先报价还是后报价？这就要看先报价的利与弊。就一般情况而言，先报价的一方既有利又有弊。

1. 先报价一方的有利之处

一方面，先报价的一方对商务谈判的影响较大，实际上等于为商务谈判划定了一个框架或一条基准线，最终的协议将在这个基础上达成。比如，卖方报价某种型号的计算机 FOB 价格为 1 000 美元/台，那么经过双方磋商，最终成交价格一定不会超过 1 000 美元/台。

另一方面，先报价的一方如果出乎对方的预料和设想，往往会打乱对方的原有部署，甚至动摇对方原有的期望，使其失去信心。比如，卖方首先报价某货物 FOB 价格为 1 000 美元/吨，而买方只能承受 400 美元/吨的价格，这与卖方报价相去甚远，双方即使经过进一步磋商，也很难达成协议，因此买方只好改变原来的部署，要么提价，要么使合作告吹。

总之，先报价在整个商务谈判中会持续地起作用，因此，先报价比后报价的影响要大得多。

2. 先报价一方的弊端

一方面，对方听了我方的报价后，可以对他们原有的想法进行最后的调整。由于我方先报价，对方对我方交易条件的起点会有所了解，他们就可以修改原先准备的报价，获得本来得不到的好处。正如上面所举的例子，卖方报价计算机的 FOB 价格（即装运港船上交货价）为 1 000 美元/台，而买方原来准备接受的价格可能为 1 100 美元/台。这种情况下，很显然，卖方先报价以后，买方马上就会修改其原来准备接受的价格，于是其报价肯定会低于 1 000 美元/台。那么，对于买方来讲，后报价至少可以使其在每台计算机上少支出 100 美元；而对卖方来说，先报价使其每台计算机少收入了 100 美元。

另一方面，先报价后，对方会试图在磋商过程中迫使我方按照他们的路子继续谈下去。其最常用的做法是，采取一切手段，调动一切积极因素，集中力量攻击我方的报价，迫使我方一步一步地降价，而他们并不透露他们所能接受的最高价格。

（二）何种情况下，先报价一方的利大于弊

先报价有利也有弊，那么在什么情况下先报价利大于弊呢？一般来讲，我们要通过分析双方商务谈判的实力来确定我方应在什么情况下先报价。

（1）如果我方的商务谈判实力强于对方，或者说与对方相比，我方在商务谈判中处于相对有利的地位，那么我方先报价就是有利的。尤其是在对方对本次交易的行情不太熟悉的情况下，我方先报价更有利。因为这样可为本次商务谈判先划定一条基准线，同时，由于我方了解行情，还可以适当掌握成交的条件。

（2）如果通过调查研究，估计双方的商务谈判实力相当，商务谈判过程中一定会竞争得十分激烈，那么，我方同样应该先报价，以便争取更大的主动权。

（3）如果我方商务谈判的实力明显弱于对手，特别是在缺乏商务谈判经验的情况下，应该让对方先报价。因为我方这样做既可以通过对方的报价来观察对方，又可以扩大自己的思

路和视野，之后再确定我方应对对方的报价进行哪些相应的调整。

以上仅就一般情况而言，讨论了我方是否应先报价。在一些国际及国内业务的商务谈判中，谁先报价已有惯例可以遵循。比如，货物买卖的商务谈判多由卖方先报价，然后由买方议价，双方经过磋商达成一致后宣告成交。

（三）报价一方必须遵循的原则

1. 开盘价的极限

对于卖方来讲，开盘价必须是最高的；与之相对应，对于买方来讲，开盘价必须是最低的。这是报价的首要原则。

（1）若我方为卖方，我方的开盘价就确定了一个最高价。一般来讲，除特殊情况外，卖方的开盘价一经报出，就不能再提高了，最终双方成交的价格肯定不会高于此开盘价。若我方为买方，我方的开盘价就确定了一个最低价。一般来讲，没有特殊情况，开盘价也是不能再降低的，最终双方成交的价格不会低于此开盘价的。

（2）从人们观念的角度看，"一分钱，一分货"是多数人信奉的观点。因此，如果我方的开盘价较高，就会影响对方对我方提供的商品或劳务的期望。

（3）如果我方为卖方，开盘价较高，则能够为我方在后续的议价阶段留下充足的回旋余地，使我方在商务谈判中有让步的空间，便于掌握成交的时机。

（4）开盘价的高低往往对最终的成交价格具有实质性的影响：开盘价高，最终的成交价格也会比较高；开盘价低，最终的成交价格也会比较低。

2. 开盘价必须合情合理

开盘价要报得高一些，但绝不是指漫天要价，毫无道理，毫无控制。恰恰相反，高报价必须合乎情理，必须能够讲得通。可以想象，如果卖方报价过高，又讲不出道理，对方必然会认为其缺少商务谈判的诚意，或者被逼无奈而中止商务谈判，或者以其人之道还治其人之身，来个"漫天议价"。抑或对方提出疑问，而我方又无法给出合理的解释，其结果只能是被迫无条件地让步。在这种情况下，有时即使你已将交易条件降低到较公平合理的水平上，对方仍会认为尚有"水分"可挤，因而还会穷追不舍。可见，开盘价脱离实际，会给报价一方带来很多麻烦。

3. 报价应该坚定、明确、完整，且不加任何解释和说明

报价要坚定、果断，不留余地，并且毫不犹豫。这样做能够给对方留下我方认真而诚实的好印象。要记住，任何欲言又止、吞吞吐吐的行为，都会导致对方产生不良感受，甚至会产生不信任感。开盘价要明确、清晰而完整，以便对方能够准确地了解我方的期望。实践证明，报价时含混不清最容易使对方产生误解，从而扰乱我方所定议价步骤，对我方不利。

报价时不要对我方所报价格做过多解释、说明和辩解，因为对方不管我方报价的"水分"有多少都是会提出疑问的。如果在对方还没有提出问题之前，我们便主动加以说明，会使对方意识到我方最关心的问题，而这种问题有可能是对方尚未考虑到的。因此，有时过多地说明和解释，会使对方从中找出破绽或突破口，向我方发起攻击，甚至会使我们自己十分难堪，无法收场。

以上是就一般情况而言的报价原则和策略。必须指出的是，报价一方在遵循上述原则的

同时，必须考虑具体的商务谈判环境及与对方的关系。如果对方为了自己的利益而向我方施加压力，则我方必须以高价向对方回施压力，以保护我方的利益；如果双方关系比较友好，特别是有过较长时间的合作，那么报价应当稳妥一点，出价过高会有损双方之间的关系；如果我方有很多竞争对手，那必须把报价压低到至少能受到邀请而继续开展商务谈判的程度，否则连谈判的机会都没有，更谈不上其他了。因此，除了掌握一般报价原则和策略外，商务谈判人员还需要对这些原则和策略灵活地加以运用，不可犯教条主义的错误。

小贴士

FABE推销法

FABE 推销法是由郭昆漠总结出来的一种很具体、具有强可操作性的利益推销法，它通过四个关键环节对顾客关心的问题进行了巧妙的处理。

F（features，特征）：产品的特质、特性等和它是如何来满足我们的特定需要的，如从产品名称、产地、材料、工艺定位、特性等方面深刻挖掘这个产品的内在属性，找到差异点。特性毫无疑问是自己品牌所独有的。

A（advantages，优点）：特征（F）所带来的优点，即产品特征能产生什么功能，这是顾客"购买的理由"。产品优点可从同类产品的比较中找到或者从产品独特之处挖掘。对于产品优点，可直接或间接阐述，如更具人性化、故障率较同类产品下降了 50% 等。

B（benefits，利益）：优点（A）带给顾客的好处。通过强调顾客得到的利益（好处）可激发顾客的购买欲望，利益推销已成为推销的主流理念。

E（evidence，证据）：包括技术报告、顾客留言、新闻报道、照片、示范（现场演示），用这类证据来印证上述介绍。需要注意，所有作为"证据"的材料都应该具有足够的客观性、权威性、可靠性和可见证性。

二、报价的方法

1. 西欧式报价术与日本式报价术

在国际商务谈判活动中，有两种比较典型的报价术，即西欧式报价术和日本式报价术。

（1）西欧式报价术的原则与前边所讲的有关报价原则是一致的。其一般模式是，首先提出留有较大余地的价格，然后根据买卖双方的实力对比和该笔交易的外部竞争状况，通过给予各种优惠，如数量折扣、价格折扣、佣金和支付条件上的优惠（如延长支付期限、提供优惠信贷等），来逐步软化对方立场并接近对方的条件，最终达到成交的目的。实践证明，这种报价方法只要能够稳住买方，往往会有一个不错的结果。

（2）日本式报价术一般的做法是，将最低价格列在价格表上，以求首先引起买方的兴趣。这种低价格一般是以对卖方最有利的结算条件为前提条件的，在这种低价格交易条件下，各方面很难全部满足买方的需求。如果买方要求改变有关条件，卖方就会相应提高价格。因此，买卖双方最后成交的价格，往往会高于价格表中的价格。

（3）日本式报价术在面临众多外部对手时，是一种比较艺术的报价方式。因为它一方面可以排斥竞争对手而将买方吸引过来，取得与其他卖方竞争的优势；另一方面，当其他卖方败下阵来纷纷走掉时，买方原有的买方市场的优势就不复存在了，形成一个买方对一个卖方的情况。商务谈判中的优势显然在买方手中，但当其他卖方不存在，变成一个买方对一个卖方的情况时，双方谁也不占优势，从而可以坐下来细细地谈。买方这时要想满足一定的需求，只好任由卖方一点一点地抬高价格。

聪明的商务谈判人员是不愿陷入日本式报价术的圈套的。避免陷入日本式报价术圈套的最好做法是，把对方的报价内容与其他客商的报价内容一一进行比较，看看它们的内容是否一样，从而判断其报价与其他客商的报价是否具有可比性，不可只看表面而不顾内容实质，误入圈套。如果经对比发现内容不一致，则判断其内容与价格之间的关系，不可盲目行事。需要指出，如果报价内容不具备直接的可比性，那就要进行相应调整，使之具有可比性，再做比较和决策。切忌只注意表面价格，而对其所包含的内容没有进行认真分析、比较，就匆忙决策，从而造成不应有的被动局面和损失。

另外，即使某个厂商的报价的确比其他厂商低，富有竞争力，也不要完全放弃与其他厂商的接触与联系。要知道这样做实际上就是在给对方持续施加竞争压力，迫使其继续做出让步。

以上两种报价术中，虽说日本式报价术较西欧式报价术更具有竞争力，但它不符合买方的心理，因为一般人习惯于价格由高到低逐步降低，而不是不断提高。因此，那些商务谈判高手会一眼识破日本式报价术的计谋，而不会陷入其圈套。

2. 进行报价解释时必须遵循的原则

通常情况下，一方报价完毕之后，另一方会要求报价一方进行价格解释。报价一方在进行价格解释时，必须遵循以下原则，即不问不答、有问必答、避虚就实、能言不书。

（1）不问不答，指买方不主动问及的问题不要回答。对买方未问到的一切问题，都不要进行解释或答复，以免产生言多必失的结果。

（2）有问必答，指对对方提出的所有问题都要一一回答，并且要很流畅、很痛快地予以回答。经验告诉人们，既然要回答问题，就不能吞吞吐吐、欲言又止，这样极易引起对方的怀疑，甚至会提醒对方注意，从而使对方穷追不舍。

（3）避虚就实，指对我方报价中比较实质的部分应多讲一些，对于比较虚的部分或者"水分"较大的部分，应该少讲一些，甚至不讲。

（4）能言不书，指能口头表达和解释的，就不要用文字，因为当自己的表达有误时，口头语言和文字对自己产生的影响是截然不同的。有些国家的商人只承认文字信息，而不重视口头信息，因此要格外慎重。

3. 应对对方报价的原则

我方为买方时，应对卖方报价时应遵循以下几项原则。

（1）在对方报价过程中，我方要认真倾听并尽量完整、准确、清楚地把握对方的报价内容。在对方报价结束之后，对某些不清楚的地方，我方可以要求对方予以解答。同时，应尽可能地将我方对对方报价的理解进行归纳和总结，并加以复述，在对方确认我方的理解正确无误之后，方可进行下一步。

（2）在对方报价完毕之后，我方比较好的做法是，不急于议价，而是要求对方对其价格的构成、报价依据、计算的基础以及方式方法等做出详细的解释，即所谓的价格解释。通过对方的价格解释，我方可以了解对方报价的实质、态势、意图及其诚意，以便从中寻找破绽，从而找出向下议价的突破口，争取更多的利益。

（3）在对方进行价格解释之后，针对对方的报价，我方有两种议价方法可以选择。一是要求对方降低价格。这是一种比较有利的选择，因为这实质上是对对方报价的一种反击。如果反击成功，即可争取到对方的让步，而我方既没有暴露自己的报价内容，又没有做出任何相应的让步。二是直接提出自己的报价。此法对己方弊大于利，一般不推荐使用。

三、报价的策略

报价是指谈判一方向对方报出价格（广义的报价，内容上除价格外，还包括向对方提出的其他所有要求）。谈判一方提出报价标志着价格谈判的正式开始，也代表着谈判者利益要求的"亮相"。报价是价格谈判中一个十分关键的步骤，它给谈判对手以直接、明确的利益信息，是引发对方交易欲望的前奏。在价格谈判中，报价对交易的盈余分割和实现谈判目标都有重大影响。

报价不是报价一方随心所欲的行为，应以影响商品、技术或者服务价格的各种因素，价格谈判的合理范围等为基础。同时，由于谈判双方处于对立统一状态，故报价一方在报价时，不仅要以己方可能获得的利益为出发点，而且必须考虑对方可能的反应和报价能否被对方接受。因此，报价的一般原则应当是，通过反复分析与权衡，力求找到己方可能获得的利益与报价被对方接受的概率之间的最佳结合点。

可以说，如果报价时分寸把握得当，就会把对方的期望值限制在一个特定的范围内，并能有效控制交易双方的盈余分割，从而在之后的价格磋商中占据主动地位。反之，如果报价不当，就会增加对方的期望值，甚至使对方有机可乘，从而使报价一方陷入被动。可见，报价策略的运用，会直接影响价格谈判的开局、走势和结果。在实际商务谈判中，报价策略主要涉及以下几个方面。

1. 报价起点策略

价格谈判中的报价起点策略通常是指：卖方的报价起点要高，即"开最高的价"；买方的报价起点要低，即"出最低的价"。商务谈判中这种"开价要高，出价要低"的报价起点策略，由于足以震慑对方，故被谈判专家称为"空城计"，人们形象地称之为"狮子大张口"。

显然，谈判双方报价起点的这种"一高一低"是合乎常理的，而不可能是"一低一高"，因为那是违背常理的，也不可能是"一中一中"，因为那只可能是经过双方数轮讨价还价后得到的结果，不可能是开局时的局面。从对策论的角度看，谈判双方在提出各自的利益要求时，一般都含有策略性虚报的部分。这种做法其实已成为商务谈判中的惯例。同时，从心理学的角度看，谈判双方都有一种要求得到比他们预期得到的还要多的心理倾向。研究结果表明，若卖方开价较高，则双方往往能在较高的价位成交；若买方出价较低，则双方可能在较低的价位成交。

"开价要高，出价要低"的报价起点策略有以下四种作用。

（1）可以有效地改变对方的盈余要求。当卖方开价较高并振振有词时，买方往往会重新估算卖方的保留价格，从而使价格谈判的合理范围发生有利于卖方的变化。同样，当买方出价较低并有理有据时，卖方往往也会重新估算买方的保留价格，从而使价格谈判的合理范围发生有利于买方的变化。

（2）卖方的高开价往往为买方提供了评价卖方商品的价值尺度。因为在一般情况下，价格总是能够基本上反映商品的价值。人们通常信奉"一分钱，一分货"，所以，高价总是与高档货相联系，低价自然与低档货相联系。这无疑有利于使卖方获取更大的利益。

（3）策略性虚报部分能为下一步双方的价格磋商提供充足的回旋余地。在讨价还价阶段，谈判双方经常会出现相持不下的局面。为了打破谈判的僵局，往往需要谈判双方或其中一方根据实际情况适当做出一些让步，以满足对方的某些要求和换取己方的利益。"高开价"和"低出价"中的策略性虚报部分就为双方的讨价还价提供了充足的回旋余地和准备了必要的交易筹码，这可以有效地给对方造成我方做出让步的假象。

（4）对最终议定的成交价格和双方最终获得的利益具有不可忽视的影响。这种"一高一低"的报价起点策略，倘若双方能够有理有利有节地坚持到底，那么，在谈判不致破裂的情况下，往往会达成令双方都满意的成交价格，从而使双方都能获得预期的利益。

当然，价格谈判中这种报价起点策略的运用，必须基于价格的合理范围，必须审时度势，切不可漫天要价和胡乱杀价，否则就会失去交易机会和导致谈判失败。

2. 报价时机策略

价格谈判中，报价时机也是一个策略性很强的问题。有时，卖方的报价比较合理，但并没有使买方产生交易的欲望，原因往往是此时买方正在关注商品的使用价值，此时并不是恰当的报价时机。所以，价格谈判中，应当首先让对方充分了解商品的使用价值和能为对方带来的实际利益，待对方对商品产生兴趣后再来谈价格。经验表明，报价的最佳时机一般是对方询问价格的时候，因为这时对方已对商品产生了交易欲望，此时报价往往会水到渠成。

有时，在谈判开始的时候对方就会询问价格，这时最好的策略是充耳不闻。因为此时对方对商品或项目尚缺乏真正的兴趣，过早报价会徒增谈判的阻力。这时应当先谈该商品或项目能为对方带来的好处和利益，待对方的交易欲望已被调动起来再报价为宜。当然，如果对方坚持即时报价，也不要故意拖延，否则就会使对方感到不被尊重甚至会产生反感。此时应采取建设性的态度，把价格同对方可获得的好处和利益联系起来。

总之，报价时机策略往往体现在价格谈判中对相对价格原理的运用，也体现在促进达成最后成交价格的转化工作中。

3. 报价表达策略

报价一方无论采取口头方式还是书面方式进行报价，报价的表达都必须十分肯定、干脆，表现出不能再做任何变动和没有任何可以商量的余地。类似"大概""大约""估计"等含糊不清的词语在报价时都是不宜使用的，因为这种表达会使对方感觉报价一方的报价不实。另外，如果对方以第三方的出价低为由胁迫报价方，报价方应明确地告诉他"一分钱，一分货"，并对第三方的低价毫不介意。只有在对方表现出真实的交易意向时，为表现以诚相待，报价方才可在价格上做出让步。

4. 报价差别策略

同一商品，因客户性质、购买数量、需求缓急、交货时间、交货地点、支付方式等的不同，会形成不同的购销价格。这种价格差别体现了商品交易中的市场需求导向，在报价策略中应重视其运用。例如，面对老客户或有大批量需求的客户，为巩固良好的客户关系或建立起稳定的贸易关系，可适当给予价格折扣；面对新客户，有时为开拓新市场，亦可给予适当让价；对于某些需求弹性较小的商品，可适当实行高价策略；如果对方"等米下锅"，价格则不宜降低；若销售处于旺季，商品价格自然较高；远程较近程或区位优越者，应有适当加价；

一次性付款较分期付款或延期付款在价格上应给予优惠；等等。

5. 报价对比策略

价格谈判中使用报价对比策略，往往可以提高报价的可信度和增强其说服力，一般有很好的效果。报价对比可以从多个方面进行。例如，将一种商品的价格与另一种可比商品的价格进行对比，以突出具有相同使用价值的商品的不同价格；将一种商品及其附加各种利益后的价格与另一种可比商品不附加各种利益的价格进行对比，以突出不同使用价值商品的不同价格；将一种商品的价格与市场竞争者的同一种商品的价格进行对比，以突出相同商品的不同价格；等等。

6. 报价分割策略

报价分割策略主要是指卖方为了迎合买方的求廉心理，将商品的计量单位细化，然后按照最小的计量单位报价。这种报价策略能使买方对商品价格产生心理上的便宜感，容易为买方接受。

第五节　讨价还价阶段

一、还价

还价亦称回价、新的报价或新要约、反要约，它是指商务谈判一方根据对方的报价，结合自己的商务谈判目标，主动回应对方要求而提出己方的价格条件。还价通常是由买方在一次或多次讨价后应卖方的要求做出的。在面对面的商务谈判中，当一方听取了另一方的报价说明之后，为了对对方的报价做出适当的反应，可以向对方提出还价——即提出符合自己要求的交易条件。还价时应遵循以下几个原则。

（1）在还价前要准确地弄清对方的报价内容。为此，还价方可以向对方提出一切必要的问题。比如在谈论设备的价格时，可以向对方询问价格中是否包括佣金，是否包括机器的调试费及技术培训费，是否包括必要的零配件费用，等等，以便得到一幅正确无误的价格图像。提问完毕后，还价方应对对方报价的理解进行归纳总结，并加以复述，以验证双方对报价要约内容的理解是否一致。

（2）还价时给出的价格应当是符合情理的可行价。

（3）在涉及还价的提问过程中，必须使对方认识到，这是最终成交价的基础。

（4）还价时应留有继续进行商务谈判的余地。

二、讨价还价的方法

讨价还价是商务谈判中的一项重要内容。一个优秀的商务谈判者不仅要掌握商务谈判的基本原则、方法，还要学会熟练运用讨价还价的策略与技巧。这是商务谈判成功的保证，也是在商务谈判中获取更多利益的重要手段。在实际商务谈判中常用的讨价还价方法有以下几种。

1. 投石问路

谈判一方要想在商务谈判中掌握主动权，就要尽可能地了解对方的情况，尽可能地了解和掌握讨价还价的每一个步骤对对方的影响以及对方会有何反应。投石问路就是了解对方情况的一种战术。例如，在讨价还价阶段，一方若想要试探对方提出的价格有无回旋的余地，就可以提问："如果我方增加购买数量，贵方可否考虑降低价格呢？"然后，可根据对方的开价，进行选择、比较、讨价还价。通常情况下，提出的每一块"石头"都能增进己方对对方的了解，而且对方通常难以拒绝。

2. 反报价策略

对方报价如距离己方目标甚远，一般可以在仔细研究后向对方报出己方价格，这实质上是否决了对方报价。

3. 抬价压价战术

在商务谈判中，通常不会一方一开价，另一方就马上同意，双方拍板成交，都要经过谈判双方多次的抬价、压价，最后才会相互妥协，确定一个共同认可的成交价格。由于在商务谈判中，抬价一方不清楚对方的具体要求，在什么情况下对方会做出妥协，所以这一策略运用的关键是要先确定把价格抬到多高是对方能够接受的。一般而言，抬价是建立在科学的计算与精确的观察、判断、分析的基础之上的。当然，谈判人员的忍耐力、经验、能力和信心也是十分重要的。在讨价还价过程中，谈判双方谁都不能确定双方各自能走多远，能得到什么。因此，讨价还价的时间越久，局势就会越有利于有信心、有耐力的一方。压价可以说是对抬价的破解。如果是买方先报价格，那么可以低于预期价格进行报价，以留有讨价还价的余地；如果是卖方先报价，买方压价，则可以采取以下多种方式。

（1）揭穿对方的把戏，直接指出问题的实质。比如，指出对方产品的成本费用，挤出对方报价中的"水分"。

（2）确定一个预算限额或一个价格的上下限，然后围绕这些标准进行讨价还价。

（3）如果在价格上做出让步，便要力争从其他方面获得补偿。

（4）召开小组会议，集思广益，讨论对策。

（5）在合同没有签订以前，要求对方做出某种保证，以防对方反悔。

4. 价格让步策略

价格让步的方式、幅度直接关系到让步方的利益，理想的让步方式是每次呈递减式让步，这样能使己方做到让而不乱，成功地遏制对方无限制让步的要求，理由如下。

（1）每次让步都给予对方一定的优惠，既表现出了己方的诚意，同时也保全了对方的面子，使对方有一定的满足感。

（2）让步的幅度越来越小，越来越困难，会使对方感觉到己方的让步不容易，是在竭尽全力地满足对方的要求。

（3）最后的让步幅度不大，是在警告对方己方的让步已到了极限；有些情况下，最后一次让步幅度较大，甚至会超过前一次的让步幅度，这可表现出己方合作的诚意，向对方发出要求签约的信号。

5. 最后报价策略

最后报价应掌握好时机和方式，因为如果在双方各不相让，甚至十分气愤的对峙状况下做出最后报价，无异于发出最后通牒，很可能会使对方认为这是一种威胁，危及商务谈判的顺利进行。当双方就价格问题不能达成一致时，如果报价一方看出对方有明显的达成协议的倾向，这时提出最后的报价较为适宜。当然，最后报价既能增强也能损害提出一方的议价力量：如果对方同意，报价方就胜利了；如果对方不同意，报价方的气势就会被削弱。此时的遣词造句应相机而行，与这一策略的成功与否休戚相关。

三、讨价还价的策略

讨价还价是谈判双方（卖方与买方）都要考虑的问题，但双方的关注点不同。对于卖方而言，他们关心如何应对买方的压价行为，捍卫己方的利益；对于买方而言，他们关心如何进一步压价，争取更多的利益。

（一）买方压价的方法

买方压价的过程其实就是买方议价而让卖方做出价格让步的过程。买方压价的方法有以下几种。

（1）挑瑕疵。对产品进行细致的考量，找出其不足和瑕疵，以此对卖方进行压价。

（2）计算成本。收集产品的成本信息，测算其原料、人工、销售等费用，以此来压低卖方的不合理利润。

（3）提问法。直接向卖方提问"为什么这么贵？"，要求卖方做出解释，或者对其品牌、品质、款式、货源等提出疑问，或者采用延伸提问："你方刚才说采购 500 件，每件 100 元。如果我方采购 1 000 件，是否每件价格可以为 95 元？"

（4）竞争对手法。说明提供同类产品的还有其他企业，其他企业可以给予我方更多优惠。

（5）引诱法。指出对方如能给予优惠，己方可以为对方介绍更多客户，以此吸引对方做出更大的让步。

（6）威胁法。以势压人或者采用激怒对方的方法来给对方施加压力，迫使对方做出让步，降低价格。

（二）卖方应对买方压价的方法

卖方面对买方的压价，既不能一味"辩解"，又不能一味"让步"，而应该按照保价、解释与提问、提出备选方案、认可并提出交换条件的步骤应对。

第一步，保价。当买方对卖方的报价提出疑问，并要求降价时，卖方不要马上退却，应先坚持报价并适当地进行价值传递，努力改变买方的看法。

第二步，解释与提问。如果买方有误解，可以向买方进行解释，或通过提问引起买方思考的方式与买方进行讨论。

第三步，提出备选方案。对原有方案稍加更改，提出最佳备选方案，用其他方面的优势来应对买方对某一点的质疑或不满。

第四步，认可并提出交换条件。认可并提出交换条件是指如果对于买方提出的质疑或条件，卖方确实无法辩驳，则应该予以认可，但要同时提出交换的条件。在这种情况下，卖方可以使用以下几种策略。

（1）分析买方的真实目的，有针对性地提出交换条件。

（2）转换话题。当买方只是习惯性地压价或试探时，卖方应及时转换话题。

（3）价值传递。买方只有认识到商品或者服务的价值之后才肯出高价，因此卖方应先向买方传递价值，再讨论价格。

（4）假设提问。为买方做出假设，了解买方的真实想法，如可以向买方提问："假设你方进行投资，除了优惠政策外，还看重哪些因素？"

（5）以买方需求为导向。卖方应完全以买方的需求为导向进行谈判。

（6）使用"挡箭牌"。如，当卖方不愿意为买方做出让步时，可以推说受权限限制等。

（7）迷惑式反问。例如，卖方可以反问："您为什么如此关心政策？这在高新区投资方中不多见。"

（8）用对比做例证。用同行的例子证明，通过让买方对比，发现买方的需求点和关注点。

（9）奇货可居。例如，卖方可以说："现在高新区的地不多了，都抢着要呢！符合产业发展政策的才给地。"

（10）激将堵嘴。例如，卖方可以说："相信投资方都非常优秀和专业，投资回报才是最重要的。"

（11）修改参照系。例如，若买方真心投资，则一定会有内外部的对比参照系，卖方应该努力改变买方的参照系。

（12）计算投入产出比。通过计算投入产出比，向买方说明投资的意义（卖方应提前做好准备）。

（13）以事实为例证，如可通过同行或代表性企业的投资案例吸引买方。

（14）试探性让步。卖方可以稍让一步，以试探买方的反应。

（15）条件性让步。例如，卖方可以说："如果要求更优惠的政策，这要双方领导出面谈……"

（16）组合交易条件和方案。通过组合交易条件逐步满足买方的需求，而不要一味地让步。

讨价还价是商务谈判中的重要环节。谈判双方通过讨价还价可赢得各自的利益，同时促使谈判成功。讨价还价策略的逻辑树如图9.2所示。

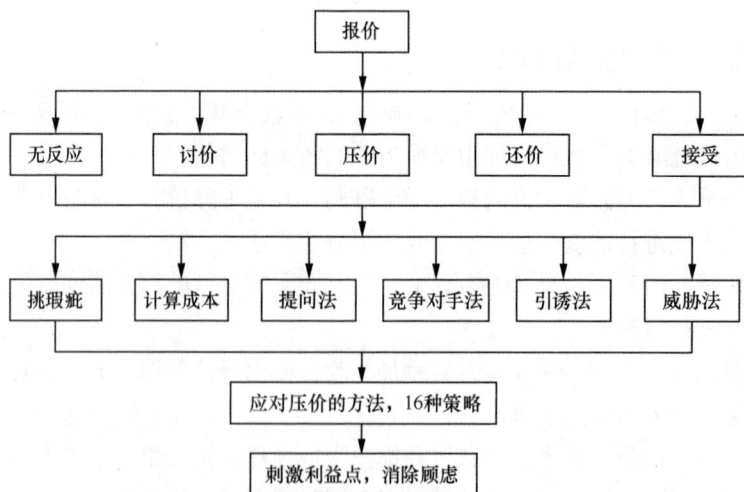

图 9.2　讨价还价策略的逻辑树

（三）讨价还价中僵局的处理

谈判的僵局不是谈判必须经历的阶段，而是谈判双方经过交锋、彼此都不愿做出让步，使得谈判难以再进行下去的一种非常局面。谈判的僵局是一种相对静止的状态，化解谈判僵局的基本思想是使谈判从静止状态转化为运动状态，为解决问题创造条件。

1. 退让

当谈判双方因利益分割而陷入僵局时，如不采取适当的退让措施，很容易导致谈判的破裂。谈判双方都应该想到，其实只要在某些问题上稍作让步，在其他一些方面就能得到更多的利益。这种辩证的思路是一个成熟的商务谈判者应该具备的。

谈判犹如一个天平，每当我们找到了一个可以妥协之处，就等于找到了一个可以增加己方谈判分量的砝码。在商业谈判中，当谈判双方陷入僵局时，如果双方对国内、国际情况有全面的了解，对双方的利益又把握得恰当、准确，那么就应以灵活的方式在某些方面采取退让的策略，去换取其他方面的利益，以打破僵局，达成双方都能接受的协议。

所以，千万要提醒自己，我方的谈判目的是取得谈判的成功，而不是使谈判失败，这一点非常重要。因此，当谈判陷入僵局时，我方应有这样的认识，即如果谈判双方合作成功所带来的利益大于我方坚守原有立场而让谈判破裂所带来的好处，那么有效退让就是我方应该采取的行动。

2. 进攻

当对方提出不合理条件，制造僵局，给我方施加压力时，特别是在一些原则性问题上表现得蛮横无理时，我方要以坚决的态度据理力争。因为这时如果做出损害原则的退让和妥协，不仅损害我方的利益和尊严，而且会助长对方的嚣张气焰。所以，我方要明确表示拒绝接受对方的不合理要求，指出对方故意制造僵局的不友好行为，设法使对方收敛起蛮横无理的态度，主动放弃不合理的要求。这种进攻的方法首先要体现出我方的自信和尊严，不惧怕任何压力，追求平等合作；其次要注意表达的技巧，用绵里藏针、软中有硬的方法回击对方，使其自知没趣，主动退让。

3. 转化

当谈判双方对某一议题产生严重分歧、互相都不愿意让步而陷入僵局时，一味地争辩并不能解决问题。这种情况下，我方可以暂时回避有分歧的议题，换一个新的议题与对方进行谈判。这样做有两个好处：一是可以争取时间先进行其他问题的谈判，避免因长时间的争辩而耽误双方的宝贵时间；二是当其他议题经过谈判达成一致之后，对有分歧的问题也会产生正面影响，再回过头来谈陷入僵局的议题时，气氛会有所好转，双方的思路会变得更开阔，这时解决该问题往往会比之前容易得多。

双方也可创造新的替代方案。如果谈判双方仅仅采用一种方案进行谈判，当这种方案不能为双方同时接受时，双方就会陷入僵局。实际上，在谈判中往往存在多个满足双方利益的方案。在谈判准备期间，谈判双方就应该准备多种可选择的方案。一旦一种方案遇到障碍，就可以拿出其他备选方案供对方选择，使"山重水复疑无路"的僵持局面转变成"柳暗花明又一村"的好形势。哪一方能够创造性地提供可选择的方案，哪一方就能掌握谈判的主动权。当然，这种替代方案要既能维护我方的切身利益，又能兼顾对方的需求。只有这样，才能使对方对我方提出的替代方案感兴趣，进而使双方就新的方案达成共识。

4. 放置

如果谈判陷入僵局，谈判双方的情绪都比较激动、紧张，谈判一时难以继续进行，那么这时一方提出暂时停止磋商，缓冲后双方再继续进行谈判是一种较好的办法。在这种情况下，可暂时停止会谈，谈判双方可以一起游览、观光、出席宴会、观看文艺节目，也可以一起到游艺室、俱乐部等地方消遣一下，让紧绷的神经松弛一下，缓和一下双方的对立情绪。这样，在轻松愉快的环境中，大家的心情自然也就放松了。更重要的是，通过一起游玩、休息等私下接触，谈判双方可以进一步熟悉彼此，增进彼此之间的了解，消除彼此间的隔阂；也可以不拘形式地就僵持的问题继续交换意见，使严肃的讨论和谈判处于轻松活泼、融洽愉快的非正式会谈气氛之中。这时，谈判双方心情愉快，也会变得慷慨大方，在谈判桌上长时间争论无法解决的问题、障碍，这时也许会迎刃而解。暂时休会后，谈判双方再按预定的时间、地点坐在一起进行谈判时，就会对原来的观点提出新的、修正的看法。这时，谈判僵局往往就被打破了。

5. 上升

当谈判陷入僵局时，我方可以在休会期间向上级领导汇报，请示高层领导关于僵局处理的指导意见，并争取使其将某些让步策略的实施授权给谈判者，以便谈判者采取下一步的行动；或者双方可以在休会期间促成双方高层领导直接接触，缓和双方僵持对立的关系。

6. 推动

当谈判陷入僵局时，寻求第三方推动也是一种可打破僵局的措施。谈判中的中间人主要是由谈判者自己挑选的。不论由哪一方挑选中间人，所确定的中间人都应该为对方所熟识、接受，否则就很难发挥中间人应有的作用。在选择中间人时，不仅要考虑其是否能体现公正性，还要考虑其是否具有权威性。这种权威性是使对方逐步受中间人的影响，最终转变强硬立场的重要力量。而主动运用这一策略的谈判者就是希望通过中间人的作用，将自己的意志转化为中间人的意志，从而达到自己的谈判目的。

第六节　成　交　阶　段

商务谈判在经历了准备阶段、开局阶段、摸底阶段、报价阶段和讨价还价阶段以后，进入成交阶段。商务谈判的成交阶段也是商务谈判的结束阶段。经过一番艰苦的讨价还价，商务谈判取得了很大的进展，双方观念渐趋一致，但也存在一些问题。在商务谈判的最后阶段，双方仍然需要善始善终、孜孜以求。如果谈判者在最后的成交阶段放松警惕，或者急于求成，有可能导致前功尽弃、功亏一篑。

在谈判双方的共同努力下，交易条件最终落入双方可接受的范围内，并且原则上已达成协议。此时，预定的谈判结束时间也即将到来，谈判双方进入最后的阶段——成交阶段。很明显，这一重要阶段既是本次商务谈判的终结，又是商务谈判签约、履约的开始。谈判双方经过前面几个阶段的交锋，克服了许多障碍和分歧，共同为最后的成交铺平了道路，但谈判者还须经过一番努力，以促使对方下定决心，采取具体的成交行动。谈判双方经过磋商、让步，最终就各项交易条件达成共识，使谈判进入成交与签约阶段。

经过谈判双方较长时间的讨价还价，反复磋商，谈判的中心议题已经基本确定。这时谈判已经接近尾声，应设法尽快结束谈判，达成协议，以取得良好的谈判成果。为此，成交阶段的主要任务是尽快结束谈判，达成协议，以免节外生枝。有经验的谈判者总是善于在关键的、恰当的时刻，抓住对方隐含的签约意向或巧妙地表明自己的签约意向，趁热打铁，促成交易。如何洞察、把握对方的签约意向，向协议的达成方向迈进，如何抓住最佳时机，当机立断，尽快签约，这是谈判者应该掌握的基本技巧。

一、向对方发出信号

谈判收尾在很大程度上是一种掌握火候的艺术。我们通常会发现，一场谈判旷日持久，但进展甚微，而后由于某种原因，大量的问题被快速解决；一方让步有时能使对方相应地做出让步，有时还会引起新一轮的让步，"多米诺效应"的出现会使双方的相互让步很快接近平衡点，而最后的细节在几分钟内即可拍板。在即将达成交易时，谈判双方都会处于一种任务即将完成的兴奋状态，而这种兴奋状态的出现往往是由于一方发出了成交信号所致。常见的成交信号有以下几种。

（1）谈判者所提出的建议是完整的，绝对没有不明确之处。如果他的建议未被接受，除非中断谈判，否则谈判者没有别的出路。

（2）谈判者用最少的言辞阐明自己的立场，谈话中表达出了一定的承诺，但不含有讹诈的成分，比如"好，这就是我最后的主张了，现在您的意见如何"。

（3）谈判者在阐明自己的立场时，完全用一种做出最后决定的语气，坐直身体，双臂交叉，文件放在一边，两眼紧盯着对方，不卑不亢，没有任何紧张的神情。

（4）回答对方的任何问题时尽可能简单，常常只回答"是"或"不是"，很少解释，表明确实没有折中的余地。

（5）一再向对方保证，现在结束谈判对对方而言是最有利的，并告诉对方结束谈判的理由。

二、促成签约的策略

常用的促成签约策略有以下几种。

（1）期限策略。期限策略即规定谈判的截止日期，利用谈判期限的力量向对方施加无形的压力，借以达到促成签约的目的。谈判中采用期限策略的例子有：①"存货不多，欲购从速"；②"如果你方不能在9月1日以前下订单，我们将无法在10月30日前交货"；③"如果我方这星期收不到货款，这批货物就无法为你方保留了"；④"从5月1日起价格就要上涨了"；⑤"优惠价格将于9月30日截止"。

（2）优惠劝导策略。优惠劝导策略即向对方提供某种特殊的优待，以尽快签订合同，可采用"买×送一"、折扣销售、附送零配件、提前送货、允许试用、免费安装、免费调试、免费培训、提供三包服务等手段。

（3）行动策略。所谓行动策略，是指谈判一方以一种主要问题已经基本谈妥的姿态采取行动，促使对方签订合约。比如，买方（卖方）可以着手草拟协议，边写边询问对方喜欢哪一种付款方式，或想将货物送到哪个地方。

（4）主动征求签约细节方面的意见。谈判一方主动向对方提出有关协议或合同中某一具体条款细节的问题，以敦促对方签约，如对于验收条款而言，要共同商定验收的时间、地点、方式及技术要求等。

（5）采取一种表明结束的行动。谈判一方可以给对方一个购货单的号码等，或者和对方握手以祝贺谈判成功。这些行动有助于强化对方已经做出的承诺。

三、成交签约

成交签约阶段的主要工作有以下三项。

（1）总结成果。随着商务谈判进入成交阶段，双方有必要进行最后的回顾和总结，明确是否所有内容都已谈妥，提炼出整个商务谈判过程中的主要问题，对特殊的问题加以确认，概括一下最后的决定，明确谈判结果是否已达到己方期望的商务谈判目标，了解对方对目前的所有决定是否满意。

（2）整理记录。每次商务谈判之后，对于重要的事情，应写一份简短纪要，把达成的每一个共识记录下来，并向双方公布。这样不仅可以加深彼此对商务谈判进程的了解，而且可以将文字性材料作为催促对方做出最后决定的有效保证。在成交阶段，检查、整理会议记录，双方共同确认其正确无误，其内容便是起草书面协议的主要依据。

（3）签订合同。在签订合同之前，首先需要以备忘录为基础草拟合同。此时，要反复核查书面承诺，也不能忽视核实对方的口头允诺，在签字之前应重读协议，对条件、送货方式、品质等条款进行严格核对。

四、签订合同时应注意的事项

合同的基本条款包括商品的品质、数量、包装、价格、装运、保险、支付、检验、索赔、不可抗力和仲裁等内容。谈判双方在成交阶段签订合同时，应注意以下几个问题。

小贴士

（1）不可抗力条款。不可抗力条款是国际贸易中普遍采用的一项例外条款。买卖双方签订的合同由于受到政治因素和自然因素变化的影响，发生了买卖双方所无法预料、无法避免和无法控制的事件，如自然灾害、战争等，使该合同无法继续履行或不能如期履行时，遭受事故的一方可据此免负违约责任，对方无权要求索赔。

（2）仲裁条款。仲裁条款是指买卖双方若发生争议，可使用仲裁的方式予以解决。由于仲裁机构是民间机构，仲裁员又是由双方当事人共同指定的，故谈判双方选择仲裁机构时有更强的灵活性和较大的选择自由。仲裁人员一般是国际、国内贸易界的专家和知名人士。他们熟悉业务，能以第三人的身份公正地进行仲裁，且处理争议问题迅速，费用也相对低，所以仲裁成为解决商务谈判争议普遍采用的方法。

（一）审查合同的主体是否合格

如果合同主体不合格，那么所签订的合同是无效的。在商务谈判正式开始之前，要认真审查对方的主体资格，了解对方有没有主体资格进行这笔交易。在进行谈判之前，应检验对方的营业执照，了解其经营范围、资金运用情况、信用、经营状况等，其项目是否合法。如果对方有担保人，还要调查担保人。

一般来说，在重要的商务谈判中，签约人应是董事长、总经理或厂长等企业法定代表人，但是，对于具体的业务，签约人可能是某业务人员或推销员等，这时候，也要检查签约人的主体资格，如检查对方提交的法人代表开具的正式书面授权证明（常见的正式书面授权证明有授权书、委托书等），了解对方的合法身份和权限范围，以确保合同的合法性和有效性。

检查对方是否具有签约资格时，一定要一丝不苟，切不可草率行事。对签约的另一方进行资信调查，了解对方具体情况是十分必要的。另外，不能轻易相信对方的名片，有时候，对方的名片上头衔很大，实际上却是假的。此外，在涉外贸易商务谈判中，要注意把子公司和母公司分开，若与子公司进行商务谈判，不仅要看母公司的资信情况，还要调查子公司的资信情况，因为母公司对子公司不负连带责任。

（二）起草合同文本

当商务谈判双方就交易的主要条款达成一致意见以后，就进入合同签约阶段。一般来讲，文本由谁起草，谁就掌握主动权。口头上商议的内容形成文字，还需要一个过程。有时候，仅仅一字之差，意思就有很大的区别。起草一方的主动性表现在可以根据双方协商的内容，认真考虑合同的每一项条款，斟酌选用对己方有利的措辞，并安排条款的程序或对有关条款有解释权。所以，在商务谈判中，应重视合同文本的起草，并尽量争取起草合同文本。

起草合同文本需要做许多工作。例如，在拟订商务谈判计划时，要确定的商务谈判要点实际上就是合同的主要条款。起草合同文本时，不仅要提出双方协商的合同条款及双方应承担的责任和义务，而且要全面而细致地讨论和研究所提出的条款。搞清楚在哪些条款上不能让步，在哪些条款上可有适当的让步以及具体让步多少等。这样，在双方就拟订的合同草稿进行实质性的商务谈判时，起草合同文本的一方就掌握了主动权。

（三）合同条款必须严密、清楚

商务谈判所涉及的商品数量、质量、货款支付，以及履行期限、地点、方式等内容，都必须严密、清楚，否则就可能会造成不可估量的经济损失。合同条款太笼统不利于合同的履行，如以下条款：

> 自即日起，如一方无故违约，给另一方造成经济损失时，违约方除赔偿对方全部直接经济损失外，还要赔偿对方信誉损失费10～15万元。

"即日"不具体，应改为"合同签订之日"；"无故"语言不严密，为有故违约留下了空子；数字范围有歧义，可以理解为"10元～15万元"也可理解为"10万元～15万元"；金额未标注币种，应改为类似"人民币10万～15万元"的格式。

1. 签订的合同对商品的标准必须有明确规定

签订的合同对商品的标准必须有明确规定。如有国家标准，可按国家标准执行；如没有国家标准而有行业标准，则可按照行业标准执行；如既没有国家标准又没有行业标准，则可按企业标准执行。如果有其他方面的问题，必须写明。例如，北京的一家单位与一家蔬菜公司签订的合同中，对商品的规定只有这几个字："大白菜20万千克。"结果商品在运输过程中出现了问题，购货方收到的白菜损失了一大部分，但因购货方在合同中没有明确商品的质量标准，就只能自食其果了。

签订合同时，对于双方买卖的商品，名称必须准确而规范。商品有国家统一名称的，用国家统一的名称；没有国家统一名称的，商务谈判双方则应该统一名称，必要时还要留存样品，因为一物异称、异物同称的现象普遍存在。

2. 合同条款要反复推敲

签合同时不仅要做到字斟句酌、反复推敲，而且要注意合同条款有无重复或者前后是否自相矛盾，以免让对方钻了空子。

3. 合同必须明确双方应承担的义务和违约责任

在现实中，许多合同只规定了双方交易的主要条款，忽略了双方各自应尽的责任，尤其是违约方应承担的违约责任，这样自然就削弱了合同的约束力。另外，有些合同条款虽然规定了双方各自的责任、义务，却写得十分含糊、笼统。这样，即使一方出现违约，也很难追究违约者的责任。

权利和义务是密切相关的，规定双方承担的义务和违约责任，也是对签订合同双方权利的保障，否则一方出现违约，另一方就可能因此遭受重大损失。如果当事人一方不履行合同中规定的义务或者履行的合同义务不符合约定，则应当承担继续履行义务、采取补救措施或者赔偿损失等违约责任。当事人一方明确表示或以自己的行为表明不履行合同义务的，对方可以在履行期限届满之前要求其承担违约责任。对违约责任没有约定或约定不明确，通过双方协商仍不能明确的，受损害方根据违约方违约的实际情况及所受损失的大小，可以合理要求对方承担保修、更换、退货、减少价款或报酬等违约责任。当事人一方履行义务不合格的，在继续履行或采取补救措施后，对方仍有其他损失的，应当赔偿损失。当事人一方不履行合同义务或履行的合同义务不符合约定而给对方造成损失的，损失赔偿金额应当包括因违约所给对方造成的损失，还应包括合同履行后对方可以获得的利益。

本章小结

本章按照商务谈判过程的阶段划分分别介绍了各阶段的谈判原则、谈判技巧、谈判策略和应注意的问题等内容。

商务谈判准备阶段的工作主要包括：①进行可行性分析；②充分认识并准确预测；③确定商务谈判的目标；④编制商务谈判工作计划。

开局阶段的关键任务有创造和谐的商务谈判气氛、正确处理开局阶段的"破冰"期等。开局的策略包括：①协商式开局策略；②坦诚式开局策略；③慎重式开局策略；④进攻式开局策略。

摸底主要是通过开场陈述进行的，并且应该是双方分别进行陈述。摸底阶段主要介绍了以下内容：①开场陈述的内容；②开场陈述的注意事项；③开场陈述的方式；④倡议；⑤摸底的策略。

报价阶段是商务谈判实质性阶段中的前期准备阶段。报价阶段主要介绍了以下内容：①先报价的利与弊；②何种情况下，先报价一方的利大于弊；③报价一方必须遵循的原则。报价的策略主要包括：①报价起点策略；②报价时机策略；③报价表达策略；④报价差别策略；⑤报价对比策略；⑥报价分割策略。

一个优秀的商务谈判者要能熟练地运用讨价还价的策略与技巧，这是促使商务谈判成功的重要保证。讨价还价的方法有：①投石问路；②反报价策略；③抬价压价战术；④价格让步策略；⑤最后报价策略。讨价还价的策略涉及买方压价的方法、卖方应对买方压价的方法、讨价还价中僵局的处理等方面的内容。

成交签约阶段的主要工作内容有总结成果、整理记录、签订合同。签订合同时应注意的相关事项需要特别注意。

综合练习

一、单项选择题（在每小题的四个备选答案中，选出一个正确的答案，将其序号填在括号内）

1. 在谈判准备阶段，双方取得的最终成果是（   ）。
   A. 形成工作计划　　　B. 报价单　　　　　C. 草拟合同　　　　　D. 模拟谈判

2. 谈判开局阶段的关键任务是（   ）。
   A. 创造和谐的商务谈判氛围　　　　　B. 僵局处理
   C. 准备开场白　　　　　　　　　　　D. 首先发言

3. 谈判摸底阶段的关键任务是（   ）。
   A. 签订合同　　　　B. 报价　　　　　C. 谈价格　　　　　D. 开场陈述

4. 不属于报价注意事项的是（   ）。
   A. 报价要合理　　　　　　　　　　　B. 报价应该坚定
   C. 注意开盘价的极限　　　　　　　　D. 始终后报价

5. 谈判一方根据对方的报价，结合自己的商务谈判目标，主动回应对方要求而提出自己的价格是（   ）。
   A. 询价　　　　　　B. 报价　　　　　C. 还价　　　　　D. 接受

二、多项选择题（在每小题的五个备选答案中，选出二至五个正确的答案，将其序号填在括号内）

1. 商务谈判过程包括（   ）。
   A. 准备阶段　　　　B. 开局阶段　　　　C. 摸底阶段
   D. 讨价还价阶段　　E. 成交阶段

2. 商务谈判准备阶段需要做的工作包括（   ）。
   A. 进行可行性分析　　　　　　　　　B. 充分认识并准确预测
   C. 确定商务谈判的目标　　　　　　　D. 编制商务谈判工作计划
   E. 签订合同

3. 开局阶段的关键任务为（   ）。
   A. 创造和谐的商务谈判气氛　　　　　B. 正确处理开局阶段的"破冰"期
   C. 开始关键议题谈判　　　　　　　　D. 提出要求
   E. 进入正题

4. 谈判开局策略包括（   ）。
   A. 协商式开局策略　　　　　　　　　B. 坦诚式开局策略
   C. 慎重式开局策略　　　　　　　　　D. 进攻式开局策略
   E. 秘密开局策略

5. 报价策略包括（　　　　）。
　　A. 报价起点策略　　B. 报价时机策略　　C. 报价表达策略
　　D. 报价差别策略　　E. 报价对比策略
6. 讨价还价的技巧有（　　　　）。
　　A. 投石问路　　　　B. 反报价策略　　　C. 抬价压价战术
　　D. 价格让步策略　　E. 最后报价策略
7. 成交阶段的工作内容有（　　　　）。
　　A. 总结成果　　　　B. 整理记录　　　　C. 签订合同
　　D. 签订合同时应注意的相关事项　　E. 僵局处理

三、名词解释题

开局　　摸底　　报价　　还价　　成交

四、简答题

1. 简述谈判准备阶段的主要工作内容。
2. 简述开局阶段的关键任务。
3. 简述谈判开局的策略有哪些。
4. 简述摸底阶段的主要工作。
5. 简述报价的策略有哪些。
6. 简述讨价还价的技巧。
7. 简述讨价还价阶段的策略有哪些。
8. 简述成交签约阶段的主要工作内容。

五、综合案例分析

　　湖南德丰是一家经营工业品的公司，业务比较繁忙。其幕后股东是国内某大型企业集团，但该情况并不为外界所知。该公司原有的办公场所已不适合公司的业务发展和管理要求，需要租赁新的办公场所。但总公司在这方面有严格的预算管理，要求年租金不得超过8万元。公司的行政总监屠志刚负责落实此事，经多方实地察看和比较后，看中了省进出口集团公司综合办公大楼的一套房子，但该集团公司的后勤管理处按照以前的出租条件，对该套房的年租金报价为11万元。为了能以年租金8万元的价格达成协议，湖南德丰行政部的小王先与对方进行了试探性的商谈。

　　周处长（省进出口集团公司后勤管理处）：我们这套房子租给上一个公司的租金是每年11万元，所以你们的租金也不能低于这个价。

　　小王：我们公司的规模小，而且这一两年也没什么利润，公司不可能租这么贵的房子，你们优惠一点租给我们吧！

　　周处长：这不行，我们一直是这样的价钱，而且这两天也有其他的公司来看过，我们不愁租不出去。

　　小王：我们公司的预算只有8万元，还是希望你们能考虑我们公司，以优惠的价格租给我们。

　　周处长：不行。

　　屠总监在听了小王的汇报后，先在网上查询了省进出口集团公司的情况，然后去实地以陌生人的身份向办公大楼的工作人员了解了一些情况，第二天就胸有成竹地去与对方洽谈了。

　　屠总监：周处长，你可能还不太了解我们公司，实际上我们公司是××集团控股的公司，但集团公司由于某种原因不便对外公开。××集团你是知道的，可以到网上看看相关报道，是国内非常著名的集团。

周处长：哦，你们是××集团的，那小王怎么跟我说你们公司规模小、利润低呀？

屠总监：那是因为我们刚进入湖南市场，市场才开始启动，但我们的发展速度非常快。如果你将房子租给我们的话，我们近几年会长期稳定地租下去，这样你们就不需要经常寻找客户了，听说上一家公司就是因为经营不善、无法维持而退租的。

周处长：对你们优惠一点可以，但8万元实在是太低了，公司肯定不能接受。

屠总监：我看见你们办公楼内还有酒店，也属于你们后勤处管理吧？

周处长：对，对外正常营业。

屠总监：我们经常有省内外的客户及总公司的人过来，每年的住宿费和招待费不下十几万元。如果我们以后安排所有的客户和总公司过来出差的人员都住在你们酒店，相关的宴请招待也在该处，那对你们酒店的生意可是非常有帮助的。

周处长：这倒是，你们以后在我们酒店消费还可以办理会员卡，享受优惠。那既然你们公司这么大，业务发展也很好，怎么才只出8万元的租金呢？

屠总监：我们集团是一个以财务管理见长的集团，财务部门对每一项开支都有严格的预算。正是因为有如此严格而科学的管理，我们集团才得以快速发展。另外，我看你们大楼的人气并不旺，如果我们入驻的话，我们集团频繁的高层人员来往一定会提升你们办公大楼的人气和档次。

最后，双方以8万元的年租金达成了协议。

（周春兵，2006）

思考讨论题

1. 小王为什么谈判失败了？
2. 屠总监为什么谈判成功了？

进一步学习

推荐看

《无法说不：从对抗到合作的谈判》

访一访

寻找一个参与过实际商务谈判的企业人员，采用聊天或者模拟正式访谈的形式对他进行访谈，然后总结访谈对象的经验。

反思一下

回想自己的人生经历，写下或者口述一段自己的谈判经历，并总结一下学习本章的收获。

附　录

商务谈判综合演练

在实践中学习已经被证明是最为有效的学习方法之一。参与商务谈判实践活动，可以帮助同学们更深入地理解、体验、实践在课堂上学到的各种商务谈判理论、商务谈判技巧及方法，修正商务谈判策略，还可以帮助同学们以商务谈判战略的高度考虑问题。

商务谈判综合演练是在同学们学习完商务沟通和商务谈判基本知识的基础上进行的一项全面、全过程的商务谈判模拟实训，比较常用的实践学习方式有商务谈判案例分析、商务谈判视频观摩与创作、商务活动访谈、商务谈判模拟演练、商务谈判模拟比赛等。

商务谈判案例分析	商务谈判视频观摩与创作	商务活动访谈	商务谈判模拟演练	商务谈判模拟比赛

学生自制商务谈判视频示例	商务谈判模拟比赛示例 1	商务谈判模拟比赛示例 2

商务谈判环境分析模板

商务谈判比赛案例

商务谈判比赛组织者提供资料时，单独提供给某方的资料不可使另一方得到，这点需要注意。

如采用现实案例，组织者可只提供双方均应了解的背景信息，由双方自行查找该谈判前本方企业的相关资料，双方自行确定谈判目标。

案例一	案例二	案例三	案例四

更新勘误表和配套资料索取示意图

说明1：本书配套教学资料存于人邮教育社区（www.ryjiaoyu.com），资料下载受教师身份、权限限制（身份、权限需网站后台处理，参见示意图）。

说明2："用书教师"，是指学生订购本书的授课教师。

说明3：本书配套教学资料将不定期更新、完善，新资料会随时上传至人邮教育社区本书相应的页面内。

说明4：扫描二维码可查看本书现有"更新勘误记录表""意见建议记录表"。如发现本书或配套资料中有需要更新、完善之处，望及时反馈，我们将尽快处理！

咨询邮箱：13051901888@163.com

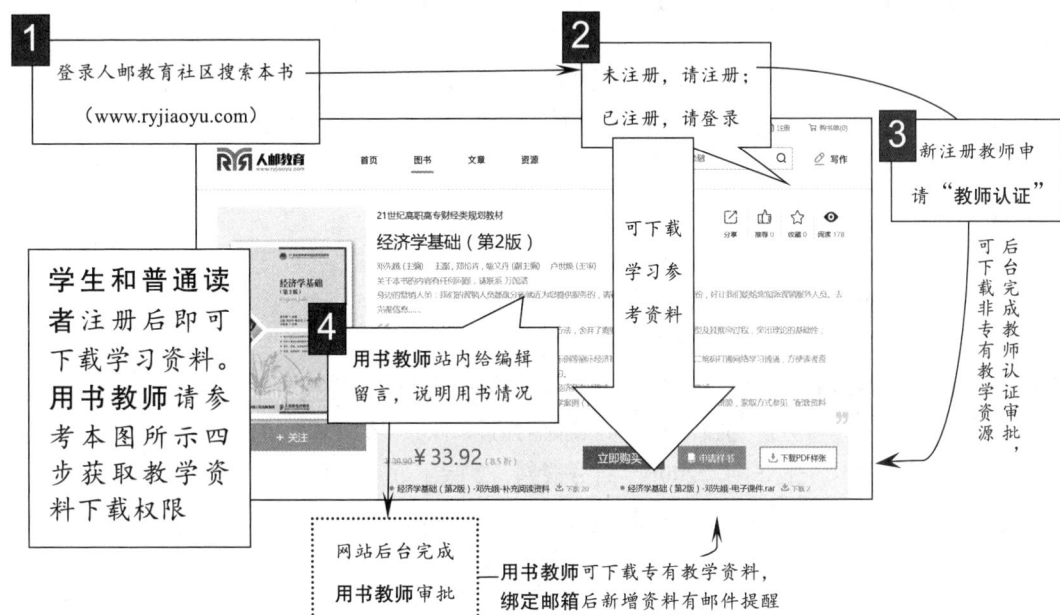

主要参考文献

[1] GERARD N, 1995. The art of negotiating: psychological strategies for gaining advantageous bargains. New York: Barnes & Noble Publishing.

[2] 艾萨克，2003. 商业对话艺术. 王成，等，译. 沈阳：辽宁教育出版社.

[3] 卢森堡，2021. 非暴力沟通. 阮胤华，译. 10版. 北京：华夏出版社.

[4] 蒙特，汉密尔顿，2014. 管理与沟通指南：有效商务写作与交谈. 钱小军，张洁，译. 北京：清华大学出版社.

[5] 钱尼，马丁，2021. 跨文化商务沟通. 张莉，王丹，译. 北京：中国人民大学出版社.

[6] 萨姆瓦，等，1988. 跨文化传通. 陈南，龚光明，译. 北京：生活·读书·新知三联书店.

[7] 苏勇，罗殿军，2021. 管理沟通. 2版. 北京：企业管理出版社.

[8] 王建明，2015. 商务谈判实战经验和技巧——对五十位商务谈判人员的深度访谈. 2版. 北京：机械工业出版社.

[9] 魏江，等，2006. 管理沟通：成功管理的基石. 4版. 北京：机械工业出版社.

[10] 夏明学，2011 国际商务谈判中原则式谈判的应用. 陕西青年职业学院学报（1）：68－71.

[11] 尤里，2005. 无法说不：从对抗到合作的谈判. 冯学东，译. 2版. 北京：机械工业出版社.

[12] 尤里，2016. 内向谈判力. 陈柳，译. 北京：中信出版社.

[13] 张守刚，2009. 商务谈判实训. 北京：科学出版社.

[14] 张守刚，2016. 国际商务谈判中原则式谈判的应用. 对外经贸实务（2）：65－68.

[15] 张守刚，2009. 基于情境理论的商务谈判策略研究. 黄河科技大学学报（3）：64－67.

[16] 周春兵，2006. 商务谈判技巧：充分领悟对方需求. 理财（4）：41－42.

[17] 周延波，吴嘉本，张守刚. 2006. 商务谈判. 2版. 北京：科学出版社.

[18] 邹晓春，2014. 沟通能力培训全案. 3版. 北京：人民邮电出版社.